for English Language Teachers

英语教师专业素养丛书

丛书主编

顾永琦
Peter Yongqi Gu

余国兴
Guoxing Yu

A Reference Framework for
Language Assessment Literacy of
Primary and Secondary English Teachers

中小学英语教师
语言评价素养参考框架

林敦来 著

外语教学与研究出版社
FOREIGN LANGUAGE TEACHING AND RESEARCH PRESS
北京 BEIJING

图书在版编目（CIP）数据

中小学英语教师语言评价素养参考框架 ／ 林敦来著 . —— 北京 ：外语教学与研究出版社，2019.3（2023.2 重印）

（英语教师专业素养丛书 ／ 余国兴等主编）

ISBN 978-7-5213-0819-8

I . ①中⋯ Ⅱ . ①林⋯ Ⅲ . ①中小学－英语－教师评价－研究 Ⅳ . ①G633.412

中国版本图书馆 CIP 数据核字 (2019) 第 052041 号

出 版 人　王　芳
项目策划　姚　虹
责任编辑　李　鑫
责任校对　李　扬
封面设计　郭　莹
版式设计　锋尚设计
出版发行　外语教学与研究出版社
社　　址　北京市西三环北路 19 号（100089）
网　　址　http://www.fltrp.com
印　　刷　三河市北燕印装有限公司
开　　本　650×980　1/16
印　　张　16
版　　次　2019 年 4 月第 1 版 2023 年 2 月第 3 次印刷
书　　号　ISBN 978-7-5213-0819-8
定　　价　36.00 元

购书咨询：（010）88819926　电子邮箱：club@fltrp.com
外研书店：https://waiyants.tmall.com
凡印刷、装订质量问题，请联系我社印制部
联系电话：（010）61207896　电子邮箱：zhijian@fltrp.com
凡侵权、盗版书籍线索，请联系我社法律事务部
举报电话：（010）88817519　电子邮箱：banquan@fltrp.com
物料号：308190001

本书为国家社会科学基金项目"中国初中英语教师评价素养量表研制与验证研究"（15CYY022）的部分成果

Series Editors' Preface

Pedagogical Content Knowledge for English Language Teachers is a series that aims to provide a comprehensive knowledge base for busy classroom teachers. As the name suggests, the series covers issues related to the nature of language competence and how this competence is best taught, learned and assessed. It is hoped that, armed with this broad range of pedagogical content knowledge, ESL/EFL teachers will be able to meaningfully interpret the targets of teaching, learning and assessment, diagnose and solve problems in the teaching process, and grow professionally in the meantime.

The series includes the following seven broad areas:
1) Principles of language teaching
2) Curriculum and targets of teaching
3) Teaching language skills and knowledge
4) Teaching methodology and teaching tools
5) Testing and assessment
6) Language learning
7) Teacher as researcher

Unlike other books that aim for a similar knowledge base, this series attempts to be a digest version that bridges between theories and practice. It also aims to offer easy reading and inexpensive texts that teachers will find easily accessible and applicable. To achieve these aims, all books in this series are written in simple English or Chinese. Each book in this series is authored by an acknowledged authority on the topic. It includes a brief introduction to theories plus a brief review of major research findings. The main text, however, focuses on how the theories and research can be applied to the ESL/EFL classroom.

In addition to the print copy for each book, an e-book version will also be available. Short videoclips may also be made available at the publisher's website where some authors introduce their books.

Besides English language teachers who teach ESL/EFL at secondary and primary schools, target readership of this series also includes trainee teachers on short and intensive training programmes. Preservice teachers who are studying for their MA TESOL/Applied Linguistics and Year 3/4 English majors who aspire to be English language teachers should find the series very useful as well.

Teachers' assessment literacy plays a pivotal role in their day-to-day teaching, when they use high-stakes standardized tests, interpret test data or implement low-stakes classroom-based teacher assessment. Language teachers' assessment literacy is becoming even more important now to ensure the success of the current reform in English language education in China. What are the essential components of language assessment literacy that teachers should develop? This is the question《中小学英语教师语言评价素养参考框架》aims to answer. Based on an extensive review of the international literature on assessment literacy and the key concepts of language assessment (e.g., what to assess, how to assess, why to assess), Lin Dunlai proposes seventeen reference points and over 400 can-do statements within these seventeen reference points. We hope teachers will find them useful to self-assess their language assessment literacy, and we are also looking forward to reading more empirical studies to validate the rank order of these can-do statements in the EFL context in China.

Peter Yongqi Gu and Guoxing Yu
Series Editors

序

语言评价素养是近年来语言测评界的流行词。这是随着外语教育教学改革与教学质量需求的提升而来的。基础教育与高校外语课程改革带动外语教学理念的转变。始自上世纪90年代的交际语言教学在我国经历了任务型教学、思辨能力发展与基于语言使用环境的语言活动教学等发展阶段，而一直以来决定基础教育与高校外语课程改革成效的重要因素是评价方式的改革，因为高利害外语考试与教学评价直接影响到语言教学理念的落实。当专家学者以及外语教育研究者大力提倡形成性评价、诊断性测评、动态测评时，课堂教师对于测试构念、考试结果分析与使用等的认识与评价能力成为一个必须重视的关键问题。

语言评价素养主要包括教师对测试构念、试卷效度与信度、考试反拨作用、考试结果分析与使用等测试概念的了解。测试构念指考试内容所要依据的理论，如语言能力定义、语言学习理论与教学理论、教育测量理论等。测试构念是测试效度的主要组成部分，不仅体现在试卷结构设计、试题题型选择上，更是体现在评分标准的制定方面。试卷信度可保证测试构念得到充分体现。考试的反拨作用指考试对课堂教学乃至社会多方面利益相关者的影响。考试研发者和使用者应努力使考试产生正面积极的反拨作用。对于课堂教师来说考试结果的分析不仅涉及简单的教育测量知识，也包含教师由观察而来的主观判断。考试结果的使用须与考试目的一致，即与测试构念一致。课堂考试结果的使用应主要体现在教学反馈方面。

语言评价素养关系到教师对考试与课堂测评的认识。如果一项考试的结果影响到考生升学、晋升或人生重要的职业生涯选择，那它就是高利害考试。影响高利害考试质量的关键因素是公平性、科学性与安全性。这种考试的研制需要考试机构动员具有高水平语言能力与了解语言测试理论、实践的人员参与考试的研发与命题。外语教师日常课堂教学评价需要根据教学需要选择恰当的评价方式。除了与学业成绩检测相关的多种形式的考试以外，教师可采用课堂观察、小组活动、学生自评等更加丰富的测评方式。这些评价活动多数是与教学活动紧密相关的。课堂测评与校本考试同样需要教师具有高度的语言评价素养。

语言评价素养是外语教师专业能力的重要构成部分。在英美多个外语教育教学机构的教师资格认证要求中都包含对评价能力的要求。教师培训中也会包含专门课程。外语教师应该在入职时对语言测试与评价具有基本的认识，并且能够使用恰当的评价技术。在职教师可在教学过程中加深对语言测试与评价的理解，做到灵活使用测评技术，组织有效的学生自评与互评活动，使教学高效。

林敦来的这部专著的问世恰逢其时。作者基于深厚的语言测试理论积淀和对语言评价素养的深入研究，充分展示了英语教师语言评价素养的内涵，并在理论上论证了语言评价素养与教师职业能力的关系及对其的重要性。为了更好地诠释评价理论概念，便于读者理解，作者在写作过程中采用了许多例证。在此基础上，作者提炼了"中小学英语教师语言评价素养参考框架"，在实践层面上不但阐述了课堂教学评价的基本原则和方式方法，还为读者提供了大量直接可用于课堂评价的工具。这为时时忙于教学事务的一线教师提供了方便。

《中小学英语教师语言评价素养参考框架》的出版为我国基础外语测评做出了有益的贡献。活跃在高校语言测试领域的学者和研究生可以进一步了解语言测评素养研究的发展，并结合自己的教学环境开展研究，也可以在此基础上研制"高校教师语言评价素养参考框架"。

武尊民

2018年11月于北京

前言

　　培养什么样的人已经成为各国各界人士共同关注的普遍问题，因为它关乎国家的综合实力、关乎民族的兴衰、关乎个体的前程。近年来我国对此问题的探讨非常热烈，重要文件也对此做出了积极的响应。2014年3月，教育部发布了《教育部关于全面深化课程改革 落实立德树人根本任务的意见》，提出了"核心素养"（Key Competencies）这一重要概念。国内学者也积极地对核心素养问题进行深入探讨，例如辛涛、姜宇、刘霞（2013）指出，学生核心素养是从人的全面发展角度出发，体现"促进人的全面发展、适应社会需要"这一要求。"核心素养"的含义比"能力"的意义更加宽泛，既包括传统的教育领域的知识和能力，还包括学生的情感、态度、价值观。这一超越知识和技能的内涵，可以矫正过去重知识、轻能力、忽略情感态度价值观的教育偏失，更加完善和系统地反映教育目标和素质教育理念。核心素养的获得是为了使学生能够发展成为更为健全的个体，并为终身学习、终身发展打下良好的基础。

　　与此并行的是新一轮高中课程的改革与课标的修订。就英语来说，自2007年开始的高中英语课程改革已经取得了很大成效。王蔷（2015）总结了六点：（1）教学目标由掌握语言系统向综合语言运用能力转变。（2）教学性质由工具性向工具与人文的统一转变。（3）教学理念由以教师为中心向以学生为主体转变。（4）教学内容由知识点的讲授向技能、知识、策略、情感、文化的综合转变。（5）教学方式由死记硬背向多种教学方式转变。（6）教学评价由终结性向终结性与形成性结合转变。归结起来，改革所取得的成果实现了从"双基"（基础知识、基本技能）到"三维目标"（即在过程中掌握方法、获取知识、形成能力、培养

情感态度价值观）的走向。（余文森，2016）

　　新一轮高中英语课标修订以综合语言运用能力和英语学科核心素养为思路导向。英语学科的核心素养主要由语言能力、思维品质、文化意识和学习能力四方面构成。（王蔷，2015；程晓堂、赵思奇，2016）相比于"三维目标"，核心素养有传承、有超越，传承的是内涵，超越的是性质。作为核心素养主要构成的关键能力和必备品格，实际上是"三维目标"的提炼和整合，把知识、技能和过程、方法提炼为能力，把情感态度价值观提炼为品格。能力和品格的形成即是三维目标的有机统一。（余文森，2016）

　　核心素养充分体现以人为本的教育思想。就笔者所关注的教学评价来说，应该重视核心素养对教学质量评价的指导作用，促进教育评价与考试的改革。国内学者也指出，基于核心素养的评价和真实性评价具有高度的一致性（杨向东，2015），基于真实表现的评价具有关键作用，让师生拥有评价话语权，在自律中实施评价，是良好评价生态的显著标志（柳夕浪，2014）。

　　让师生拥有评价话语权有一个预设的前提，那就是师生，特别是作为导学者的教师拥有相应的评价素养。早在1991年，美国学者 Rick Stiggins 就指出，缺乏评价素养的教师不了解怎样获取高质量的学生学习成果数据，也不能够批判性地评价他们要使用的数据。他们直接接受学生学习成果数据的面值，惧怕看起来很专业的测试分数信息及其呈现模式。一句话，缺乏评价素养的教师缺乏有效的工具来批判性地看待评价得出的数据。本书笔者的研究发现，目前中小学英语教师的语言评价素养还比较低，难以胜任学科核心素养转向的课程标准所提出的教学评价要求。（林敦来，2016）因此，笔者期望通过本书提高中小学一线教师在语言评价素养方面的意识，并切实提高教师们的语言评价素养。

　　过去五年多来，笔者的团队一直致力于语言评价素养研究。笔者以《中国中学英语教师评价素养研究》为题完成了博士论文，并于2015年申获一项国家社会科学基金青年项目——"中国初中英语教师评价素养量表研制与验证研究"（15CYY022），带领团队在此领域继续深入研究。在项目研究的过程中，笔者参加"教育部基础教育质量监测英语学科"项目、"中国基础教育质量监测协同创新中心"项目、教育部考试中心组织的"中国英语能力等级量表研制"项目和"国家英语能力等级考试"项目所积累的一手经验都为本书的写作提供了巨大的帮助。笔者衷心地希望《中小学英语教师语言评价素养参考框架》的出版能够为我国中小学英语教师在语言评价方面提供良好的思路，为从事中小学教师教育的专家、学者或其他对语言评价感兴趣的读者提供一定的参考，对中小学英语课程改革做出一点贡献。

本书在写作过程中得到了多方人士的支持。恩师武尊民教授在百忙中审读了书稿，提出建议，并为本书撰写了序言。笔者组织的语言测试读书会的同仁为本书的撰写提供了大量思路，特别是高淼审读了书稿并提出了建议。外语教学与研究出版社研发中心为本书的出版提供了大力支持，特别感谢宋微微女士、柳丽萍女士。笔者指导的硕士生陈璐校对了书稿。外研社编辑为本书的出版也投入了大量的精力。笔者在此一并表示感谢，书中谬误纯属笔者能力有限所致。本书的出版也离不开笔者家人的支持。咿呀学语的女儿开始评价她的小世界，为笔者提供了诸多灵感。

诚然，笔者的水平非常有限，本书还有许多方面待补充和完善，甚至存在不妥之处，恳请诸位同行批评指正（笔者的邮箱为 lindunlai@bnu.edu.cn）。从全球范围来看，语言评价素养研究方兴未艾，还有很多待开发和待深入探讨的领域，希望本书的出版能够激发更多同行开展语言评价素养的研究。

林敦来

2018年11月于北师大

目录

第一章

导论

　　本章从课堂评价的宏观背景、评价素养的重要性以及目前我国英语教学评价的简况出发，论述研制"中小学英语教师语言评价素养参考框架"（简称"参考框架"）的必要性与意义。

1.1 研制"参考框架"的缘起

　　二十世纪初，课堂评价主要受测量和考试模型的影响。测量学家们认为客观测试可以用来研究和提高学习结果，根据学习需求为学生提供诊断和分级信息。（Thorndike，1913）专家命制科学的试题、教师采用这些试题为教学做出迅捷准确的决策是当时主要的做法。但是这种直接采用外部测试的做法越来越突显出问题，如大规模考试的形式受限制，加上所考即所学，难以避免地窄化了课程目标，而且大量采用选择题限制了学生的思维。到二十世纪末，这种技术和定量模式受到了挑战，新的课堂评价观应运而出，它更加注重评价学生对学科知识的理解，将对评价的形成性使用作为学习过程的一部分（Black & Wiliam，1998；Gipps，1999；Shepard，2000）。Cowan（1998）将评价比作是驱动学习的引擎。新的课堂评价观得到认知和动机心理学研究的支撑（Black & Wiliam，1998；Crooks，1988；Pellegrino, Chudowsky & Glaser，2001），也受到Vygotsky（1978）社会建构主义理论的影响，强调知识是在社会中建构起来的，社会文化环境对学习和知识产生影响。在新的课堂评价视角下，针对教师培养的课堂评价教材（如Chappuis & Stiggins，2017；Genesee & Upshur，1996）体现出浓厚的教学实践行为。

　　要落实支持学生学习的课堂评价，需要完整的课堂评价范式和评价文化的变革。（Shepard，2000，2006）Gipps对评价文化视角下的教育评价的特点做了总结，共十个方面，笔者简述如下：（1）知识域和构念是多维和复杂的，学生与任务和环境之间有复杂的互动，很难将从一种任务和环境中得到的结果概化到其他任务和环境中，因此对学生的评分结果并不一定可靠，需谨慎对待。（2）清晰的标准得以建立，并以此来评价学生的表现，被学生所了解。鼓励学生监控和反思学习成果，教师要给予积极和有建设性的反馈，并通过元认知策略训练培养学生的自我监控能力。为学生提供的反馈要能反映学生的进步情况，而不是跟其他学生进行比较。（3）高质量的评价任务得以建构。任务反映学科的重要知识，任务性质和呈现方式基于相关研究，对学生公平，并引人入胜。教师鼓励学生组织和整合观点，与任务互动，对论证背后的逻辑进行评判，而不是让学生做选择题。（4）任务具体，跟学生的经历相匹配并反映当下学生关心的事情，能让学生充分发挥水平。任务呈现清晰明了，施测环境让学生感到舒适。（5）评价标准更加综合，能用于评价更加复杂的技能，并配有样木帮助利益相关者解读结果。（6）评分由训练有素的专业人员完成，教师要理解分数等级的划分以及各分数段的表现，以保证评分员信度。样本和标准服务于教学。（7）用丰富的描述来描写学生成果，而不仅仅是得分。（8）评价由任课教师开展，学生积极参与，评价过程是互动的，能用于支持学习过程。（9）教师清楚理解评价的构念，以此决定测试任务；他们知道如何确定学生的知识程度和理解水平，能采用合适的评价手段，并充分考虑学生的生理、社会和认知情况，让学生实现最佳的表现。（10）评价为低利害评价，避免与他人比较产生挫败感，从而维持学生的学习兴趣。（1994：159—161）

上世纪九十年代以来，"基于标准的改革"在全球范围内逐步盛行起来，其中包含了基于标准的评价。2001年，美国启动了"不让一个孩子掉队"的新一轮教育改革。此项改革鼓励基于标准的教育改革，希望通过设定高标准和可以测量的目标来提高教育质量，也掀起了基于标准的外语评价研究的热潮。（Menken, Hudson & Leung, 2014）基于标准的评价有很多优势，如这种评价更加透明，过程更加清晰明了，知识与能力之间的联系更加紧密，师生之间可以有更好的合作，从而提高学习效率。（Rawlins et al., 2005）在我国，各级各类外语教学都有了各自的标准，但是相应的基于标准的评价还未完善。《国务院关于深化考试招生制度改革的实施意见》（国发〔2014〕35号）明确指出要建立我国国家外语能力测评体系，包括制定国家外语能力等级量表、制定适合我国国情的外语考试质量标准，根据国家外语能力发展目标与跨文化交往能力的需求，整合、完善、开发各类外语考试项目，逐步建立形成性评价与终结性评价相结合的测评体系。（刘建达，2015a，2015b）目前中国英语语言能力量表的开发已取得了阶段性成果。（中华人民共和国教育部、国家语言文字工作委员会，2018）基于标准的评价需要教师在评价中发挥更大的作用，教师的评价素养的重要性更加突显。

1.2　研制"参考框架"的必要性

Popham 阐述了教师要了解评价的原因。这些原因有的是老生常谈。归纳如下：第一，评价可以用于确定学生目前所处的学习阶段。通过前测，教师可以了解到如何将教学的主要精力用于学生薄弱的地方，而哪些是不需要进一步教学的。第二，评价可以用于监控学生的进步情况。系统性的评价可以帮助教师发现学生是否已经掌握教学目标中的内容，要不要调整教学。这也是形成性评价可以发挥作用的地方。第三，评价具有成绩评定功能，顺带督促学生学习。第四，评价可以帮助教师决定教学的有效性。（2017：12—29）新的形势也突显教师了解评价的重要性。这些原因有：第一，测试的结果会影响公众对教育有效性的看法（如大众对名校的追逐）；第二，学生在评价中的表现越来越成为评估教师能力的一部分内容；第三，评价能够使教学目标更加清晰化，从而提高教学的质量。

测评在系统性的语言课程中占据重要地位。Brown（1995）的语言课程系统模式如图1.1所示。该模式中课程设计共有六项主要内容：对学生进行需求分析、制定教学目标、检测目标落实情况、编写或修订教材、实施教学活动、全面评估课程设计过程的各个环节。在这个模式中突显了对测评的重视。Brown认为，只有通过有效的测试系统来检测已有的需求分析和目标是否符合学生的需要、符合语言教学的需要，才能确保这两项工作不流于形式，从而真正发挥它们在教学过程中的指导作用。

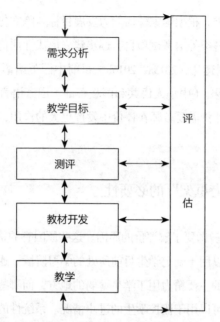

图1.1　Brown（1995：20）语言课程的系统模式

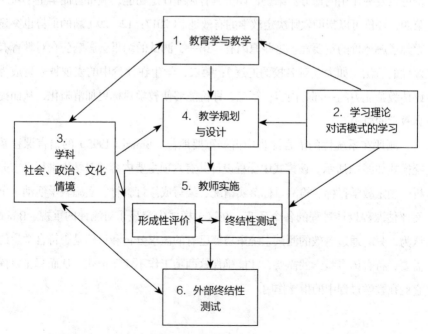

图1.2　与教育学相关的评价模型（Black & Wiliam，2018）

在教育学中，评价一直没有得到相应的重视（Black & Atkin，2014）。Black & Wiliam（2018）尝试将评价融入教育学模型中，如图1.2。评价之所以是有效教育中的重要方面，是因为教师的教学和学生所学之间的关系非常复杂。教师所教常常不是学生所学，因此需要用评价来测试和解读学生的学习成果。Black & Wiliam（2018）论述了在教育学中教师实施阶段的形成性评价和终结性测试。形成性评价中教师、同伴和学习者的策略如表1.1所示，包含五个主要策略。关于终结性测试，其一是要让学习者能够充分认识到成果的标准是什么，从而能够判断自己成功与否，并能够调控自己的学习。（Wiske，1999；Sadler，1989）其二是要发挥终结性测试的形成性功能。（Black et al.，2003；Carless，2011）形成性评价与终结性测试要发挥协同作用。这需要考虑评价所处的社会、政治和文化情境，也需要确保用于终结性测试目的的评价工具能够服务于学习，或者至少对学习无害。同时教师要在这些终结性目的的测试中扮演应有的角色。只有具备相应程度的评价素养的教师才能担当此角色。

表1.1 形成性评价中教师、同伴和学习者的策略

	学习者往哪里去？	学习者现在在哪里？	如何到达目标？
教师	1. 清晰地说明学习目标和成功的标准	2. 实施有效的课堂讨论和其他任务来引导学生产出他们学习结果的证据	3. 提供能够帮助学生进步的反馈
同伴	理解和分享学习目标和成功标准	4. 使学生相互之间逐步成为对方的教学资源	
学习者	理解学习目标和成功标准	5. 使学生成为他们自己学习的真正的主人	

（Black & Wiliam，2018）

《义务教育英语课程标准（2011年版）》（中华人民共和国教育部，2012）和《普通高中英语课程标准（2017年版）》（中华人民共和国教育部，2018）均提倡在我国中小学英语教育中采取形成性评价和终结性评价相结合的路径。《义务教育英语课程标准（2011年版）》在课程基本理念中指出要优化评价方式，着重评价学生的综合语言运用能力。具体来说："英语课程评价体系要有利于促进学生综合语言运用能力的发展，要通过采用多元优化的评价方式，评价学生综合语言运用能力的发展水平，并通过评价激发学生的学习兴趣，促进学生的自主学

习能力、思维能力、跨文化意识和健康人格的发展。评价体系应包括形成性评价和终结性评价。日常教学中的评价以形成性评价为主，关注学生在学习过程中的表现和进步；终结性评价着重考查学生的综合语言运用能力，包括语言技能、语言知识、情感态度、学习策略和文化意识等方面。"（4）标准中附有九条评价建议（33—39），并在附录7中列出长达45页的评价案例，包括听说读写技能的样题、评析和评分标准（120—164）。《普通高中英语课程标准（2017年版）》提出完善英语课程评价体系，促进核心素养有效形成。具体来说："普通高中英语课程应建议以学生为主体、促进学生全面、健康而有个性地发展的课程评价体系。评价应聚焦并促进学生英语学科核心素养的形成及发展，采用形成性评价与终结性评价相结合的多元评价方式，重视评价的促学作用，关注学生在英语学习过程中所表现出的情感、态度和价值观等要素，引导学生学会监控和调整自己的英语学习目标、学习方式和学习进程。"（3）该标准对学业质量进行了阐述，提出了三个水平的高中英语学业质量，并对三个水平的能力进行了详细的描述。在实施建议中，该标准提出了六条评价建议，并提出了学业水平考试与高考命题建议。

虽然形成性评价与终结性评价相结合的评价体系逐步被教师们所了解，但是测试驱动的教学依然没有得到根本的扭转（Luo，2014），题海战术依然是学生学校生活的主要部分，回答选择题依然占据学生学习生涯中的大部分时间。这与课程标准所提倡的评价思路相左。研究者们（如 Luo & Huang，2015）提出的表现性评价和基于能力的测试仍未得到广泛采纳。这其中的原因是多方面的，如高利害考试强大的反拨效应。但是教师的评价素养欠缺也是其重要因素之一。

评价对于教师来说这么重要，但是由于种种原因（如教师教育中对语言评价培训的不够重视），全球范围内的研究显示，教师的评价素养非常欠缺（如Campbell & Collins，2007；Mertler，2005；Vogt & Tsagari，2014；Harding & Kremmel，2016；Tsagari & Vogt，2017；林敦来，2016），不足以发挥评价应有的促学功能。要提升教师的评价素养，首先需要厘清评价素养的概念与内涵，并详细论述评价素养各个维度的具体内容。本"参考框架"旨在为语言教师评价素养的发展提供良好的参考点，为语言评价素养培训提供参考。

1.3 "参考框架"的研制过程

本"参考框架"的研制过程主要采用文献法，研究者通过阅读、分析、整理与语言评价素养相关的文献材料，以期获得对语言评价素养的全面理解，并根据分析所得的结果撰写出语言评价素养各个成分的条目，进行分类。

首先，研究者对语言评价素养的概念进行梳理（详见本书第二章），提出本书对语言评价素养的界定，建立本书理论框架。

其次，研究者收集了现有的关于教师评价素养的相关标准，如《学生教育评价中教师的能力标准》（AFT, NCME & NEA, 1990），共十五项，详见本书附录二，以此作为评价素养条目开发的重要依据。

再次，由于语言评价是教育评价中的一个分支，研究者认为应该参阅教育评价中关于课堂评价的最新和最权威的成果。在挑选论著的过程中，笔者遵循了这些原则：论著的作者在教育测量领域为知名的专家，论著的版本要高，论著经过多次修订。参考的课堂评价论著如表1.2所示。

最后，在语言评价素养条目撰写的过程中，笔者参阅了大量语言测试著作，特别是读者对象为一线教师的论著，例如 J. C. Alderson 与 Lyle Bachman 主编的系列语言评价论著，M. Milanovic 与 C. Weir 主编的剑桥语言测试研究系列丛书，Coombe, Folse & Hubley（2007）、Coombe 及同事（2012）、Brown（2005）、Bailey & Curtis（2015）、Carr（2011）、Brown & Abeywickrama（2010）、Jang（2014）、Cheng & Fox（2017）、Bachman & Damböck（2017）等。

此外，为了让条目的内容更加清晰易懂，笔者对部分条目内容进行了解读。在知识与技能评价素养模块还列举了部分样题，并从命题设计方面做了详细的评论。

表1.2 "参考框架"研制过程中所参考的教育学领域的课堂评价论著

序号	书名	版本	作者	出版年份	出版社
1	*Measurement and Assessment in Teaching*	10	M. David Miller, Robert L. Linn, Norman E. Gronlund	2009	Pearson
2	*Classroom Assessment: Concepts and Applications*	7	Michael K. Russell, Peter W. Airasian	2012	McGraw-Hill

序号	书名	版本	作者	出版年份	出版社
3	*Educational Testing and Measurement: Classroom Application and Practice*	10	Tom Kubiszyn, Gary D. Borich	2013	Wiley
4	*Assessment of Student Achievement*	10	C. Keith Waugh, Norman E. Gronlund	2013	Pearson
5	*Classroom Assessment: Principles and Practice for Effective Standards-Based Instruction*	6	James H. McMillan	2014	Pearson
6	*Educational Assessment of Students*	6	Anthony J. Nitko, Susan M. Brookhart	2014	Pearson
7	*An Introduction to Student Involved Assessment for Learning*	7	Jan Chappuis, Rick J. Stiggins	2017	Pearson
8	*Classroom Assessment: What Teachers Need to Know*	8	W. James Popham	2017	Pearson

应该指出，本书最后呈现的四百余条条目尚未得到实证验证，笔者的团队将在后续的研究中收集实证数据，验证这些条目，并对条目的难度进行研究，以期建构中国中小学英语教师语言评价素养量表。

1.4　重要术语说明

评价或测评（assessment）可以大致上定义为"就某个感兴趣的对象收集信息的过程和结果，在这个过程中采用了系统性的方法，并基于扎实的理论基础"（Bachman，2004：7）。评价的系统性特征要求详细记录评价的设计和实施，使其可以被复制。它关乎信度问题。评价要基于扎实的理论基础，关乎分数的解读问题。它要求评价要基于广为接受的关于语言能力、语言使用和语言学习本质的理论，或者基于教学大纲，或者基于学习者需求分析。它关乎效度问题。评价的含义宽泛，它收集信息的来源可以是测试、观察，使用的方法可以是选择题、长篇应答（如短文写作或档案袋）、问卷、访谈等。评价的结果可以采用定量方法汇报，也可以用定性方法汇报。

测量（measurement）被定义为"将目标对象的特征根据清晰的规则和程序量化的过程"（Bachman，1990：18）。从这个角度看，测量是评价的一个类别，即量化的评价。就语言评价来说，它是将不可观察的特征，如语法能力，通过清晰的规则（包含考试内容规范、标准、评分步骤、施测方法等）实现量化的过程。

测试（test）被定义为"一种被设计出来用于测试某种行为的程序，根据这个程序可以对个人的某些特征做出推断"（转引自 Bachman，2004）。就语言测试来说，测试就是设计特定的任务或任务群来收集学生表现的样本，从而对其语言能力做出推断。

评估（evaluation）被定义为"做出价值判断和决策的行为，它是评价的一种用途"（Bachman，2004：9）。

Bachman 和 Palmer（2010：20）认为没有必要刻意区分评价、测量和测试，而重要的是测试的开发者要清晰明确地说明被试的表现是在什么样的条件下（conditions）收集的，同时要清晰明确地说明记录被试表现所遵循的程序。

本书作者在行文中用"评价"或"测评"代表英文中的 assessment，用"测量"代表 measurement，用"测试"或"考试"代表 test，用"评估"代表 evaluation。评价或测评的意义最广，它包含测量和测试。相应的，用"评价素养"或"测评素养"代表 assessment literacy。

1.5 本书章节安排

本书共分为十章。第一章为导论，简要说明了"参考框架"研制的背景、必要性和过程，并对本书的重要术语做了说明。第二章为语言评价素养的理论框架，为后面八章内容提供了理论基础。第三章从语言评价基本概念角度呈现语言评价素养条目，并对部分条目做了详解。第四章从语言评价的目的角度呈现语言评价素养条目，并对部分条目做了详解。第五章从语言、语言能力和任务特征的角度呈现语言评价素养条目，并对部分条目做了详解。第六章从语言评价手段角度呈现语言评价素养条目，并对部分条目做了详解。第七章从语言知识的评价角度呈现语言评价素养条目，并对部分条目做了详解，此外还提供了样题和评论。第八章从语言技能的评价角度呈现语言评价素养条目，并对部分条目做了详解，此外还提供了样题和评论。第九章从数据统计、反馈和分数使用角度呈现语言评价素养条目，并对部分条目做了详解。第十章从反拨效应与备考角度呈现语言评价素养条目，并对部分条目做了详解。

需要特别指出，Bachman 和 Palmer 认为"语言技能"，也就是"听、说、读、写"的技能划分是有问题的，因为同样是听，面对面对话中的听和听新闻之间有巨大差别，另外语言使用也不是在真空中实现的，人们在特定的场合，为特定的目的，交换着特定的信息。（2010：55—56）因此，Bachman 和 Palmer 认为应该将语言使用看作是特定的情境中语言使用任务的表现，语言技能被概念化为"在特定的语言使用任务中表现出来的情境化的语言使用能力的实现"（56）。笔者认为这个划分确实能够更好地描绘语言任务特征，因此在第五章有专门的章节，列出了考查语言任务特征的条目。但是，笔者也充分意识到传统的关于语言技能的讨论的意义，正如 Chapelle 在界定词汇能力时曾这样论述："对词汇这样界定并不意味着词汇能力与其他语言能力是分离的。它只是反映了部分研究者认为'词汇'在描述语言系统时是一个有用的和相关的分析单位。在这个语言系统中，很多成分是紧密融合在一起的。"（1994：163）将语言技能分为听、说、读、写来考查，符合广大读者和一线语言教师的认知，并且各个技能之间确实存在很大的差别，并产生了大量的研究成果，因此笔者在第七章和第八章中分别从语音、词汇、语法、语用和听、说、读、写几个方面来呈现语言评价素养条目。

第二章

语言评价素养理论框架

2.1 评价素养与语言评价素养的定义

自美国学者 Rick Stiggins 于1991年提出评价素养（Assessment Literacy）这个术语以来，已经过去约三十年的时间。在这期间学界对于评价素养的关注度不断提高。由美国教育研究协会、美国心理学协会和国家教育测量理事会主编的《教育与心理测试标准》（*Standards for Educational and Psychological Testing*）被认为是教育测量领域的纲领性文件。第七版《教育与心理测试标准》（AERA, APA & NCME, 2014）首次对评价素养作了论述。该标准将评价素养定义为"关于良好的评价实践原则的知识，包括对术语的理解，对评价开发和运用的方法论、技术的理解，以及对评价实践质量评估标准的熟悉"（192）。在该标准的术语表中，再次对评价素养进行了界定："支持针对预期的目的而产生的测试分数的有效解释的知识，例如关于测试开发实践的知识，关于测试分数解释的知识，关于威胁有效的分数解释、分数信度和精确度与测试实施、使用的因素的知识。"（216）

一些学者对评价素养也提出明确的定义。Popham（2011）认为"评价素养包括教师对被认为可能对教育决策产生影响的评价基本概念和程序的理解"［着重号为原文所加］。Popham 对定义中强调的部分做了详细的解释。首先，"理解"的意思是拥有评价素养的教师不需要实际计算难懂的测试信度系数等，而是要能够理解测试信度的涵义，以及不同的信度系数怎样以不同的方式表征测试的一致性。基本的理解就是评价素养的基本要素，并不是要掌握那些深奥的测量程序。"评价基本概念和程序"指的是那些最核心的评价内容，比如"效度"和"测试偏颇"等评价中最基本的概念。"可能对教育决策产生影响"界定了教师需要了解的评价内容的范围，就是在日常教学中帮助教师做决策的评价方面的内容。Popham 近年又将评价素养界定为"包含个体对基本的评价概念和程序的理解，这些概念和程序被认为很可能会影响教育决策"（2017：25）。

语言评价素养（Language Assessment Literacy，LAL）近年来得到学术界的高度关注，与评价素养被关注的背景类似，语言评价素养在测试文化向评价文化转变的过程中突显出来（Shepard，2000；Inbar-Lourie，2008a），同时它也显示了在语言测试近年来更加关注其社会维度（包括语言能力的界定和语言测试的社会影响）的过程中（McNamara & Roever，2006），语言学习和评价应该采取的建构主义社会文化路径。学者们关注语言评价素养与评价素养之间存在怎样的差别使得语言评价素养可以自成一体。（Inbar-Lourie，2013）他们认为语言评价素养与评价素养的主要差别在于"语言"这个重要的元素在语言测试知识中的关键角色。自 Taylor（2009）对评价素养进行讨论以来，语言测试领域的学者们也尝试对语言评价素养做出界定。笔者收录了在现有的语言评价素养研究中比较有代表性的定义，如表2.1。

表2.1　语言评价素养定义概览

定义	研究者
拥有询问和回答关于评价目的、所用工具的合适度、测试条件、测试结果将带来的影响等关键问题的能力。	Inbar-Lourie, 2008b: 389
评价素养应该兼顾评价技术诀窍、实践技能、理论知识和对原则的理解，并且良好地理解教学环境中评价的角色和功能。	Taylor, 2009: 27
语言评价素养指的是设计、开发、维持或评价大规模标准化测试和/或课堂测试所必备的知识、技能和能力；对测试过程熟悉；能意识到指导实践或在实践背后的原则和概念，包括伦理和业务守则；能够将知识、技能、过程、原则和概念放在广泛的历史、社会、政治和哲学框架中来理解实践出现的原因，评价测试对社会、机构和个人的角色和影响。	Fulcher, 2012: 125
习得一系列与测试开发、测试分数解释和使用以及测试评价相关的技能，并能理解评价在社会中的角色和功能。	O'Loughlin, 2013: 363
语言教师对测试定义和对运用这些知识进行广义的课堂实践的熟悉度，特别是与评价语言相关的问题的熟悉度。	Malone, 2013: 329
语言教师不仅要理解语言评价不同方法的概念基础，而且还要将这些知识与他们在特定环境中的专业实践相关联。	Scarino, 2013: 310
语言评价素养指的是一系列能够帮助个人理解、评价和在某些情况下开发语言测试和分析测试数据的能力。	Pill & Harding, 2013: 382
语言评价素养不仅仅包含对评价学生语言能力的工具和程序熟悉，而且还有其他成分，特别是做出恰当的反馈来有效地让学习者设定并达到学习目标。除此以外，拥有评价素养的人还应该意识到评价过程中涉及的伦理问题，以及基于评价的决策对学生可能产生的影响。	Inbar-Lourie, 2013: 2923

在上述的定义中，Fulcher（2012）的定义最全面，它从实践、原则、环境三个层面对语言评价素养进行界定，但是与其他定义相比，也有一些不足。如他并没有强调语言的角色，其定义也适用于普通教育学的评价素养。他没有强调反馈的作用，没有强调如何让学生参与评价。针对这些缺点，并结合上文讨论，笔者提出本书针对一线语言教师的语言评价素养的定义：**语言评价素养指的是对所教授的语言和语言学习有较为全面深刻的理解，拥有设计、开发或评估语言课堂评价的基本知识、技能和能力，对语言评价过程熟悉，能意识到语言评价实践背后的原则和概念，能让学习者积极参与到语言评价过程中，能运用恰当的反馈来有效地让学习者设定并达到学习目标，并能良好地理解特定的教学环境中语言评价的角色和功能。**

2.2 中小学英语教师语言评价素养理论框架

在多年的研究中，研究者们有的描述了高质量的课堂评价框架，有的直接探讨评价素养包含的内容，产生了教育评价中的教师能力标准等重要文献。本节首先对其中有代表性的课堂评价框架进行呈现、对评价素养构念探究进行概述，然后对语言评价素养构念的研究进行综述。在此基础上，本节尝试提出中国中小学英语教师语言评价素养理论框架，并围绕此理论框架提出语言教师评价素养的参考点，为后文的语言评价素养条目研发提供理论基础。

2.2.1 高质量课堂评价的框架

要探究评价素养的构成，首先需要考察高质量的课堂评价都包含哪些方面的内容。Stiggins 及同事（2006）将课堂评价分为两大部分：准确的评价和高效的运用。准确的评价包含清晰的目的、明确的目标和良好的设计三大要素；高效的运用包含有效的传达和学生参与两大要素。在图2.1中，准确的评价三要素均用虚线指向学生参与，意为这些环节均可以让学生参与。

Chappuis & Stiggins（2017）在大量研究的基础上，进一步提升了学生参与在高质量评价中的地位。他们将高质量的课堂评价简化为四大要素，即清晰的目的、明确的目标、良好的设计和高效的传达。高效的传达与清晰的目的之间是互动关系。首要的原则是学生参与在四大要素中起到关键作用。关于要素一，学生作为教育决策的核心部分，如果他们没有成为主动的学习者，任何教育决策将没有作用。关于要素二，在学习的开端，学习者就应该被告知学习目标，以引导他们的努力方向。关于要素三，教师所设计或选择的评价应该成为学生自我评价的基础。关于要素四，教师应给予学生时间来让他们跟踪、反思和分享他们的学习成果，让他们不断在进步的道路上前进。

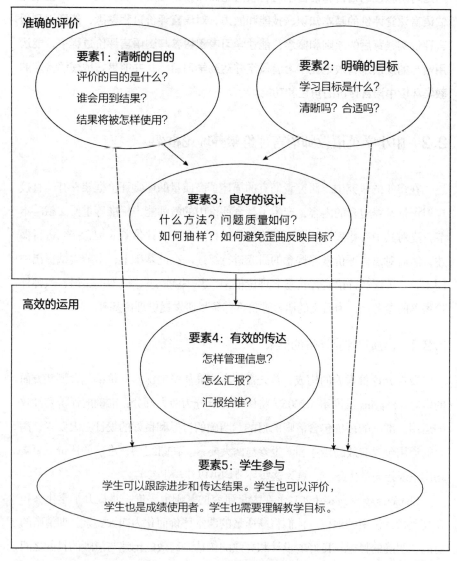

准确的评价

要素1：清晰的目的
评价的目的是什么？
谁会用到结果？
结果将被怎样使用？

要素2：明确的目标
学习目标是什么？
清晰吗？合适吗？

要素3：良好的设计
什么方法？问题质量如何？
如何抽样？如何避免歪曲反映目标？

高效的运用

要素4：有效的传达
怎样管理信息？
怎么汇报？
汇报给谁？

要素5：学生参与
学生可以跟踪进步和传达结果。学生也可以评价，
学生也是成绩使用者。学生也需要理解教学目标。

图2.1　高质量的课堂评价框架（改编自 Stiggins et al., 2006）

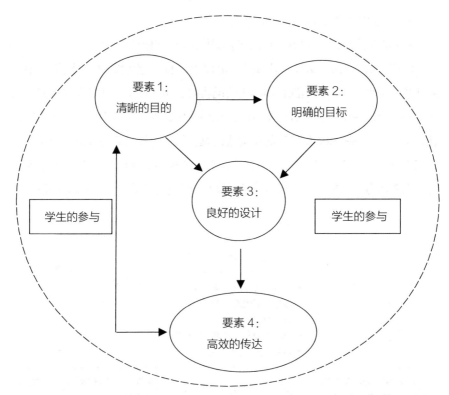

图2.2 修订版高质量的课堂评价框架（改编自 Chappuis & Stiggins，2017）

在外语领域，Davison & Leung（2009）对外语教师课堂评价进行了论述。她们指出外语课堂评价与其他类型的评价相比，突出的特征体现在：

• 从规划评价项目，到确定和/或开发恰当的评价任务，到做出评价判断，教师从始至终参与评价的所有过程；

• 它允许使用不同的任务和活动，在长段时间内收集大量的学生作品样本；

• 它可以被教师改编或调整来匹配被评价的班级或学生的教学目标；

• 它可以在普通的教室开展，而不需要专门的评价中心或考场；

• 它由学生自己的教师开展，而不是陌生人；

• 它使得学生更加积极地参与到评价过程中，特别是自我评价、同伴互评和教师评价多管齐下；

• 它使得教师有机会支持学习者主导的探究式学习；

• 它允许教师为学生提供及时的和建设性的反馈；

• 它刺激持续性的教学评估和调整；

• 它是其他形式的评价的补充，包括外部大规模标准考试。

Davison & Leung（2009）提出了外语课堂评价框架（图2.3）。框架的中心部分基于课程标准、校本课程和学生情况将教、学、评紧密地联系在一起。围绕中心，外语课堂评价共有四个阶段：规划评价、收集关于学生学习成果的信息、做出专业判断和提供恰当的反馈或建议。每个阶段均需要详细的记录，并且需要深入考虑为什么、关于谁、是什么、如何做、何时做、在哪里做等问题。笔者认为，该框架为教师的语言评价素养的讨论提供了重要的理论基础。

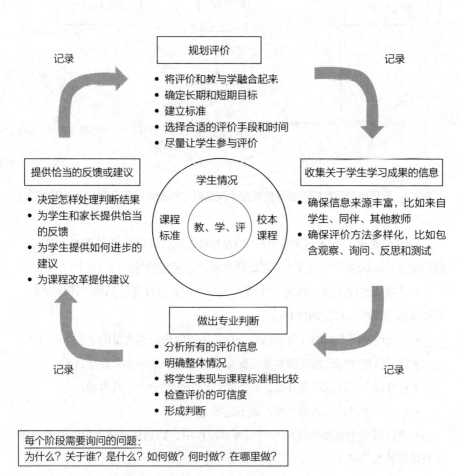

图2.3　外语课堂评价框架（改编自 Davison & Leung，2009）

2.2.2　评价素养的构念探究

关于评价素养的构念探究，笔者认为最重要的贡献体现在各类标准中，其次是学者们的理论建构和调查研究成果。在本书附录二中，笔者将各种标准与学者们的成果的核心部分进行了翻译和呈现。目前为止影响最大的仍然是美国教师联合会、国家教育测量理事会和全国教育协会联合颁布的《学生教育评价中教师的能力标准》（AFT, NCME & NEA，1990）。美国教育评估标准联合委员会于2003年推出的《学生评估标准：如何提高对学生的评估》以及2015年推出的修订版《幼儿园到高中教师的课堂评价标准》对教师课堂评价标准做了权威的规定。此外，还有一些重要的文献，如美国测试实践联合委员会于2004年发布的《教育公平测试实践规范》（修订版），英国评价改革小组（2008）提出的课堂评价实践标准，加拿大联合咨询委员会于1993年发布的《加拿大学生教育评价公平实践原则》包含的课堂评价标准，美国外语教学委员会和美国教师培养认证委员会于2013年联合发布的《外语教师教育培训标准》，《教育与心理测试标准》（AERA, APA & NCME，2014）中的基础和测试操作标准。

国际上学者们对评价素养的构念也做了探讨。Brookhart（2011）针对《学生教育评价中教师的能力标准》（AFT, NCME & NEA，1990）中缺乏对基于标准的教学和形成性评价的兴起的考虑，提出了教师教育评价知识与技能框架；美国学者 W. James Popham（2009）提出了教师评价素养培养大纲；Stiggins（2010）提出高质量课堂评价中的教师行为指标；McMillan（2000）探讨了教师课堂评价的基本原则；Chappuis 及同事（2012：11）提出教师课堂评价能力，他们还对课堂评价素养的构成做了详细的描述（见图2.4），包括准确的信息和有效的使用两大方面；Gareis 和 Grant（2015）讨论了教师评价素养的内涵，认为它包含八个方面的内容，详见本书附录2.14。

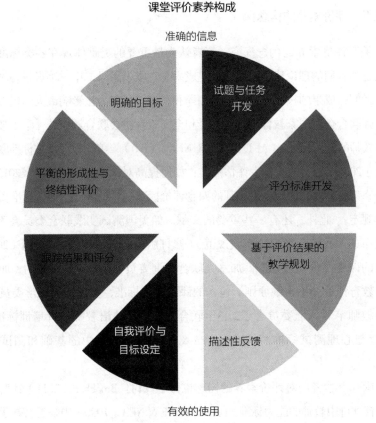

图2.4　课堂评价素养构成（改编自 Chappuis 及同事，2012）

2.2.3　语言评价素养构念

到目前为止，关于语言评价素养构念的探究主要有学者规约性的论述（如 Bachman & Palmer，1996；Brindley，2001）和对语言测试课程的调查研究（如 Bailey & Brown，1995；Brown & Bailey，2008；Jin，2010）。

Bachman 和 Palmer（1996：9）列出了语言教师在语言测试方面应该拥有的五项能力，包括：（1）不管是从零开始设计新的测试还是选用现有的测试，在任何语言测试进行之前，教师都应该对语言测试的基本概念有所了解；（2）教师要了解恰当地运用语言测试可能涉及的基本问题和关注点；（3）教师要了解测量和评估中的基本问题、路径和方法；（4）教师要能够根据具体的目的、环境和考生特点，设计、研发、评价和使用语言测试；（5）教师应该能够批判性地阅读语言测试方面的研究和已经出版的测试试题，以此来做出客观的决策。Brindley 首次提出了语言评价与教师的职业发展问题。他圈定了教师在评价方面需要接受的五个方面的培训。第一，评价的社会环境；第二，界定和描述语言水平；第三，命制和评价语言测试试题；第四，语言课程中的评价；第五，将评价付诸实践。其中他认为第一点和第二点是核心单元。（Brindley，2001：129—130）Davies（2008）对过去五十年的语言测试教程进行了分析。他发现，语言测试教材发展的重要趋势是从原来的"技能+知识"转变到今天的"技能+知识+原则"。他对这几个方面的解释如下：技能指的是必要的方法，如编写题目、数据处理、试题分析、测试施行和报告；知识指的是测量学知识、语言知识和教学环境，包括语言学习模式、教学模式、交际语言测试、社会文化理论等；原则指的是语言测试的恰当运用、测试的公平性和影响，包括测试中的伦理问题和专业化问题。随着研究的深化，评价素养构念探究向更加细致的方向发展，如 Lee（2017：150）论述了写作教师课堂评价素养内涵，并特别提出反馈素养。

　　语言测试领域的学者们还探讨了不同利益相关者对语言评价素养的不同掌握程度需求（见图2.5），本书聚焦的一线语言教师属于这个分层中的第二层，即"周边"人才，他们不需要专业命题人员那么高水平的语言评价素养，但是对语言评价素养的掌握也需要达到中等程度，能够在语言教学环境中做出明智的决策，促进学习者的语言学习。Taylor（2013）还从理论构想方面提出一线教师语言评价素养包含的方面及需要掌握的程度（见图2.6）。其中要求最高的是教学法。虽然 Taylor 在文中没有对具体的维度进行界定，但是笔者认为这里的教学法应该有别于教学方法，如任务型教学法，它应该指的是教师形成性评价的具体做法，如教学目标的设定与细化、教学活动的设计、教学效果的评估等。

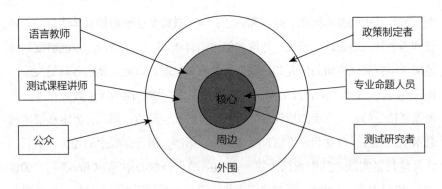

图2.5　不同利益相关者对语言评价素养不同掌握程度的需求（改编自 Taylor，2013）

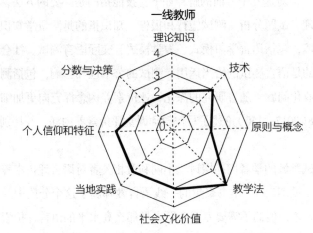

图2.6　一线教师对语言评价素养掌握程度的理论构想图（改编自 Taylor，2013）

　　Pill & Harding（2013）勾画出语言评价素养连续体。如表2.2所示，将语言评价素养分为五个等级。笔者认为这个连续体的构建以及不同利益相关者对语言评价素养不同程度的掌握，有利于构建"语言评价素养梯级"，为针对不同人员的语言评价素养课程开发以及专业认证都提供了很好的解决方案。

表2.2 语言评价素养连续体

编码	程度	具体描述
0	素养完全缺失 （Illiteracy）	完全忽视语言评价的概念和方法
1	极少的素养 （Nominal literacy）	知道某个特定的术语属于评价领域，但是理解有偏差
2	功能性的素养 （Functional literacy）	对基本术语和概念有良好的理解
3	程序性和概念性的素养 （Procedural and conceptual literacy）	理解评价领域的核心概念，并能将之运用于实践中
4	多维的素养 （Multidimensional literacy）	理解超出了普通概念，而且包含评价中的哲学的、历史的和社会的维度内容

（改编自 Pill & Harding，2013）

Xu & Brown（2016）从宏观的角度把教师的评价素养概念化为实践中的教师评价素养。它扎根于对评价知识基础的理解，受教师对评价的看法、宏观的社会文化和微观的机构环境的影响，是教师作为评价者的身份不断建构与重新建构的过程。另外一方面，作为评价者的教师通过反思、参与和共同建构又丰富了知识基础，体现出社会文化视角下动态的教师评价素养。其模型如图2.7。

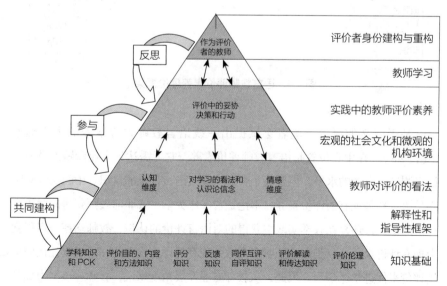

图2.7 实践中的教师评价素养概念框架（改编自 Xu & Brown，2016：155）

综上所述，语言教师的语言评价素养是多维的，它扎根于特定的社会文化环境中，是语言教师专业能力的重要组成部分，也是不可或缺的部分。它是教师在求学、职前教育、在职工作和在职发展中逐步培养起来的。它的各个维度的发展并不一定平衡，有些维度的发展可能快于其他维度，而有些维度则可能被完全忽略。教师的反思在评价素养发展中起到极其重要的作用。语言教师对语言系统和语言学习的理解是语言评价素养有别于教育学中的评价素养的最重要的方面。

2.2.4　中小学英语教师语言评价素养理论框架

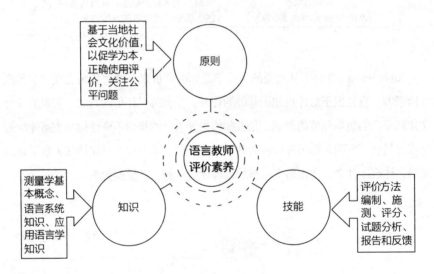

图2.8　语言教师评价素养理论框架

基于前文的讨论，笔者尝试提出一线语言教师评价素养的理论框架（见图2.8）。在中心位置是语言教师评价素养，它无需达到专业命题人员或者语言测试研究者的水平，但要高于普通大众对语言评价的认识。中间实线的圆圈是语言教师现有的评价素养。不论是曾经作为学生或职前教师获得的对语言评价的认识，还是在教学实践中获得的对语言评价的认识，教师均在一定程度上拥有评价素养，只是研究证明多数教师现有的评价素养往往不足以让他们运用评价来促进学生学习。因此，从教师专业发展角度来说，教师应该努力提升语言评价素养，逐步达到功能性素养、程序性和概念性素养，乃至多维的评价素养，在实践中建构或重构作为评价者的身份。中间圆圈的外围是虚线，代表不断提升的语言教师评价素养，这种提升不一定是齐行并进的，它可以根据教师所接受的在职发展契机在某些方面发展得快一点。外围的三个圆圈则是语言教师评价素养的三个重要组成部分。笔者认为 Davies（2008）的总结全面而简洁，即评价素养可以分为原则、知识和技能，也就是语言测试中 why、what 和 how 的问题。笔者认为，原则是最关键的。在一项评价开始前，教师首先要考虑的是为什么要测试的问题，也就是测试的目的。虽然测试有认证的功能，但是测试的诊断和促学功能却是课堂教师最应该关注的，只有在这个原则的指导下，结合教学所处的社会文化环境，考虑公平和伦理问题，才能确保语言评价的正确使用。关于语言评价素养中的知识，笔者认为教师应该对测量学的基本概念有相应的认识，例如构念的内涵、信度和效度等。虽然教师无需对这些概念进行准确的定义，但是对这些概念的理解应该能够让教师把语言评价的相关概念组织起来，迁移到新的情境中灵活运用。例如，知道构念不相关因素，教师能够在设计评价的过程中尽量避免与构念无关的一些影响学生表现的因素，如指令不清晰等，以获得对学生表现的更加准确的推断。语言评价素养中的知识还包括教师对语言系统本身、对语言学习和语言教学的理解，这是语言评价素养区别于普通教育学中的评价素养的重要部分。语言评价素养中的技能则指的是教师在原则的指导下，运用对语言评价知识的理解，实际进行操作的过程。它包含选择和编制相应的评价方法、施测、评分、试题分析、报告，以及反馈等。技能的培养不是一朝一夕的，而是在长期实践的基础上，结合教师的反思，逐步提升的过程。在这个过程中，专家教师和同伴教师的支持是非常关键的。

基于图2.8的语言教师评价素养理论框架，并结合本书附录二中国际上教师评价能力标准中的条目，以及中国环境下语言教学的实际情况，笔者尝试提出语言教师评价素养参考点，见表2.3。参考点一主要回答的是语言评价中知识的问题，要求教师对教育测量，特别是语言评价中的基本概念有明确的理解。本书第三章将详细地对此参考点进行阐释和解读。参考点二专门针对语言评价的目的，强调语言评价的促学功能。本书第四章将详细地对此参考点进行阐释和解读。参考点三、四、五针对语言知识、能力量表和语言任务特征，并结合教育目标分类，对语言评价素养中语言层面的内容提出针对性的建议。本书第五章将对这些参考点进行阐释和解读。参考点六针对的是评价方法，为语言评价素养中的重要技能之一。本书第六章将详细地对此参考点进行阐释和解读。参考点七、八、九、十针对的是对语言知识的评价。本书第七章将详细地对这些参考点进行阐释和解读，并辅以试题样例和评论。参考点十一至十四从听力、阅读、口语、写作四个技能的角度对语言评价素养进行阐述，每个技能中均包含教师要理解的理论基础，并结合具体技能的特性阐述了任务设计、施测、评分、反馈等问题。本书第八章将详细地对这些参考点进行阐释和解读，并辅以试题样例和评论。参考点十五着重讨论的是数据统计、反馈和分数使用等问题。本书第九章将详细地对此参考点进行阐释和解读。参考点十六和十七针对的是备考和反拨效应。本书第十章将详细地对这两个参考点进行阐释和解读。

表2.3　语言教师评价素养参考点

参考点一：拥有语言评价的概念性知识，能将关于评价的概念性知识组织起来，应用于教学情境中，反映对语言评价的深刻理解。

参考点二：能明确考虑并说明特定情境中语言评价的目的，最大限度地发挥评价的诊断和促学功能。

参考点三：对语言是什么有完整充分的认识，并能在语言评价中根据目的有选择性地测试部分内容，始终意识到评价的局限性。

参考点四：熟悉常见的语言能力量表，并能清晰地表达各阶段语言学习的目标。

参考点五：能对语言评价任务特征进行详细的描述。

参考点六：熟悉多种评价方法，能根据评价目的选择相应的评价方法，并能意识到所用的评价方法的优势与局限性。

参考点七：能较清晰地界定英语语音的构念，并熟练地对英语语音进行评价。

参考点八：能较清晰地界定英语词汇的构念，并熟练地对英语词汇进行评价。

参考点九：能较清晰地界定英语语法的构念，并熟练地对英语语法进行评价。

参考点十：能较清晰地界定英语语用的构念，并对英语语用进行评价。

参考点十一：能较清晰地界定听力理解的构念，并熟练地对英语听力进行评价。

参考点十二：能较清晰地界定阅读理解的构念，并熟练地对英语阅读进行评价。

参考点十三：能较清晰地界定口语表达的构念，并熟练地对英语口语进行评价。

参考点十四：能较清晰地界定书面表达的构念，并熟练地对英语写作进行评价。

参考点十五：能正确统计和解读评价获得的数据，用于教学决策，并提供及时恰当的反馈，特别是描述性反馈。

参考点十六：意识到测评的反拨作用，能运用测评带来积极的测评后效并关注测评中的伦理问题。

参考点十七：能熟练地为学生提供备考指导。

2.3　语言评价素养培训建议

《教育与心理测试标准》（AERA, APA & NCME，2014：192）指出教师可以通过参加工作坊、学习测试专业机构提供的文字材料或视频材料来提高评价素养，也可以通过参与专业测试机构的测试开发过程（如确定考试内容、题目撰写、审阅和标准设定等）来提高评价素养。林敦来（2018）从个人或小组学习的资源和活动模式两个维度提出了语言教师提升语言评价素养的方法。关于个人或小组学习，教师可以运用专著或语言测试教科书来提升语言评价素养，也可以通过期刊论文来提升语言评价素养，还可以运用电子或网络资源来提升语言评价素养。在本书附录一中笔者提供了提升语言评价素养的主要参考资源。关于活动模式，可以采用传帮带模式，特别是可以建构学习共同体（参阅 Arter，2001）。Stiggins 及同事（2006）通过大量的研究提炼出专业成长的四大要素，即能获得有效的新思想和策略、有机会在课堂中尝试新想法和策略、能够对自己的学习进行掌控、协作。他们认为参加工作坊、阅读期刊和书籍，以及观课均能获得有效的新思想和策略，但是如果没有在自己的课堂中尝试，没有反思尝试的结果，那么新思想和策略几乎没有机会改变自己的课堂。他们提议建构学习小组，将之定义为"三到六人组成一组，为了共同的目的，在商定的时间定期聚集讨论"。关于学习小组的具体操作步骤，他们提出如下办法：（1）思考课堂评价；（2）阅读和反思新的课堂评价策略；（3）将策略转换成课堂运用；（4）尝试课堂运用，观察并推断哪些奏效，哪些无效；（5）反思和概括学习内容和实践中获得的结论；（6）与组员分享和解决问题。图2.9展示了 Stiggins 及同事（2006：23）提出的评价素养培养的时间分配。个人学习和反思以及课堂运用占主要部分，小组会谈占20%时间，而工作坊是一种有益的补充。

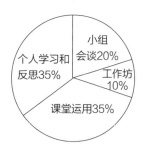

图2.9　评价素养培养的时间分配

2.4　小结

　　本章界定了语言评价素养，在定义中突显了语言和语言学习以及学习者参与等重要元素，一方面使得语言评价素养的特征更加明显，另一方面把培养能够自我调控学习的学习者作为语言评价素养的一部分，更加契合当前建构主义社会文化的学习观。基于此定义，结合文献中关于高质量课堂评价的论述以及评价素养的构念探究，本章尝试提出了中小学英语教师语言评价素养的理论框架，强调教师的语言评价素养是在特定的社会文化环境中逐步培养起来的。它是多维的，且各个维度的发展不是齐行并进的，而是借助教师职业发展的契机在原则、知识、技能等方面分类别、分阶段按照不同的速度培养起来的，其中体现了教师的自主性、自觉性，最终要建立起教师作为评价者的身份认同。在定义与理论框架的指导下，教师的语言评价素养还要具体地体现在语言评价的各个方面。本书将对这些方面的论述归结为语言教师评价素养的十七个参考点。后文的章节将对这些参考点展开论述。本章也对语言评价素养的培训提出了初步的建议，认为个人学习和反思以及课堂运用是教师培养语言评价素养的主要路径，但是语言评价素养共同体以及工作坊也是不可或缺的。

第三章

语言评价基本概念——测量学视角

　　根据 Anderson 及同事（2001/2009：30）关于知识维度的论述，当今的学习观关注有意义学习的主动性、认知性和建构过程。在主动参与有意义学习时，学习的认知观和建构主义观点强调学习者知道什么（知识）以及他们是如何思考（认知过程）这些知识的。教师在职前和在职的经历中，已经拥有了大量对语言评价的体验和认识。实践中的语言评价素养被认为是基于已有的评价知识和教学环境，通过各种认知活动和元认知活动自主建构的意义。Anderson 及同事（ibid：32—47）区分了四类知识：事实性知识、概念性知识、程序性知识和元认知知识。事实性知识指的是分离的、孤立的、"信息片段"形式的知识，而概念性知识表示更为复杂的、结构化的知识形式。它们都是陈述性知识（declarative knowledge），通常用术语"知道"来定义。知道了事实性知识，不能够在更深的层次上理解它，不能够融会贯通，不能够将它以有用的方式系统地组织起来，因此事实性知识就成了"惰性"知识。专家的标志之一是不仅拥有大量事实性知识，而且能把它们组织起来，迁移到新的情境中灵活运用。这正是教师语言评价素养中所应该包含的。程序性知识是关于如何做事的知识，也就是涉及知识的"如何"方面，而元认知知识是关于一般认知的知识以及关于自我认知的意识和知识。综上所述，本章要呈现的语言评价基本概念主要指语言评价中的概念性知识。为了避免与本书其他章节在内容上出现重复，本章从测量学角度来呈现语言评价基本概念的条目，并对条目进行简要的解释。

　　在描述语的收集过程中，笔者主要参阅了相关论著的术语表。这些论著包括权威的教育与心理测量标准，如《教育与心理测试标准》（AERA, APA & NCME, 2014）；教育学领域关于课堂评价的论著，如 Russell & Airasian（2012）、Waugh & Gronlund（2013）、McMillan（2014）、Popham（2017）；语言测评领域的论著，如 Brown（2005）、Bailey & Curtis（2015）、Carr（2011）、Brown &

Abeywickrama（2010）、Jang（2014）、Cheng & Fox（2017）、Bachman & Damböck（2017）等。术语的选择遵循了以下原则：（1）从中小学英语教学与评价的实际出发，考虑中国环境下语言评价的实践，选择符合中国中小学英语教育教学国情的评价概念。（2）从重要性考量，选择教育测量领域中最基本的评价概念，并重点考虑多本论著中均提及的概念。（3）从可接受性角度考量，选择能够被一线教师理解并应用的核心概念。在术语选择过程中，笔者也参阅了教育部考试中心中小学教师资格考试的网站（http://ntce.neea.edu.cn/），发现在初中和高中的英语学科知识与教学能力考试大纲中，与评价直接相关的内容为"了解形成性评价和终结性评价的知识与方法，并在初（高）中英语教学中合理运用"。本章的语言评价概念性知识以及本书其他章节的内容将更加明确详细地说明形成性评价和终结性评价的知识与方法所指的具体内容，为一线教师提供更加有针对性的指导。

 参考点一　拥有语言评价的概念性知识，能将关于评价的概念性知识组织起来，应用于教学情境中，反映对语言评价的深刻理解。

3.1　语言评价的测量学概念性知识

知道……/ 能理解……	知道构念（construct）的意义与内涵。 知道构念不相关差异（construct-irrelevant variance）。 知道构念代表不足（construct underrepresentation）。 知道效度的意义与内涵，将效度看作是单一的整体概念（unitary concept）。 能意识到教师的专业判断是寻找课堂评价效度证据的主要方式。 知道如何在课堂评价中确定效度证据的寻求路径。 知道如何提高评价中的推断和解释的效度。 知道在课堂评价中效度的重要方面是考查评价对学生的学习产生怎样的影响。 知道信度指的是分数的一致性或精确度。 能理解信度指的是运用测评工具获得的结果的可靠性，而不是工具本身。 能理解使用不同方法对信度的估计总是指向某种特定的一致性，如折半信度只考查内部一致性。 能理解信度是效度证据中必要非充分的条件。 能理解信度主要通过数据指标来评估。 知道提高课堂评价信度的方法，如提供清晰的评分要求、增题量。 知道信度和效度之间的关系。

续表

知道……/ 能理解……	能理解测量误差的来源，并能够尽量降低误差来源的影响。 知道测量标准误（standard error of measurement）。 知道语言测试中的题目应包含四个要素：是一个可量化的测量单位、有提示语、规定如何作答、规定如何评分。 知道测试指导语（rubric）应包含试题指令、试卷结构、时间分配、如何计分四大要素。 知道试测（pilot test）及其作用。 知道评价的可操作性。 知道评价中的公平问题。 知道测试偏颇。 知道考试内容规范或考试细目表（test specs）的构成。 知道课程、教学、学习、评价之间的对接（alignment）。 知道测量误差可以分为系统性误差和随机误差。 知道系统性误差指的是会影响学生表现但是可以被避免的误差。 知道随机误差指的是影响评价结果的不可预测、不可控的因素。 知道评价应该有系统性，也就是说评价必须遵循清晰的程序，他人可以对之进行审定，也可以在任何时间重复使用该程序。 知道基于语言测评的决策会对学生带来重要影响。 知道评价的反拨效应（washback）。
能做……	能透过语言评价的外在形式说明背后不同的测试概念。 在设计评价任务时，能清晰界定测试的构念。 能在语言评价的设计中意识到构念不相关差异的因素，并最大化地避免。 能从不同的角度，特别是测试内容角度，收集效度证据。 能运用基于论证的效度验证框架来审视某项测试所获得的效度证据。 能根据不同的情况选择不同的信度估计方法，如内部一致性、再测信度。 能从分数解释的角度区分常模参照考试（Norm-referenced tests，NRTs）和标准参照测验（Criterion-referenced tests，CRTs）。 能从语言测量形式的角度区分分立式测试和综合式测试。 能从测试方式角度区分直接测试和间接测试。 能从评分方式角度区分客观测试和主观测试。 能对交际语言测试的内涵有深刻的认识。 能区分内容标准和能力表现标准。 能设计考试内容规范或考试细目表。 能认识到语言测评的预期用途是为学生带来有益的影响。 能区分不同类别的反馈。

3.2　语言评价的部分概念性知识详解

❑　知道构念（construct）的意义与内涵。

表3.1　构念的定义

Fulcher & Davidson（2007：7）为说明何为构念，首先列举了日常生活中的抽象概念，如爱、智力、焦虑、流利度、外向、说服力等，人们理所当然地认为对这些概念有共同的认识。但是这些概念要成为构念就需要两个条件：（1）界定概念，使其可以被测量或可操作化，如流利度可以体现于说话速度快慢或者停顿多寡。（2）界定概念，使之与其他不同构念产生关系，如口语中流利度与焦虑通常呈现相反关系，焦虑高了，流利度降低。

《教育与心理测试标准》（AERA, APA & NCME，2014：217）将构念界定为"一项测试意欲测量的概念或特征"。

"构念指的是心理构念，是对人类行为的一个方面的理论概念化，这个行为方面不能被直接测量或观察。例如智力、成果动机、焦虑、成果、态度、支配力和阅读理解力。"（转引自 Alderson et al.，1995：183）

❏　能透过语言评价的外在形式说明背后不同的测试构念。

表3.2　通过测试外在形式看构念

以下为某校初中英语考试中的题目：
选出画线部分发音不同的一项。（5分）

1. A. Chinese　　B. meet　　　C. teacher　　D. theatre
2. A. twelve　　　B. pencil　　　C. we　　　　D. left
3. A. thanks　　　B. grade　　　C. capital　　D. manager
4. A. English　　　B. is　　　　　C. big　　　　D. right
5. A. hour　　　　B. Helen　　　C. her　　　　D. husband

　　从上述五个题目的测试内容来看，命题者要测试的是字母或者字母组合在单词中的理论发音。试题没有让学生实际朗读这些单词，而是从理论角度来考查字母或字母组合的发音。当考生做对题目时，我们只能推断他们从理论上可能知道字母或者字母组合在单词中的发音，并不能推断学生是否能正确地说出这些词，更不能推断学生在实际的语流中能运用这些词的正确发音来表达意义。

以下为某校初中英语口试中的题目：
请朗读下面的文段。你有一分钟的准备时间。

Once upon a time, two young men were walking along the mountain trail. They were very close friends.

But, all of a sudden, a bear showed up. Shocked, the young men were looking for a place to hide. One fellow hid himself by climbing up a tree, but the other one was unable to run away. When the bear pounced upon him, the fellow who could not run away threw himself flat down upon the ground and pretended to be dead. The young man on the ground held his breath and stayed still. The bear, coming up to him, put his muzzle close to the man, and sniffed. "He's dead. I don't eat dead meat."

续表

The bear left the young man alone and went away. After the bear was gone, the friend in the tree came down. Wiping away his cold sweat, the friend asked, "What did the bear say to you?" "Oh, the bear told me, " said the other, "not to hang out with a friend who runs away when a risky situation occurs."

上文是一个简短的童话故事，要求考生朗读，通过这种方式测试的是考生在有脚本的情况下，实际语流中的语音产出的水平，其中包含意群的判断和连读、弱读、重读等语音特征。比起上述的选择题，它对语音的测试更加直接。当然也应该意识到，它还不同于考生在口语自由表达中的语音水平。

❏ 知道构念不相关差异（construct-irrelevant variance）。

表3.3　构念不相关差异

被试因为外部因素的影响而使得其成绩偏离他本身的实际能力（AERA，APA & NCME，2014：217）。

测试中涉及的与概念不相关的因素降低了所测的准确性（Popham，2017：407）。

常见的构念不相关差异有：焦虑、作弊、劳累、噪音、作答指令不清、粗心。

❏ 知道概念代表不足（construct underrepresentation）。

表3.4　构念代表不足

一项测试未能够把握欲测构念域的重要方面而带来的差异，因此测试分数不能完整地代表构念（AERA，APA & NCME，2014：217）。

所测的内容，如课程目标中的内容，未能充分地被构成测试中的题目所体现（Popham，2017：407）。

如表3.2中的第一部分语音辨别题，如果想考查的是学生的语音表现，构念代表就不足，因为语音表现要通过实际的语音发音来体现。

□　知道效度的意义与内涵，将效度看作是单一的整体概念（unitary concept）。

表3.5　效度的定义与内涵

　　《教育与心理测试标准》（AERA, APA & NCME，2014：11）将效度定义为"证据和理论在何种程度上支持测试预期用途中的对测试分数的解释"。它是测试开发和评估中最根本的问题。

　　McMillan（2014）将效度看作是"基于评价所获得的推断、使用和后果的适切性的特征。效度关乎基于所得的分数所做出的主张或推断的正确性、可信性或合理性。也就是说，从测试结果所做出的解释是否是合理的？所收集的信息是否为欲做的决定或预期的使用提供恰当的证据？信息的解读是否是准确的？效度与推断的后果相关，与测试本身无关。因此，不能说用于收集信息的测试、工具或程序有效度，而应该说推断或使用是有效或无效的"（65）。

　　效度应该被看作是单一的整体概念，也就是说，它是包含多个侧面的一个概念。在收集效度证据时，应该从多个侧面去综合考量，不能仅仅关注一两个方面。例如下图3.1所示，通常从内容效度、共时效度、后果效度和构念效度等侧面来考量效度。

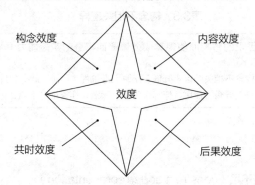

图3.1　效度的四个侧面（改编自 Gareis & Grant，2015：29）

　　根据 Akbari（2018：5300—5303），内容效度考查的是一项测试是否充分包含了欲测量的特质或领域中有代表性的样本。所有的测试都只能采取抽样的方法来进行，如果抽取的样本在欲考查对象中没有代表性，那么它的内容效度就严重地受到影响。例如在学业考试中，教师要列出学习目标清单，借助考试内容规范来整理出有代表性的评价样本，从而最大化保障内容效度。效标关联效度（criterion-related validity）考查的是一项测试与考查类似的内容测试之间的相关性。它可以从共时效度（concurrent validity）和预测效度（predictive validity）两个方面去考查。其中的共时效度指的是新设计的测试与要比照的测试同时被施测于同一批考生，然后计算两者的相关性，考查共时效度如何。构念效度是最重要的效度，它是测试设计的基石，为测试与其分数的解释提供理论根据，考查的问题如"何为能用一门语言？"，有的学者认为二语知识是单一的概念，需要采用整体测试法，如完形填空或听写（Oller，1979），而有的学者认为它是不同能力的集合，可以分成不同的单元或成分来考查（Bachman，1990；Bachman & Palmer，2010）。构念效度会决定测试工具的形式和内容。后果效度考查的是测试对考生所带来的影响，测试公平、测试偏颇和反拨效应都是后果效度需要考查的方面。

❑ 知道如何在课堂评价中确定效度证据的寻求路径。

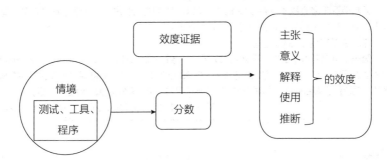

图3.2 如何评估效度（改编自 McMillan，2014：66）

❑ 能从不同的角度，特别是测试内容角度，收集效度证据。

表3.6 效度证据来源

1. 基于测试内容的证据（内容效度）
测试内容在多大程度上代表为特定用途所要做出的解释的课程目标。

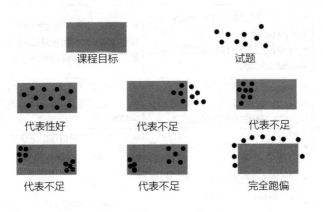

图3.3 测试的题目与课程目标之间不同匹配程度示意图
（改编自 Popham，2017：103）

续表

2．基于应答过程的证据

被试在应答过程中是否采用了欲测概念所包含的认知过程。

3．基于测试内部结构的证据

通常情况下考查构念是否是单维的，可以通过考查试题内部一致性来看试题是否能衡量考生在单一构念上的位置，也就是Cronbach α 系数。

4．基于其他变量的证据

第一个可以考查测试与效标之间的关系，即效标关联效度，考查一项测试与测量相同特质的测试之间的关系。第二个可以考查聚合效度和区分效度。两项测量相似构念的测试之间相关度高，就提供了聚合效度，两项测量不同构念的测试之间的相关度低，就提供了区分效度。

（AERA, APA & NCME, 2014；Popham, 2017）

❑ 知道如何提高评价中的推断和解释的效度。

表3.7　提升效度的途径

效度的侧面	教师可以询问的衡量效度的问题	教师可以收集的决定和提高效度的证据
构念效度	◆ 我们能从评价中推断与某个教学单元预期的学习成果相关的学生知识和技能吗？	◆ 将评价希望测试的预期学习成果或目标进行拆解，确定是否适用于教学单元目标。 ◆ 构建细目表，审阅所测内容是否能充分地代表教学单元所预期的学习成果。
内容效度	◆ 评价是否对预期的学习成果进行充分的取样？ ◆ 评价是否充足地反映预期学习成果的相对重要性？	◆ 构建细目表，审阅所测内容，确保评价对预期学习成果目标进行充足的取样，不会多取也不会少取任何预期的学习成果目标。
共时效度	◆ 我们能否在测量相同的学习目标的相关评价中找到证实学习的证据或者预测学生在相关评价中的表现？	◆ 将学生在评价中的表现与另一项测试相同预期学习成果的评价（例如同事设计的评价或区级、市级考试）进行比较。
后果效度	◆ 运用评价对学生的学习做决策后产生什么样的后果？ ◆ 评价有没有产生非预期的后果（不管是好的还是坏的）？	◆ 找出并判断评价在以下这些方面的影响： · 学生动机、态度和信念 · 分班 · 教学决策 · 家长和其他教师等获得的推断

（Gareis & Grant, 2015：36）

□ 能运用基于论证的效度验证框架来审视某项测试所获得的效度证据。

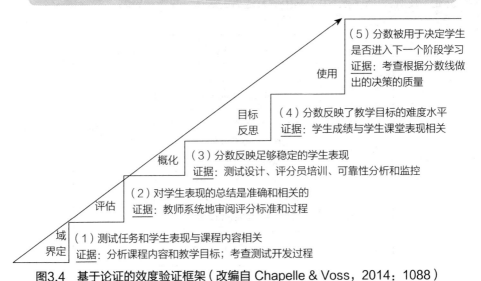

（5）分数被用于决定学生是否进入下一个阶段学习
证据：考查根据分数线做出的决策的质量

使用

目标反思
（4）分数反映了教学目标的难度水平
证据：学生成绩与学生课堂表现相关

概化
（3）分数反映足够稳定的学生表现
证据：测试设计、评分员培训、可靠性分析和监控

评估
（2）对学生表现的总结是准确和相关的
证据：教师系统地审阅评分标准和过程

域界定
（1）测试任务和学生表现与课程内容相关
证据：分析课程内容和教学目标；考查测试开发过程

图3.4　基于论证的效度验证框架（改编自 Chapelle & Voss，2014：1088）

Chapelle 和 Voss（2014）基于论证的效度验证框架从域界定到评估，到概化，到目标反思，到使用，共分为五个阶段，层层推进，为低利害的课堂评价提供了效度证据收集的思路。

Bachman 和 Palmer（2010）、Bachman 和 Damböck（2017）提出评价使用论证（Assessment Use Argument）作为评价开发和评价论证（justification）的概念性框架，如图3.5。评价使用论证包含一系列主张（claims）或陈述（statements），这些主张或陈述界定了从学生在评价中的表现到运用这些评价产生预期效果的关联。（Bachman & Damböck，2017：30）在评价开发时，第一个主张为预期后果，它指的是测评开发者或使用者希望带给利益相关者的效果。（ibid：38）第二个主张为预期决策，决策主要分为两种：形成性决策和终结性决策，预期决策要关注的是决策的内容、决策者和对象、时机和质量。（ibid：49）第三个主张为关于学生语言能力的预期解读，这个主张要回答评什么和怎么评的问题。（ibid：59—60）关于预期解读的质量应主要考查相关性、充足度、有用性、概化和公平性。（ibid：67）第四个主张为预期评价记录，它主要关注两个问题，即什么形式的记录（描述、分数）和评价记录的质量问题。（ibid：74）关于评价记录的质量问题主要考查哪些因素可能影响分数的一致性问题，这些因素包括施测条件、评价任务和评分。在评价使用中，评价使用论证则从学生的表现开始，反观评价记录、关于学生语言能力的解读、决策和后果。

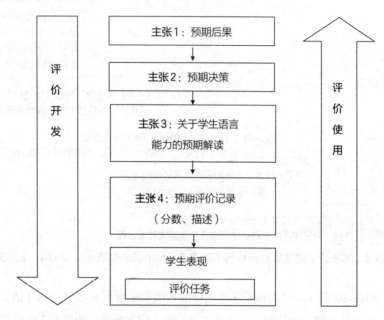

图3.5　评价使用论证（Bachman & Damböck，2017）

❑ 知道信度和效度之间的关系。

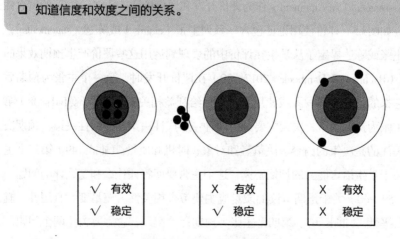

图3.6　信度和效度关系简图

　　图3.6打了一个比方，简单地描述了信度和效度之间的关系。图中将效度比作是靶心，将信度比作击中情况。左边第一幅目标清晰，全部击中，说明对欲测能力进行了准确定位并稳定地测试，信度和效度都高；中间的图片则表明射击稳定，但是没有击中目标，信度是高的，但是效度很低；右边图片中击中率低，同时也没有清晰的目标，因此信度和效度均低。

　　从图中也能看出，清晰的目标定位，即效度是根本的，而信度是其必要条件。信度是效度证据收集的一个重要方面。当然，本图虽然直观明了，却不能完整地反映信度和效度的关系，信度、效度之间的关系远比上图复杂，感兴趣的读者可以参阅 Bachman（1990）的相关论述。

- 知道信度指的是分数的一致性或精确度。
- 能根据不同的情况选择不同的信度估计方法，如内部一致性、再测信度。

表3.8　不同类型的信度及估计方法

信度估计方法	详细描述	如何实现	何时重要	备注
内部一致性：Kuder-Richardson 公式20，KR-20	题目与所有其他题目以及总分的相关度	适用于二元计分法，将每个题目得分代入相应公式	只有1题本，只测试1次，所有的题目测试相同内容，二元计分	KR-20最佳，但计算单调，KR-21方便计算，但值比KR-20略高，均适用于二元计分
内部一致性：Cronbach α	题目与所有其他题目以及总分的相关度	将每个题目得分代入相应公式	只有1题本，只测试1次，所有的题目测试相同内容，多元计分	最好适用于多元计分（超过二元）；手算麻烦，可用SPSS计算
内部一致性：折半信度	同一题本中半数题目得分与另外一半题目得分的一致程度	将试题分为相等的两半，计算每位考生各个半数题目得分，计算相关	只有1题本，只测试1次	注意半数题目难度差别，须用Spearman-Brown Prophecy 公式校准相关系数

续表

信度估计方法	详细描述	如何实现	何时重要	备注
再测信度	分数在不同测试时间的稳定性	同组同题不同时间测试两次，计算相关	常用于潜能测试	时间要间隔开，但是得考虑成长、学习等因素
稳定与等值	两个不同的题本在不同时间内的稳定性	在不同时间用不同的题本测试同组人，计算相关	稳定性与等值都极其重要	最保守的信度估计
评分员内部一致性	不同时间同一名评分员对相同的表现给出的评分结果的一致性	一名评分员两次评判考生表现，计算两次评分相关性或者一致率百分比	主观评分，只有一名评分员。不同时间的评判一致性很重要时	要求至少重评一部分表现。一致率百分比容易计算
评分员间一致性	两名及以上的评分员对同一表现的评分一致性	两名及以上的评分员评分，计算两人评分相关性或者一致率百分比	主观评分，多评，不同评分员的一致性很重要时	要求至少两名评分员，一致率百分比容易计算

（改编自 Gallagher，1998：79）

❏　知道提高课堂评价信度的方法，如提供清晰的评分要求、增题量。

表3.9　提升信度的途径

教师可以询问的衡量信度的问题	为提高信度教师可以采纳的步骤
有没有足够的题目来测量欲测的每个核心的目标或预期学习？	一般来说，要有三个及以上的题目来测量每个核心目标，以减少非预期的误差对评价结果产生影响。
问题、指导语、格式有没有避免系统性的误差？	审阅和校对每个测试题目、提示语和指导语，避免系统性误差，包括语法错误、标点错误、文化偏向、不清晰等。
评分标准是否尽可能地客观？	清晰地说明评分标准，并验证评分标准。制定评分流程，实施评分员培训，确保评分员内部和评分间信度。

（Gareis & Grant，2015：41）

表3.10 提高课堂评价信度的方法

√ 提供关于评价的清晰的应答和评分要求。
√ 使用足够多的题目或任务（在条件相同的情况下，越长的测试得出的分数越可靠）。
√ 为同一个学生表现提供双评或多评。
√ 选用能够清楚地将学生区分开来的题目或任务。
√ 确保评价的程序和评分尽可能清晰和客观。
√ 持续评价，直到得出一致的结果。
√ 排除或降低外部事件或因素的影响，以限制误差。
√ 频繁使用较短评价，而不是少次使用较长的评价。

（改编自 McMillan，2014：76）

❑ 能从分数解释的角度区分常模参照考试（Norm-referenced tests，NRTs）和标准参照测验（Criterion-referenced tests，CRTs）。

表3.11 测试两大家族对照

特征	常模参照考试	标准参照测验
主要用途	概观测试（survey testing）	熟练测试（mastery testing）
焦点	测量个体差别	描述学生能够完成的任务
分数解释类型	相对的（个体表现与被试群体结果对照）	绝对的（个体表现与所该掌握的内容对照，考查掌握的比例）
测量类型	测量整体的语言能力或水平	测量特定领域的或特定教学目标中的语言点
测试目的	将学生按照整体水平分散排列	评价个体对知识的掌握情况
分数的分布	以平均分为中心，呈止态分布	通常为非正态分布，学生掌握了所学内容能够得到满分
试题结构	试题各部分相对较长，内容广	试题各部分相对较短，内容界定清楚
试题选择程序	选择能够最大限度区分个体的试题。容易的题目通常被剔除。	包含所有能够充分描述学生表现的试题，不需改变试题难度，也不需要剔除容易的题目。
对问题的了解程度	学生对试题内容没有先知，或者知之甚少	学生清楚试题内容

（改编自 Waugh & Gronlund，2013：27）

鉴于两个家族的测试存在不同点，Brown（2014）提出了常模参照考试和标准参照测验在开发和验证中采用的不同策略，如表3.12。

表3.12　开发和验证两个家族的测试的不同策略

步骤	常模参照考试	标准参照测验
1.　规划	基于测试大纲和通用的题目大纲	基于教学目标，题目大纲起辅助作用。
2.　试题编写	围绕某个技能，编写大量难度合适的题目。	针对每一条教学目标编写10道题目，将之组成两套平行题目。
3.　编辑题目	按照试题编写规范来改进题目	按照试题编写规范来改进题目。进行叠合和适用分析来确认试题与教学目标匹配。
4.　试测	选择大量合适的试测对象，如水平测试需要选择从低水平到高水平的大量学生试测，如果是分级考试，就选择目标学校中的一部分学生进行试测。	理想地说，在开学初就把两套试题在学生中进行试测，收集诊断信息，并针对教学目标进行逐条反馈。在学期末交换试题再一次测试，将成绩收入学生最终成绩中，并进行后续分析。
5.　试题分析	计算试题难度和区分度	计算区别指数（difference Indexes）和 B 指数
6.　筛选试题	选择区分度高的题目进行改进，并考虑难度以控制整卷难度。	选择每个教学目标对应的区别指数最高的题目，如5个选题选3个。也可以选择每个教学目标中 B 指数最高的题目。
7.　修改试题	基于前面的数据，编制出更加高效的题本，用于将来的水平测试和分级测试。	基于前面的数据，改进两个平行试卷，用于将来的诊断测试和成绩测试。
8.　信度	运用常见的信度分析方法得出信度，如 Cronbach α、KR-20或KR-21。	进行可靠性分析。也可以采用 KR-21 信度数据做保守估计。
9.　效度	考查内容效度、构念效度和效标关联效度，也应该考虑价值观及分数解释和使用的社会后果。	运用传统的内容效度，也应该考虑价值观，以及分数解释和使用的社会后果。

表3.13　从测试特征和决策类型看两大家族测试

测试特征	决策类型			
	常模参照考试		标准参照测验	
	水平考试	分级考试	学业考试	诊断考试
信息的细化程度	特别泛	泛	细	特别细
焦点	入学要求的广泛技能	项目中所有的学习点或技能	课程或项目的最终学习目标	在课程中可以实现的目标
决策的目的	将个体的整体能力与其他个体比较	寻找出适合个体的水平	决定升级或毕业的学习成果	找出需要学习的目标

续表

比较范围	与其他学校或项目相比	在项目内比较	与课程目标相关	与需要学习的课程目标直接相关
实施时间点	入学前或语言项目结束前	教学项目开端	课程结束	课程开端或中间
分数解释	分数分布的广度	跟项目相关的分数分布广度	达到目标的具体数量和比例	从优缺点上看每个目标的比例

（改编自 Brown，2005：7）

❏ 能从语言测量形式的角度区分分立式测试和综合式测试。

表3.14　分立式测试与综合式测试

分立式测试（discrete-point test）
　　一道题目一次只牵涉一个考点的测试。这类测试是在非常有限的范围内测试与表现相关的特定成分，如 I want to ＿ home now. [A. go　B. went　C. gone　D. going]。正因如此，它能够给出明确、具体的反馈，具有很强的诊断价值。分立式测试基于结构主义语言教学和测试理念，通常采用多项选择题的形式。

综合式测试（integrative test）
　　在答题时需要运用多种语言成分或技能的测试。典型的例子如听写测试，它需要考生运用词汇知识、语法知识和听力技能完成。又如完形填空，它需要考生运用词汇知识、语法知识和阅读技能完成。再如访谈，它需要考生运用词汇知识、语法知识和口语技能完成。比起分立式测试，它更能够测试整体的语言水平。

❏ 能从测试方式角度区分直接测试和间接测试。

表3.15　直接测试与间接测试

直接测试（direct test）
　　直接测试要求考生直接运用被试的技能或能力。例如要考查学生的写作能力，直接让学生写一篇文章；要考查学生的语音，直接让学生朗读一段话或用英语进行口头表达。直接测试中的任务和文本都应该尽可能真实。它更适用于考查产出性技能。Mousavi（2009：204—205）对直接测试的优点总结如下：（1）只要清楚要考查的能力，就能够比较方便地设计出相应的条件来引导考生做出相应的表现，并基于表现做出判断。（2）至少在产出性技能中，对考生表现的评价和解读都是相对直接的。（3）测试中直接让考生运用技能，可能带来良好的反拨效应。（4）直接测试让测试使用者能够更直接地连接测试表现和将来用途，因此具有更高的表面效度。

间接测试（indirect test）
　　间接测试旨在测量潜在于技能背后的能力。例如欲测量写作，让考生完成短文改错，间接推测考生的写作技能。又如欲测量口语，让学生选择句子补全对话。其背后的理念是希望通过测量有限的能力来推测无限的能力。但是短文改错做得好的考生是否写作能力就强呢？在现实中我们可以看到两者的关联，但不是绝对的关系。

❑ 能从评分方式角度区分客观测试和主观测试。

表3.16 客观测试与主观测试

客观测试（objective test）
客观测试如选择题，它们的答案是固定的，可以采用机器简单地进行评阅。
主观测试（subjective test）
主观测试要求评分员基于他们对评分标准的主观理解对考生的表现做出主观判断。

❑ 能对交际语言测试的内涵有深刻的认识。

表3.17 交际语言测试

交际语言测试（communicative language testing）
　　交际语言测试要求考生像在真实生活中一样使用语言。它在测试环境下，在语言使用的特定环境中评估语言表现样本，以期获得对考生交际能力的估计。交际语言测试需要满足一些严格的要求。它必须测试到语法、语篇、社会语言学、语用能力和策略能力。它要求考生自然地使用语言来进行真实的交际，并投入思想和感情。它必须采用直接测试的方法，必须测试到语言的多种功能并考虑考生可能遇到的现实语言环境。
　　交际语言测试有四个主要特征：第一，它提供"信息沟"，要求考生通过运用多种形式的输入来处理互补的信息，比如考生听一段讲座、读一段文章，然后完成一个写作任务。第二，任务倚靠性，一个部分的任务会基于前面的任务。第三，测试、任务和内容在一个语篇域中形成互动关系。第四，交际测试比早期测试测量更广的语言能力，包括衔接、功能和社会语言适切性等。在测试产出技能时更重视适切性，在测试输入技能时更重视理解交际意图。
（Mousavi，2009：110—111）

❑ 能区分内容标准和能力表现标准。

表3.18 内容标准和能力表现标准

　　内容标准（content standard）：描述了期望学生学习的知识或技能。这些课程目标被称为"学校内容标准"（Popham，2017：39）；它是一系列关于某个特定的学科知识的描

续表

述，描述了学生应该知道的内容和表现的技能（Jang，2014：173）。内容标准如中国的《普通高中英语课程标准》、美国的 Common Core State Standards。

能力表现标准（performance standard）：描述了期望学生掌握内容标准的水平。这些被追求的表现水平也被称作是"学校学业标准"（Popham，2017：39），它是一系列基准，说明学生必须在一个能力连续体上的特定水平中要表现出来的水平（Jang，2014：175）。

❏ 知道语言测试中的题目应包含四个要素：是一个可量化的测量单位、有提示语、规定如何作答、规定如何评分。

表3.19 题目的定义

题目（item）的定义
　　题目是一个测量单位，它包含提示语和规定的作答形式，目的是为了从考生那里获得一个应答，通过对这个应答表现的评判，可以推断表现背后的一些语言概念，从而做出一些决策。

（Brown & Hudson，2002：57）

❏ 知道测试指导语（rubric）应包含试题指令、试卷结构、时间分配、如何计分四大要素。

表3.20 测试指导语

测试指导语的特征应包含以下四方面：
1. 试题指令；
2. 试卷结构：在试题中，任务是如何组织的；
3. 时间分配：试卷所花费的时长和单个任务所花费的时长；
4. 如何计分：如何基于考生的应答产出考试记录。

（Bachman & Palmer，2010：69）

Douglas（2000：50）认为指导语应该包括：
1. 明确说明目标：描述任务或题目所测试的是什么，如"This is a test of your ability to write a coherent and grammatically correct paragraph"。
2. 应答的程序，如"Answer all the questions in complete sentences"，"Complete the table using information from the graph"。
3. 任务的结构与形式，包括小题的数量、各小题的权重和各小题之间的界限，如"The writing task is based on your understanding of the reading text and so you should attempt section one first"。

续表

4. 完成任务的时长，如"You will have 90 minutes to complete the test"。
5. 评分标准：各个部分的权重，如何才能得分，如"Part one carries 60% of the marks"，"You will get extra marks for using original examples"。

❑ 能理解测量误差的来源，并能够尽量降低误差来源的影响。

表3.21　潜在的测量误差来源

环境带来的误差	考生带来的误差
考场位置	健康
考场空间	劳累
考场通风	身体特征
噪音	动机
灯光	情感
天气	记忆
施测程序带来的误差	注意力
考试指令	健忘度
设备状况	冲动程度
计时	马虎程度
施测方式	解题妙招
评分过程带来的误差	对指令的理解程度
评分误差	猜测
主观程度	任务表现速度
评分员偏颇	所考内容刚好复习过或偶然习得
评分员个人癖好	
题本或题目带来的误差	
测试题本清晰度	
答题卡形式	
特定的题目样本	
题目类型	
题目数量	
题目指令	
题目保密度	

（改编自 Brown，2005：172）

❑ 知道评价中的公平问题。

表3.22　评价中的公平问题

　　评价中的公平问题是"语言评价中关注的一系列问题，考查一项测试（1）是否对某个特定群体有偏颇；（2）是否平等地对待每个被试；（3）能否确保不论年龄、文化、身体障碍等因素而给出平等的测试结果；（4）是否为考生提供了相同的机会学习被评价的内容"（Jang，2014：174）。

❑ 知道测试偏颇。

表3.23　测试偏颇

　　来自不同背景的小组之间在成绩上存在系统性的差别，这些差别源自语言因素、文化因素等，对某组学生有利或对某组学生不利。（Jang，2014：177）

❑ 知道评价的可操作性。

表3.24　评价的可操作性

　　估计评价在设计、试测、修改、施测、评分、分数解释中需要花费的时间、精力、资源等。它与效度、信度、反拨效应共同构成评估优劣的标准。（Bailey & Curtis，2015：344）

❑ 知道考试内容规范或考试细目表（test specs）的构成。

表3.25 考试内容规范的定义

考试内容规范是"为考试开发者和试题编写者提供蓝图，为效度验证者提供参考点，为分数使用者提供信息源的文件。它包含测试的目的、考查的能力、考生的特征、考试内容、评分标准和样题等准确的信息"（Douglas，2000：109）。

❑ 知道课程、教学、学习、评价之间的对接（alignment）。

表3.26 课程、教学、学习、评价之间的对接

❑ 知道测量误差可以分为系统性误差和随机误差。
❑ 知道系统性误差指的是会影响学生表现但是可以被避免的误差。

表3.27 系统性误差例子

• 有文化偏向的语言、习语或指代
• 不符合学生生理发展规律的阅读材料
• 试题中的标点或语法错误
• 不够明确的指导语
• 欠佳的排版，易引起疑问或误导学生
• 题目数量不够
• 评分太主观
• 作弊

（Gareis & Grant，2015：38）

第四章

语言评价目的——促学为本

Fulcher（2010：93）认为，评价的出发点是评价的目的。因为没有明确的评价目的，测试内容和形式的选择将失去理据。Hamp-Lyons（2016：13）认为现代语言测试与评价的方向之一是关注测试的目的，也就是确保一项测试或评价要适合其目的。当前从测试文化向评价文化的转向，就意味着评价更加以学习者为中心、以学习为中心，在此过程中还应该考虑评价对学生是否带来积极的反拨作用。Hamp-Lyons（2016：20—23）将二十一世纪语言评价的目的取向总结为以下三个方面：（1）以诊断为目的的评价。（2）在诊断基础上的形成性评价或学习性评价。（3）动态评价和学本评价。教师在设计课堂评价时，应该从评价的目的出发，充分考虑评价的诊断功能和促学功能。

 参考点二　能明确考虑并说明特定情境中语言评价的目的，最大限度地发挥评价的诊断和促学功能。

4.1 "语言评价目的"条目呈现

☑ 能在开始某项测试或评价设计前就考虑评价的目的。

☑ 知道根据不同的测评目的，语言测试可以分为学业考试（achievement test）、诊断测试（diagnostic test）、水平测试（proficiency test）和学能测试（aptitude test）。

☑ 能意识到语言测评的首要目的是用来收集信息，帮助教师做出决策，改进教学。

☑ 能理解学习段评价（Assessment *of* learning）、学习性评价（Assessment *for* learning）和学习化评价（Assessment *as* learning）的内涵和作用。

☑ 能充分认识到课堂评价有促学作用。

☑ 知道形成性评价不仅仅是评价手段，而且是能够促进学生学习的课堂活动。

☑ 能认识到形成性评价中的"形成性"指的是使用所收集的信息调整
教学和学习。

☑ 知道如何创造条件使形成性评价的效果最大化。

☑ 能意识到终结性评价同样具备形成性的潜力。

☑ 能根据目的，设计课堂中语言的诊断性评价。

4.2 "语言评价目的"部分条目解读

在对"语言评价目的"条目进行解读之前，笔者认为有必要对课堂内外的
语言评价方式做一个简要的概述。Turner 和 Purpura（2016）的框架对此作了全
面的讨论。课堂外的评价有分级考试、标准化的学业考试、水平考试和学能考
试。课堂内的评价则可以分为学习前、学习中和学习后的评价。有的是计划性
的评价，如小测验、单元测验等或者教师设计的提问等。此外还有教师在课堂
中即时的评价。这些多种多样的评价方式为学生的学习提供了多种可能性，教
师经常要思考的问题是：这些评价方式在多大程度上能够为学生提供促学的机
会，并根据不同的评价目的积极地利用好这些评价方式。

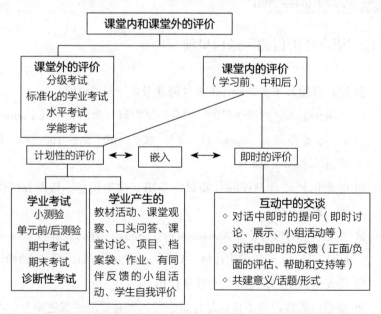

图4.1 课堂内外的语言评价（改编自 Turner & Purpura，2016：264）

❑ 能在开始某项测试或评价设计前就考虑评价的目的。

表4.1　语言测试的分类

测试目的

Alan Davies 根据语言测试的不同用途，对语言测试的类别做过这样的论述，"we speak of Proficiency (Aptitude) *for* or *in* something to do something else; we speak of Achievement (Attainment) *in* something by itself; and we speak of Diagnosis *of* something. Thus in this usage Proficiency (Aptitude) tests the student's present ability for future learning. Achievement (Attainment) tests his present knowledge as indicative of past learning, and Diagnosis is the teacher's concern of what has gone wrong"（1968：6—7）。他从测试的时间点和内容角度，将测试分为四种类型（上文中水平考试和学能考试为两种不同类型的考试），如果用 X 代替测试，箭头表示时间，四种类型的测试如下图所示：

学业考试（Achievement）: ← X
水平考试（Proficiency）: ←⋯X →Y
学能考试（Aptitude）: （X ）→ X
诊断考试（Diagnosis）: ← X →

需要说明的是，水平考试因为不与特定的课程大纲衔接，所以采用虚箭头，而它常用于预测超出语言本身目的的语言技能，所以用了 Y。学能考试中的（X）则代表通过一语技能来预测其他语言技能中的不确定性。

Bachman 认为语言测试可以根据最终的决策来进行分类。他的论述是"we can speak of *selection*, *entrance*, and *readiness* tests with regard to admission decisions, *placement* and *diagnostic* tests with regard to identifying the appropriate instructional level or specific areas in which instruction is needed, and *progress*, *achievement*, *attainment*, or *mastery* tests with respect to decisions about how individuals should proceed through the program, or how well they are attaining the program's objectives"（1990：70）。

❑ 能理解学习段评价（Assessment *of* learning）、学习性评价（Assessment *for* learning）和学习化评价（Assessment *as* learning）的内涵和作用。

表4.2　Assessment *of* learning, Assessment *for* learning, Assessment *as* learning

学习段评价（Assessment *of* learning）长期在学校评价中占据主导地位。它的目的是终结性的，旨在证明学习成果，向家长及学生汇报在校取得的进步，通常会提示学生成绩在同伴中的相对位置。学习段评价的时间节点通常在单元、课程、年级、学段、项目的结尾。通常采用考试的方式，试题基于学段内所学的内容。学习段评价的结果通常以分数和字母等级来表示。（Earl，2013：29）

学习性评价（Assessment *for* learning）是针对学习段评价提出的。它从终结性评价转向形成性评价，从做出判断转向描述学习以服务于下一个阶段的学习。它给教师信息，让他们调整教学和学习活动，让学生个性化地参与学习。虽然它认为学习有可以预测的类型和路径，但是更加注重每位学生个性化的学习。从细心设计的评价中获取的信息以及针对评价过程的反思能用于决定学生知道了什么，还能用于了解学生如何、什么时候以及是否运用所知内容，以便让教师能够更好地进行针对性教学。在学习性评价中，教师为不同的目的收集一系列数据，设计的评价任务如一扇窗户，可以洞察学生学习，并为下一步教学提供依据。选用的评价手段可以包含课堂观察、作业、课堂提问、教师学生会谈等。教师收集的信息不是为了评分或者比较学生，而是为了强调每位学生的优点与缺点，并给予反馈，以便后续学习。在学习性评价中，教师运用他们对学生的了解、对评价环境的了解和课程目标来确定特定的学习需求。学习性评价发生在学习的过程中，并多次发生，它是互动性的，教师会在评价中给予学生协助。它帮助教师提供反馈来支撑学生下一步的学习，也依靠教师的诊断技能来实现其促学效果。（Earl，2013：27）

学习化评价（Assessment *as* learning）是学习性评价的次类。它强调将评价看作是培养和支持学生提高元认知的过程。学习化评价的重点在于强调学生的角色，把他们看作是评价和学习过程的重要联结者。在学习化评价中，学生作为积极的思考者，理解评价信息，将之与先有知识进行联系，用之建构新的学习。这就是元认知中调控式的过程。它发生在学生自己监控学习内容，并使用监控获得的反馈来做出调整、修正，甚至带来所知的重大变化中。当教师采用学习化评价时，他们运用课堂评价这个工具帮助学生培养和训练必要的技能来成为批判思考者，习惯于反思和评判性地分析学生自己的学习。在学习化评价中，评价产生的结果记录是个性化的事情。学生和教师共同决定重要的学习证据，如何组织这些证据，并把它作为协助学生学习的工具。学生习惯地反思他们的作品，判断他们如何可以基于所学推进下一步的学习。与他们比较不是他们的关注点，相反，关键的参考点是学生先有的作品和所带来的学习灵感，以及持续学习的目标。（Earl，2013：28—29）

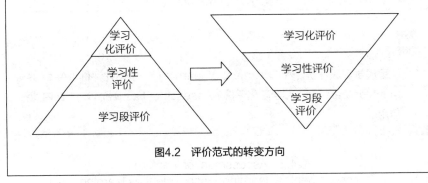

图4.2　评价范式的转变方向

表4.3　学习段评价、学习性评价和学习化评价的特征

学习段评价 Assessment *of* learning	学习性评价 Assessment *for* learning	学习化评价 Assessment *as* learning
• 终结性的 • 认证学习 • 单元结束后进行，零星的 • 通常使用常模分数原则；依据分数排列学生 • 试题来自所学范围 • 宽泛的 • 成绩报告给家长 • 会降低学生学习动机 • 测试很高效但是比较表面 • 聚焦信度 • 反馈被延迟 • 总结性的论断	• 形成性的 • 描述后续学习的需求 • 教学单元中进行，持续的 • 任务允许教师调整教学 • 提供纠正性的指导 • 具体的 • 用于给学生提供反馈 • 提高学生学习动机 • 深度测试 • 聚焦效度 • 即时反馈 • 诊断性的	• 评价的本质使学生参与学习 • 培养学生自我监控学习 • 在教学单元中进行 • 强调学生了解用于评估他们学习的标准 • 学生选择纠正性指导 • 具体的 • 培养学生自我监控力 • 提高学生学习动机 • 测试即教学 • 聚焦效度 • 即时反馈 • 诊断性的

（改编自 McMillan，2014：19）

表4.4　学习性评价的七大策略

我去向哪里？
策略1：为学生提供清晰和可理解的学习目标。 策略2：使用优秀作品和较差作品的例子和模板。
我在哪里？
策略3：在学习过程中提供持续的描述性反馈。 策略4：教学生自评，并为下一步或下几步学习设定目标。
我能如何缩小这个差距？
策略5：使用学生学习需求的证据来确定教学的下面步骤。 策略6：设计聚焦型教学，提供练习和相应的反馈。 策略7：为学生提供机会来跟踪、反思和分享他们的学习进步情况。

（改编自 Chappuis，2015：11）

表4.5　学本评价或学习取向型评价（learning-oriented assessment）

　　学本评价或学习取向型评价（learning-oriented assessment）由 David Carless 提出。它的核心观点是将学习放在首要位置，聚焦评价的学习性特征并倡导此类评价的开发。（Carless，2007）学本评价能够发现和决定教师和学习者可以运用评价以及评价收集到的信息来指导和支持学习过程。学本评价的理论框架如图4.3。评价从目的开始，主要包含认证目的和学习目的。两个交叉的圆圈则代表两种评价之间存在重叠部分，一项好的认证目的的评价也应该有促学功能。下方的三个要素则体现了学本评价的三个重要原则：（1）评价任务

的设计要能刺激学生展开更好的学习实践，也就是评价任务即学习任务；（2）让学生积极地参与到评价中，对评价标准、高质量作品、自己的表现和他人的表现均有深刻的理解；（3）反馈应该是及时的、前瞻性的，能够支持学生目前的学习和将来的学习。这三个原则是统一的整体，受学生和教师对评价理解和体验的影响。

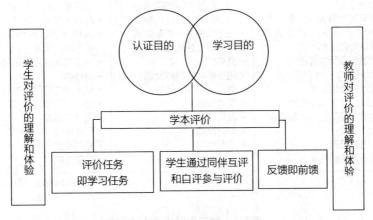

图4.3　Carless 学本评价的理论框架

　　学本评价由 Purpura 等（2004）引入二语评价领域。它指的是将二语加工和二语学习结果置于首要位置的评价方法。这种评价可以是规划性的也可以是非规划性的，它存在于不同的学习和评价环境中（Purpura & Turner，2013，2014）。学本评价通常指嵌入于教学和学习情境的评价。从学本评价中获得的评价结果可用于如下推断：（1）学习者在教学或评价情境中表现出来的二语知识、技能和能力；（2）评价结果如何被学习者、教师、同伴、评价者用于评估学习目标，并推进二语处理的目标；（3）从长远看，学习者如何培养出接近目标的二语表现能力。学本评价一方面认为二语学习是个性化的、认知的过程，另一方面，从合作学习和评价这个视角看，它又是社会认知和社会文化过程。学本评价强调了外部标准、课程、教学、学习和评价之间的共生关系，关注这种共生关系对于理解学习者表现、参与、学习过程和学习成果起到的作用。

　　Turner 和 Purpura（2016：261）提出了学本评价的工作框架，如图4.4。情境维度包含宏观层面的社会政治和社会文化因素，也包含微观层面的因素，如教师的个人经验和喜好、课堂决策、课堂文化以及学生的特征和参与热情等。测试维度包含不同人员收集学生表现样本，并做出反馈的过程。其中有规划性的（如小测验），更多的是即时性的（如教师课堂提问）。上文图4.1展示了课堂内外的评价方式。水平维度指的是二语能力模型，它要求教师对语言要素（如形式、意义、使用）和语言技能有深刻的认识，还要求教师对语言习得的过程有深刻了解，并掌握学科教学知识，懂得如何将对语言的理解呈现给学生。此外，教师还应该对二语评价所涉及的话题内容知识有所了解。学习维度指的是对学习者如何处理信息而后实现学习的过程的理解。这会影响到学习与评价是如何被看待和实施、表现是如何被解读、推断是如何被用于提供反馈进而帮助学习的。此维度还包含对反馈的作用的理解以及如何让学习者实现自我调控、管理自己的学习。教学维度指的是教师的二语内容知识（对语言的理解）、话题内容知识和学科教学知识。互动维度聚焦课堂中的互动交谈，它多为非计划性的评价活动，考查不同程度的介入（如简单评判、暗示或详细的讨论沟通）

续表

对学生意识到与学习目标的差距有怎样的辅助作用。情感维度考查学生在参与评价过程中所体现出来的社会心理情感。

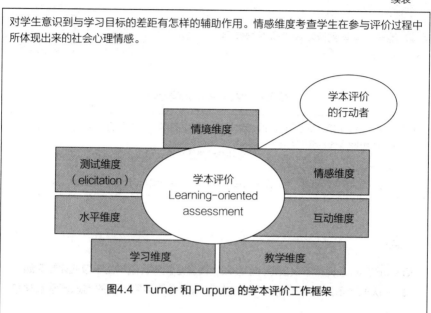

图4.4 Turner 和 Purpura 的学本评价工作框架

表4.6 动态评价（Dynamic Assessment，DA）

　　动态评价，又称学习潜能评价（Learning potential assessment），它扎根于 Vygotsky 的社会文化理论，特别是以该理论的最近发展区（Zone of Proximal Development，简称 ZPD）为核心思想，强调中介（mediation）和干预。在动态评价中，评价者与学生互动，探索和发现学生独立解决问题的能力与干预下潜在能力的差距就是最近发展区，学习就发生在最近发展区中。Lantolf & Poehner（2004）将动态评价分为互动式（interactionist）和干预式（interventionist）两类，韩宝成（2009）总结如下：在干预模式中，帮助的形式是标准化的。它关注评价的"量化"指标：学习的速度指数和学习者迅速有效地达到事前规定的学习目标所需要的帮助的量。在互动模式中，帮助出现在评价者和学习者的互动过程中。干预式动态评价有两种："三明治式"和"蛋糕式"，前者接近传统的实验流程，先有前测设定基准，然后干预，再由后测验证有效性；后者中的干预贯穿整个流程，如同在蛋糕上涂奶油，提示逐步出现，越来越明示，评价者根据评价对象所需要的提示数量和类型确定学习潜能分。韩宝成（2009）认为，动态评价强调互动和干预，强调评价与教学相结合，将传统评价所关注的"结果取向"转变为"过程取向"，侧重于个人认知策略的培训和潜能的开发，通过中介互动探索学生的最近发展区，使得评价本身最大程度地接近了个体的认知发展过程。这种评价模式能有效塑造学生的认知结构。

☐ 能充分认识到课堂评价有促学作用。

表4.7 课堂评价的促学作用

- 课程中改进后的形成性评价实践通常能够让学生的学习成果提升一到两个等级水平。（Assessment Reform Group，1999）
- 与其他影响学习的因素相比，教师使用的反馈是在统计意义上最显著性地提升学生学习成果的因素。（Hattie，2009）
- 教师如何看待和使用课堂中的评价直接影响学生的参与和学习。（McMillan，2013）

☐ 知道形成性评价不仅仅是评价手段，而且是能够促进学生学习的课堂活动。
☐ 能认识到形成性评价中的"形成性"指的是使用所收集的信息调整教学和学习。

表4.8 形成性评价定义

形成性评价定义列举

◇ 形成性评价从根本上说就是将学生当前认识和技能发展反馈给教师和学生，以便决定如何进行下一步学习。（Harlen & James，1997：369）
◇ 形成性评价指的是意在提供关于学生表现的反馈，以促进和加快学习。（Sadler，1998：77）
◇ 形成性评价可以被界定为在教学过程中开展的评价，意在提高教学……形成性评价中的形成性重点在于它可以迅速用于调整，以便促成新的学习。（Shepard，2008：281）
◇ 评价是形成性的，体现在：教师、学习者和同伴收集、解释和使用学生学习成果并做出下一步教学决策的质量要比没有收集这些学习证据时做出的教学决策高，要更有理据。（Black & Wiliam，2009：6）
◇ 广义上说，形成性评价指的是教师和学生集体参与的课堂事件，目的在于了解学生学习、概念组织、长处发现、弱点诊断、改进空间，从而为教师提供教学规划根据，为学生深化认识和提高学习成果服务。（Cizek，2010：6—7）
◇ 形成性评价是收集学生学习证据、为学生提供反馈、调整教学策略以促进学生学习成果的过程。（McMillan，2014：93）
◇ 形成性评价是规划的程序，在这个程序中通过评价收集学生学习情况的证据，这些证据被教师用来调整他们的教学程序或被学生用于调整他们目前的学习策略。（Popham，2017：408）
◇ 形成性评价指的是教师和学生运用正式或非正式的程序收集证据，用于指导下一步的学习。（Chappuis，2015：3）

❑ 知道如何创造条件使形成性评价的效果最大化。

表4.9 形成性评价效果的最大化条件

- ◇ 与教学关联。评价工具或事件与课程内容紧密关联。所有的题目或任务均与教过或即将要教的内容匹配。
- ◇ 为教师提供诊断信息。评价工具或事件能提供有关细节的准确信息，以便让教师能够知道如何采取行动，对谁采取行动。
- ◇ 为学生提供诊断信息。评价工具或事件能为学生提供详细的信息，告知学生哪些学习目标已经达到，哪些还需努力。
- ◇ 反馈要及时。
- ◇ 行动及时。师生均有时间切实基于结果采取行动。

（Chappuis，2015：5—6）

❑ 能意识到终结性评价同样具备形成性的潜力。

表4.10 终结性评价的形成性潜力

- ◇ 备考可以帮助学生巩固和组织知识、练习程序和策略，将知识更加紧密地联系到实际，发展自动性的运用能力，从而对知识有更深的理解。
- ◇ 参加考试可以让学生长时地在脑中保留学过的内容。
- ◇ 考试结果可以帮助教师发现学生不足，及时或者在下一轮教学中调整。

（Bennett，2011）

❑ 能根据目的，设计课堂中语言的诊断性评价。

表4.11 诊断性语言评价

定义：
诊断性语言评价就是发现被试或学习者在语言学习中的特定方面或语言交际能力的某些方面的弱点以及优点，并提供准确的诊断性反馈和学习补救措施的过程。（Lee，2015）

特征：
- 更有可能是分立式测试，而不是综合式测试；更可能聚焦特定的元素，而不是整体能力。
- 真实性不如水平测试。
- 通常是低利害或无利害的。
- 焦虑和其他影响表现的因素被严格控制，从而获得最充分的表现。
- 提供即刻的反馈，或尽可能在最短的时间内给出反馈。
- 能用计算机技术改进其实施。
- 可以提供非常详细的分析，汇报题目的具体作答情况。
- 提供详细的反馈，能够被学习者运用。
- 在后续的教学中能够得以补救。
- 更可能聚焦语言知识而不是语言技能。
- 更可能聚焦"低阶"语言技能，而不是更加综合的高阶技能。
- 得到二语习得的启发，甚或是应用语言学的启发，以及研究的启发。
- 基于刚刚教过的或即将要教的内容，或者基于特定的语言发展理论，尤其是细致的理论，而不是宏观的理论。

（Alderson & Huhta，2011）

典型例子：

DIALANG（https://dialangweb. lancaster. ac. uk/）（Alderson，2005）是一项免费的多语种在线语言诊断测试系统，它能帮助语言学习者了解自己在阅读、听力、写作、词汇及语法方面的水平，提供提高的方法，也能帮助学习者评估和了解自身的语言能力。测试可以分为五个阶段：首先学习者可以选择一项测试，自由组合测试的语种和技能。其次是分级测试，通过真假词的判断为学习者的语言水平粗略定级。再次是自我评估，学习者可以就与其所使用或理解所测语言的能力相关的一些描述做出判断，接着是语言测试。该测试有多种不同形式的题型：有的需要输入答案，有的需要选择一个正确的答案。完成测试后可以迅速得到测试结果。最后是反馈。学习者可以获得语言测试结果、分级测试结果、专家建议和其他有用的信息。也可以根据正确答案查看作答情况，可以了解测试结果的含义并得到有关如何继续提高语言技能方面的建议，还可以查看自我评估的结果及相关信息。下面的例子是笔者抓取的写作诊断测试的一个例子。

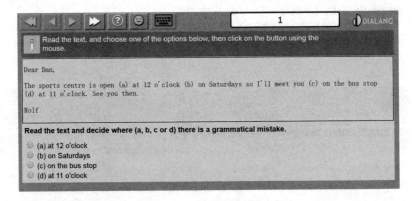

该题要求考生从所给的简短的电子邮件中查找语法错误。是从语法的角度来间接考查写作能力，采用的是分立式测试的形式，考查学生在写作中的语法意识。如果学生没有选出 C 为正确答案，说明他们不知道 bus stop 前面的介词应该为 at，应该采用相应的教学措施来补救这个知识点的缺失。

第五章

语言、语言能力和任务特征

从测量学角度来看，要对语言能力进行评价，要遵循三个步骤：（1）从理论上确定和界定构念；（2）从操作层面上界定构念；（3）确立将语言表现量化的程序（Bachman，1990：40）。因此语言教师要对语言和语言能力有深刻的认识。在对语言的认识方面，要参阅普通语言学已经获得的成果，了解其中的核心概念，如语言的本质。读者可以参阅 Finegan（2012）等论著。现代语言学发展迅速，为探究语言是什么提供了丰富的视角，如结构主义、功能主义、认知主义均对语言做出了系统性的论述。虽然语言教师一般不可能对这些理论有深入的了解，但是对各种流派的核心思想和概念有所了解能使得语言评价的设计具备坚实的语言学基础，更加合理。读者可以参阅刘润清（2013）的著作来了解语言学的主要流派及核心思想。人类对语言的认识发展至今，越来越重视语言在现实世界中的表达意义的功能，语言形式服务于语言功能，这应该成为语言教师对语言的基本认识。

当前全球范围内，基于标准的教学盛行，在语言教学领域内，主要体现在各种语言能力量表的开发，其中一些量表，如《欧洲语言共同参考框架》（Council of Europe，2001）基于语言使用的导向，采用了"能做"的表述，描述了各个级别（三级六等）的语言使用者能够用语言达到的交际目标。这些量表的内容体现了语言能力构念，也是教师在界定语言能力构念时可以参考的内容。量表中一个重要的方面是将语言看作是人类的一种认知过程。研究显示，这种认知过程是有不同类别和层级之分的，由此产生了教育目标分类，为语言评价带来了新的视角。语言教师也需要从任务要求的认知角度来考查评价。

Bachman（1990：2）指出语言测试中语言既是测试工具又是测试对象，也就是说我们用语言去测量语言，因此非常有必要对语言任务特征做详细的描述。Bachman 和 Palmer（2010）提供了描述语言任务特征的框架，从场景特征、指导语特征、输入的特征、预期应答的特征以及输入与预期应答之间的关系角度全面考查语言评价任务，为语言教师在设计或选用语言评价任务时提供了良好的指导方向。本章也对教师语言评价素养中"语言任务特征"角度的条目进行呈现，然后对部分内容进行解读。

综上所述，本章包含三个参考点，其一反映对语言和语言能力的认识，其二反映语言能力量表及教育目标分类，其三反映语言任务特征。

5.1　"语言、语言能力和任务特征"条目呈现

 参考点三　对语言是什么有完整充分的认识，并能在语言评价中根据目的有选择性地测试部分内容，始终意识到评价的局限性。

5.1.1　语言与语言能力

☑ 能理解普通语言学中的核心概念。

☑ 能意识到语言使用者的个人特质、话题知识、情感和认知策略会对语言使用产生影响。

☑ 能对语言知识有全面深刻的认识，并根据测评目的考查语言知识的不同方面。

☑ 知道语言测评必须有一定的依据，如教学大纲、语言能力理论、需求分析。

☑ 知道作为测试开发者，应该清晰明确地说明考生的表现是在什么样的条件（condition）下收集的。

☑ 知道作为测试开发者，应该清晰明确地说明收集考生表现所采用的程序和方法。

☑ 知道语言能力包含语言知识和策略能力（或元认知策略，如评价、规划、执行）。

☑ 在设计测评时，能考虑考生的个人特征，如年龄、性别、生活背景、教育程度等。

☑ 在设计评价任务时，能考虑到话题知识对学生表现的影响。

☑ 能考虑测评任务中的内容会影响学生情感，进而影响考试表现。

☑ 在设计测评时，能确保测评任务让考生感到轻松、舒适，充分发挥语言能力。

☑ 能意识到学生在完成测评任务过程中会采用不同的认知策略。

☑ 在设计测评时，能清晰界定特定的能力（构念）作为测评任务设计和测评结果解读的基础。

☑ 知道语言知识可以划分为组构知识（话语是如何组织的）和语用知识（话语与交际目的和语言使用情境之间的关系）。

☑ 知道语言组构知识包括语法知识和语篇知识。

☑ 知道语法知识包含词汇、句法、语音拼写知识。

☑ 知道语篇知识包含衔接、修辞或会话组织知识。

☑ 知道语用知识包含功能知识和社会语言学知识。

☑ 知道功能知识包含用语言来实现表意、控制、教育、想象等功能。

☑ 知道社会语言学知识包含体裁、语言变体、语域、习惯表达、文化指代和修辞知识。

☑ 知道策略能力主要指元认知策略，用于管理语言使用。

☑ 在设计测评和解读结果时能意识到语言知识的所有方面，尽管测试中仅考查了个别方面。

 参考点四 熟悉常见的语言能力量表，并能清晰地表达各阶段语言学习的目标。

5.1.2 对量表的认识

☑ 能对量表的概念有基本的了解。

☑ 能对《中国英语能力等级量表》有比较深入的了解，帮助设定课堂评价的目标。

☑ 能对国际上常见的英语语言能力量表有一定的了解，如《欧洲语言共同参考框架》（简称 CEFR）。

☑ 能对常见的教育目标分类有比较深刻的认识，用于编写评价指标和试题。

◎　参考点五　能对语言评价任务特征进行详细的描述。

5.1.3　语言任务特征

☑ 能意识到测评任务特征很可能影响测评结果。

☑ 在设计语言评价任务时，能考虑到测评的环境特征，如场所、噪音、温度、座位摆放、光线、设备等。

☑ 在设计语言评价任务时，能考虑任务中所涉及的参与者（如作者-读者）的关系远近、地位是否平等。

☑ 在设计语言评价任务时，能考虑任务实施的时机。

☑ 在设计语言评价任务时，能确保试题指令清晰明白、易于理解，如语言、方式（读或听）、是否提供例子、如何得分。

☑ 在设计语言评价任务时，能合理安排试卷结构，如题量、编排、顺序、权重。

☑ 在设计语言评价任务时，能合理分配各部分时间。

☑ 在设计语言评价任务时，能采用合理的评分方式，如计分还是描述，评分标准、评分程序和评分员。

☑ 在选择测评任务输入材料时，能合理运用不同的任务模态，包括听、看，或两者结合。

☑ 在选择测评任务输入材料时，能考虑任务形式是纯语言的、非语言的（如图片），还是两者兼有。

☑ 在选择测评任务输入材料时，能考虑任务语言是母语、目标语（英语），还是两者兼有。

☑ 在选择测评任务输入材料时，能考虑任务材料长度和学生处理任务的时长。

☑ 在选择测评任务输入材料时，能考虑任务材料是现场呈现的还是录制编辑的。

☑ 在选择测评任务输入材料时，能考虑任务是否要求学生具备快速处理能力，如快速阅读。

☑ 在选择测评任务输入材料时，能考虑任务类型，是题目、提示语，还是题组（一个篇章好几个题目）。

☑ 在选择测评任务输入材料时，能考虑任务在语言方面的特征，包括语言特征和话题特征。

☑ 在要求考生如何作答方面，能考虑应答模式是写、说，还是两者兼有。

☑ 在要求考生如何作答方面，能考虑应答形式是纯语言的、非语言的（如画线、涂色），还是两者兼有。

☑ 在要求考生如何作答方面，能考虑应答语言是母语、目标语（英语），还是两者兼有。

☑ 在要求考生如何作答方面，能考虑应答长度和学生应答任务的时长。

☑ 在要求考生如何作答方面，能考虑应答类型是选择、简答，还是论述。

☑ 在要求考生如何作答方面，能考虑给学生多少准备时间。

☑ 在要求考生如何作答方面，能考虑应答在语言方面的特征，包括语言特征和话题特征。

☑ 在设计语言评价任务时，能考虑任务输入材料与考生应答之间的关系。

5.2 "语言与语言能力"部分条目解读

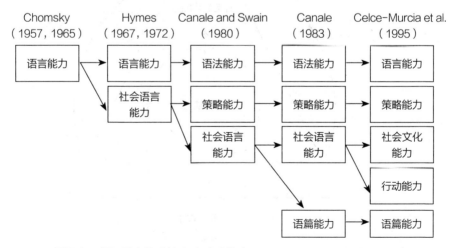

图5.1　交际语言能力演变史（改编自 Celce-Murcia，2007：43）

图5.1简单呈现了交际语言能力演变史。如图5.1所示，形式语言学家 Noam Chomsky（1957，1965）仅聚焦语言能力（linguistic competence），认为社会因素应该被排除于语言学研究之外。Dell Hymes（1967，1972）不认同此观点。他认为，除了描绘语音系统，将语音整合为词素、再将词素整合为句子的规则的语言能力，还应该考虑社会语言能力，即在语境中恰当使用语言的规则。Canale 和 Swain（1980）在此基础上增加了策略能力，指在交际中产生障碍时采用的补救措施和规划。语言能力则被称为语法能力。Canale（1983）在此基础上又增加了语篇能力，指产出和理解超出句子层面的材料的能力。Celce-Murcia 及同事（1995）则将社会语言能力扩展为社会文化能力和行动能力（actional competence）。社会文化能力指有效理解和使用语言的文化背景知识。行动能力指的是理解和产出所有重要的言语行为和言语行为组合的能力，例如如何问候对方、传达信息、用语言处理问题（抱怨、鼓励、致歉等）。Bachman 和 Palmer（2010）认为语言能力包含语言知识和策略能力。其他因素如个人特征、话题知识、情感和认知策略等则影响语言使用者在特定的语言使用域中语言使用的效果。

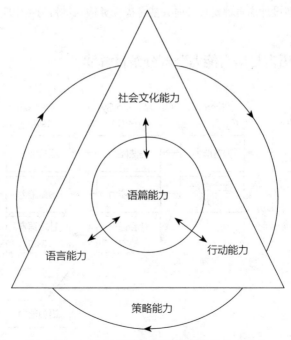

图5.2　Celce-Murcia 及同事（1995）的交际能力模型

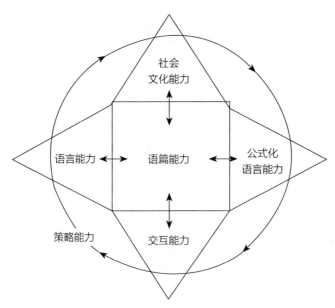

图5.3　Celce-Murcia（2007）交际能力新模型（改编自 Celce-Murcia，2007：45）

Celce-Murcia 及同事（1995）的交际能力模型是以语言教学为主要目的而建构的。比起图5.2中较早的交际能力的理论，图5.3具体说明了交际能力的各个成分是紧密关联的，要充分理解交际能力构念，必须合理地描述这些成分之间的关系。图5.2的交际能力模型核心为语篇能力，核心周围的三角形分别代表自上而下的社会文化能力和自下而上的语言能力和行动能力（即言语行为能力），箭头代表这些成分之间的互动关系。框架的外围则是策略能力，即交际策略、认知策略和元认知策略。Celce-Murcia（2007）的新模型（图5.3）依然将语篇能力作为核心，不同的是与语言能力相对地提出公式化语言能力（formulaic competence）。公式化语言是人们在日常交际中大量使用的固定的语言模块，如惯用法（如 of course）、常用搭配（如 legible writing）、习语（如 kick the bucket）和词汇框架（如 see you later/tomorrow/next week）。行动能力被扩大为交互能力。除了行动能力外，它还包含会话能力（如何开启话题、如何转化话题、如何介入话题等）和非言语/副语言能力（身势语、空间关系等）。

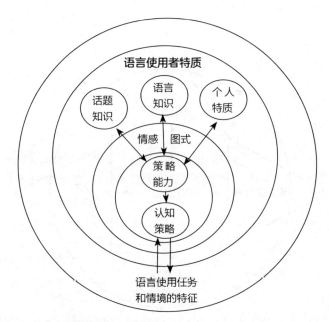

图5.4　非往复性语言使用框架（Bachman & Palmer，2010：36）

Bachman & Palmer（2010：36）将语言使用分为往复性语言使用和非往复性语言使用。往复性语言使用如两人或几人交谈。非往复性语言使用例如收看电视节目、读小说等。往复性语言使用与图5.4中非往复性语言使用类似，只是有两个以上的人参与，涉及更加复杂的互动。从图5.4中，我们可以很清楚地看出语言的实际使用是语言使用者的特质和语言使用任务及情境的特征相互作用的结果。语言使用者特质包含个人特质（如年龄、性别、国籍、居所、居住时长、母语、受教育程度、备考情况等）、话题知识（对话题内容的长时记忆）和语言知识，它受情感图式（语言使用者对话题知识的情感）的影响，进而作用于策略能力，最终通过认知策略实现语言使用。作为语言教师，我们最关注的是语言能力，它是语言知识和策略能力相互作用的结果。

表5.1　语言知识框架

I. 组构知识（organizational knowledge）：话语或句子和篇章是如何组织的
　A. 语法知识（单个话语或句子是如何组织的）
　　1. 词汇知识
　　2. 句法知识
　　3. 语音和拼写知识
　B. 语篇知识（话语或句子如何组织成篇章）
　　1. 衔接知识
　　2. 修辞或会话结构知识

II. 语用知识（pragmatic knowledge）：话语或句子和篇章如何与语言使用者的交际目的关联，如何与语言使用的情境关联
　A. 功能知识（话语或句子和篇章如何与语言使用者的交际目的关联）
　　1. 表意功能知识（如描写、分类、记叙、解释等）
　　2. 控制功能知识（如指令、规则、致歉等）
　　3. 教育功能知识（如传道授业）
　　4. 想象功能知识（如诗歌、小说等）
　B. 社会语言学知识（话语或句子和篇章如何与语言使用的情境关联）
　　1. 体裁知识（如广告、报道、商务信件等类别）
　　2. 方言或语言变体知识
　　3. 语域知识（语言的不同正式程度）
　　4. 自然或习惯性表达知识
　　5. 文化指代和修辞知识

（改编自 Bachman & Palmer，2010：45）

表5.2　语言策略能力

目标设定（决定下一步做什么）
- 辨识需要应对的语言使用任务或评价任务
- 从可能的任务中选取一个或多个任务（有时是默认的）
- 决定是否努力完成选定的任务

评估（appraisal，评估需要什么、做什么、做得如何）
- 评估语言使用任务或评价任务的特征，以此来决定任务是否是可取的、能否成功完成、需要什么资源来完成
- 评估自己的知识（话题、语言），以此来判断是否有相关的知识能成功地完成语言使用或评价任务
- 评估语言使用或评价任务在多大程度上得以成功完成

规划（决定如何使用现有知识）
- 从话题知识和语言知识中选取相应的元素来成功地完成评价任务
- 组织一个或多个计划，以便运用这些元素应对评价任务
- 选取一个计划来初步应对评价任务

（Bachman & Palmer，2010：49）

表5.3　以意义为导向的语言知识框架

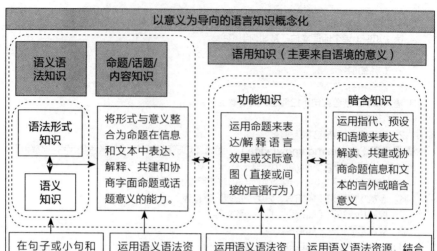

以意义为导向的语言知识概念化

语义语法知识　**命题/话题/内容知识**　**语用知识（主要来自语境的意义）**

语法形式知识 ⇄ **语义知识**

将形式与意义整合为命题在信息和文本中表达、解释、共建和协商字面命题或话题意义的能力。

功能知识
运用命题来表达/解释语言效果或交际意图（直接或间接的言语行为）

暗含知识
运用指代、预设和语境来表达、解读、共建或协商命题信息和文本的言外或暗含意义

在句子或小句和语篇层面上，形式和其相关的字面意义（有时也包含语用意义）知识
- 语音拼写知识
- 词汇知识
- 形态句法知识
- 衔接知识
- 信息管理知识
- 交互知识

运用语义语法资源，结合话题知识、语境因素和社会认知能力来表达、解释、共建或协商字面命题或话题内容
- 话题内容字面意义
- 真值字面意义
- 脱离语境字面意义

运用语义语法资源，结合话题知识、语境因素和社会认知能力来表达、解释、共建或协商语言效果，以及直接或间接交际行为或语言功能中的意图

运用语义语法资源，结合话题知识、语境因素和社会认知能力来表达、解释、共建或协商以下与语境关联的暗含意义：
- **情境意义**：人际指代、转喻、比喻义、谚语、与当下环境相关的情境和公式化涵义
- **社会语言学意义**：包含社会规则、假设、喜欢和期望、社会指代、礼貌、语域和变体
- **社会文化/跨文化意义**：包括聚合/分化假设、规约、价值、喜好和不同人口和语言文化下的期望——饭桌话题、幽默、道歉
- **心理意义**：态度和情感立场——幽默、讽刺、愤怒、依从
- **文学意义**：美学、幻想、修饰、夸张、修辞
- **修辞意义**：语篇组织、体裁、语篇模式、连贯
- **交互意义**：话语组织或顺序安排、话轮转换、修补

（改编自 Purpura，2004，2014a）

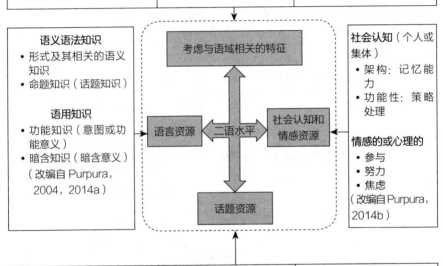

图5.5　二语水平新框架（Purpura，2017）

　　Purpura 以意义为导向的语言知识框架以及二语水平新框架比起前文讨论的框架更加全面地考察了语言能力的复杂性，更加注重语言能力包装下的意义的表达。它对于基于内容的语言评价或者特殊用途的英语语言评价有重要的指导意义。运用此框架，教师可以根据特定的语言任务设定特定的评分标准，在关注语言的同时，更加关注意义和内容的表达，关注表达的言之有物。

5.3　"对量表的认识"条目的部分内容解读

☐ 能对量表的概念有基本的了解。

表5.4　量表的定义

　　量表在英文文献中有多种表达方法：Band Scores，Band Scales，Profile Bands，Proficiency Levels，Proficiency Scales，Proficiency Ratings（Alderson，1991：71），后来，学界把量表的英文表述方式统一规范为Scale。

　　Alderson（1991：72—74）根据量表的作用将量表分为三种，即使用者导向的量表、评价者导向的量表和命题者导向的量表。图5.6直观地显示出三种量表及其作用。

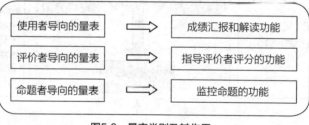

图5.6　量表类别及其作用

☐ 能对《中国英语能力等级量表》有比较深入的了解，帮助设定课堂评价的目标。

表5.5　《中国英语能力等级量表》简介

　　《中国英语能力等级量表》是面向我国英语学习者的首个英语能力测评标准，它由中华人民共和国教育部和国家语言文字工作委员会发布，作为国家语委语言文字规范自2018年6月1日正式实施。该量表依据我国英语学习者能力的实证数据，同时充分考虑各学段的需求，将学习者的英语能力从低到高划分为九个等级，归为基础、提高和熟练三个阶段。能力描述框架包括语言理解能力、语言表达能力、语用能力、语言知识、翻译能力和语言使用策略等方面。量表以语言运用为导向，构建了多层级的指标体系，对各等级的能力特征进行了全面、清晰、翔实的描述。量表的出现有利于改变现有考试不全面、不系统、不衔接的局面，有利于建立具有中国特色、国际水准、功能多元的外语能力测评标准和考试体系，能更好地服务于科学选才，服务于外语教育教学发展，促进多元评价，促进学生外语综合能力的提升。

　　《中国英语能力等级量表》中的描述语采用《欧洲语言共同参考框架》所采用的"能做"（can-do statements）模式，同时听说读写译五个技能描述语的每个条目基本上都包含三个要素，即表现（performance）、标准（criteria）与条件（conditions）。表现指的是"能做什么事情"，标准指的是"做到什么程度"，条件指的是"在什么情况下"，其中表现与标准是最基本的要素。例如：听力理解能力量表中理解口头描述一级有这个条目"能听懂用词简单的人物描述，确定被描述的对象"。其中表现是"能听懂人物描述"，标准是"确定被描述的对象"，条件是"用词简单的"。口头表达能力量表中口头描述一级有这个条目"能简单描述日常物品的长短、大小、颜色"。其中表现是"能描述长短、大小、颜色"，标准是"简单"，条件是"日常物品"。以下呈现《中国英语能力等级量表》能力总表1—4级的内容（6—12）。总表包括语言能力、听力理解能力、阅读理解能力、口头表达能力、书面表达能力、组构能力和语用能力。

语言能力总表

四级	• 能理解一般社交场合中常见话题的语言材料，抓住主题和主要内容，把握主要事实与观点，清楚他人的意图和态度。 • 能在熟悉的场合就熟悉的话题进行交流，叙述事件发展，描绘事物状况，介绍相关活动，说明事物要点，简单论述个人观点等，表达较为准确、清晰、连贯。
三级	• 能理解日常生活中的简单语言材料，获取特定或关键信息，抓住要点，推断他人的意图。 • 能在日常生活或一般社交场合中用简单的语言与他人交流，描述个人经历、志向等，并能说明理由、表达观点等，表达基本准确、连贯、顺畅。
二级	• 能理解日常生活中常见的简单语言材料，获取基本的事实性信息，把握主要内容。 • 能就熟悉的话题或身边的事物用简单的语言进行交流，陈述信息，叙述事件，描述情况，表达基本的交际意图，实现基本的交际目的。
一级	• 能理解日常生活中十分熟悉的简单语言材料，识别相关活动或身边事物的基本信息，理解基本词语的含义。 • 能用基本的、简短的话语与他人交流，互致问候，相互介绍或描述、陈述身边事物的基本信息，以及表明态度等，有时借助重复或手势、表情等非言语手段。

听力理解能力总表

四级	• 能听懂语速正常、与个人兴趣相关的口头表达，如演讲、非专业性讲座、新闻报道等，根据语篇特征区分主要和次要信息，理解主要内容。 • 能听懂话题熟悉的对话，理解说话者的观点和意图。
三级	• 能听懂发音清晰、语速较慢的简短口头表达，如发言、讨论、通知等，借助语音、语调、背景知识、语境等因素获取关键信息。 • 在收听、观看语速较慢、话题熟悉的广播影视节目时，能识别其主题，获取主要信息。
二级	• 在听发音清晰、语速缓慢、词汇常见的话语，如故事、介绍、日常对话等时，能获取有关人物、时间、地点、事件等基本信息。
一级	• 在听发音清晰、语速缓慢、用词简单的话语时，能识别有关个人、家庭以及熟悉事物的词汇和短语，根据简单指令做出反应，借助语音、语调或手势、表情等判断说话者的情绪和态度。

阅读理解能力总表	
四级	• 能读懂语言简单、不同类型的材料，如简短故事、书信等，提取细节信息，概括主旨要义。 • 能读懂语言简单、题材广泛的记叙文和议论文，区分事实和观点，进行简单推断。 • 能通过分析句子和篇章结构读懂语言较复杂的材料，理解意义之间的关系。
三级	• 能读懂简单的应用文，如书信、通知、告示等，提取关键信息。 • 能读懂语言简单、话题熟悉的简短材料，理解隐含意义，归纳要点。 • 在读语言简单、话题熟悉的议论文时，能借助衔接词等理解信息之间的关系。
二级	• 能读懂语言简单、话题熟悉的简短材料，获取具体信息，理解主要内容。 • 在读含有生词的小短文时，能借助插图或其他手段理解短文内容。
一级	• 能借助图片读懂语言简单的短小故事，理解基本信息，如人物、时间、地点等。 • 能读懂简单的材料，如儿歌、童谣等，辨认常见词。

口头表达能力总表	
四级	• 能表达个人需求和意愿，并根据交际对象选择适当的表达方式，如礼貌程度等。 • 能就感兴趣的话题进行交流，并适时地做出回应，确保交流顺利进行。 • 能有条理地讲述简短故事或个人经历。 • 能简单介绍或解释日常生活和工作中常见的活动或场景，如体育运动、休闲娱乐、风景名胜等。
三级	• 能就熟悉的话题与他人进行简单交流，语音、语调和时态基本正确，表达比较连贯。 • 能在学习或工作中，借助他人帮助参与小组讨论。 • 能用简短的表达进行交流，必要时采用间接解释、重新措辞等策略完成交际任务。
二级	• 能用简单的语言进行基本的日常交流，发音清楚，语调基本正确、自然。 • 能经过准备作简短的口头陈述或叙述，使用替代词等手段解释自己不会直接表达的信息。 • 能借助提示进行简单的描述，如熟悉的人、事物、地方等。
一级	• 能说出常见事物的名称。 • 能简单表达个人喜好、介绍自己或熟悉的人，必要时用指示代词或肢体动作来辅助表达。 • 能在有帮助的情况下参与简单的交际活动，必要时能用简单的词汇要求对方重复。

书面表达能力总表	
四级	• 能就熟悉的话题表达自己的观点，并使用一定的证据支持自己的观点，具有较强的说服力。 • 能记叙个人经历和身边的活动，如校园活动等，使用常见的修辞手法，语句通顺，叙述完整。 • 能通过社交媒介，如邮件、网页等简单讨论社会文化类内容，如传统节日、风俗习惯等。
三级	• 能简单说明身边所发生事件的起因、过程、结果等，用词基本准确。 • 能使用简单的语言评论熟悉的事物并提供理由，表达基本通顺。 • 能通过书面形式，如邮件、微信等社交网络，有条理地介绍自己的日常活动。

续表

二级	• 能根据提示，如词语、例句等简单地描述身边的人或物的主要特征，用词基本正确。 • 能根据图片用简单词句编写小故事，情节基本完整。 • 能正确使用字母大小写形式和常见标点符号。
一级	• 能正确抄写单词和短句。 • 能用简单的词和短语描述图片，如动物、食物等。 • 能根据范例简单叙述自己的日常活动。

组构能力总表

四级	• 能运用句式结构、时态和语态等语法知识准确理解信息。 • 能运用恰当词汇描述事物、定义概念等，口头表达时语音、语调恰当。 • 能根据交际目的，运用基本语篇知识有效地组织信息。
三级	• 能正确使用词语和表达法就熟悉话题进行语言交流，口语表达时语音、语调正确。 • 能选用基本句式结构和时态描述事物和事件，表达个人意愿。 • 能识别常见语篇的结构和语言特征，深入理解语篇的意义。
二级	• 能就熟悉话题使用常见词语表达意义，语音、语调基本正确。 • 能选用基本句式和时态表达意义。 • 能辨识常见语篇类型及其结构。
一级	• 能正确认读字母和拼读简单词语。 • 能使用最常用词语传递简单信息。 • 能了解字母大小写的作用。

语用能力总表

四级	• 能理解一般社会交往中对方表达的意图。 • 能就熟悉的话题与他人交流，根据具体交际情境，运用恰当的语言形式和交际策略，礼貌、委婉地表达歉意、抱怨、感激等较广泛的意图，遵守重要的交际规范，保持良好的人际关系。
三级	• 能理解日常生活中直接或间接传递的交际意图。 • 能就日常话题运用简单的语言与他人交流，表达邀请、建议、赞扬等意图，交际基本得体、有效。
二级	• 能理解日常生活中用简单话语直接传递的交际意图。 • 能用简单话语恰当地表达自己的交际意图，如赞同、祝福、指示等，语言基本得体。
一级	• 能理解日常生活中用简短话语直接传递的交际意图。 • 能用简短话语，包括常用的套语，基本表达自己的交际意图，如问候、感谢、请求等，用语礼貌。

❏ 能对国际上常见的英语语言能力量表有一定的了解，如《欧洲语言共同参考框架》（简称 CEFR）。

表5.6　国际上知名的语言能力量表

1.《欧洲语言共同参考框架》

《欧洲语言共同参考框架》（Council of Europe，2001）是欧洲国家理事会为外语学习、教学与测评所研发的理论架构和准则。它提供了语言学习纲要、语言沟通、教材编制、语言评价的统一参考标准和指导方针。该标准根据英语学习者的应用能力的不同建立了一个分级测评体系，共分为三级六等。该分级制度不仅注重学习者的语言总体能力，而且非常重视沟通式语言活动能力，并将沟通式语言表达分成表达、接收、互动、中介，其内涵分别是语言的表达能力、理解能力、互动能力及转述能力。CEFR 量表运用"能做"（can-do statements）描述语描述学习者能够完成的任务以及完成的质量。

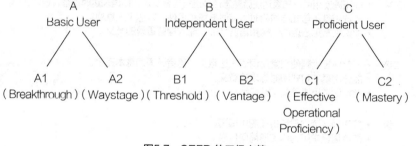

图5.7　CEFR 的三级六等

独立阶段	B2	能理解一篇复杂文章中的具体或抽象主题的基本内容，包括学习者专业领域的技术性讨论课题。能比较自如流利地跟本族语的人进行交际，双方都不感到紧张。能清楚、详细地谈论广泛领域的话题，能就时事发表自己的观点，并能对各种可能性陈述其利弊。
	B1	针对工作中、学校里和休闲时遇到的熟悉事物，能理解别人用清楚和标准的语言讲话的要点。在目的语国家和地区旅游时，能用所学语言应对遇到的大部分情况。能就一些熟悉的主题和自己感兴趣的领域发表简单而有逻辑的看法。能叙述一起事件、一次经历或者一个梦。能介绍自己的期待和目的，并能对计划和想法做简单的解释和说明。
初学阶段	A2	能理解最切身相关领域的单独句子和常用词语，如简单的个人与家庭信息、购物、四周环境、工作等。能就自己熟悉或惯常的生活话题完成简单而直接的交流。能用简单的词语讲述自己的教育经历、周边环境以及切身的需求。
	A1	能理解并使用熟悉的日常表达法和一些非常简单的句子，满足具体的需求。会自我介绍和介绍他人，并能向他人提问，例如：住在哪里、认识什么人、有些什么东西等，也能就同样的问题作答。在对话人语速慢、口齿清楚并且愿意合作的情况下，能与之进行简单的交流。

（Council of Europe，2001，刘俊、傅荣主译，2008：25）

续表

2. FSI 量表与 ACTFL 量表

美国外交学院的口语考试采用五级量表（0—5）来表示应试者的口语能力，即 FSI 量表。后来美国政府部门基于 FSI 量表制定了跨部门语言圆桌量表（Interagency Language Roundtable Scale），简称 ILR 量表。上世纪八十年代，美国外语教学委员会（American Council on the Teaching of Foreign Languages，简称 ACTFL）又制定了一套与 ILR 量表紧密相关的量表，把焦点放在较初级的学习者上面。据 ACTFL 官方网站显示，ACTFL 语言能力量表共经历1986、1999、2001和2012四个版本。美国 ACTFL 语言能力指南从听、说、读、写四个方面描述了人们在现实语言环境中、在没有准备的情况下自发的语言运用能力。该能力指南在各个技能上均分为优异、优秀、高级、中级、初级五个主要等级。其中每个等级都涵盖低于它的所有等级。高级、中级、初级三个主要等级又细分为高等、中等、初等三个次级。

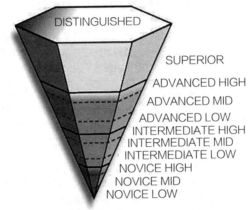

图5.8　ACTFL 语言能力等级（来自 ACTFL 网站）

美国 ACTFL 语言能力指南主要等级描述：

技能	主要等级	具体描述
听	中级	中级水平的听者能够听懂简单的句子长度的讲话所表达的自己熟悉的或日常主题的信息。在进行面对面交谈或是在完成常规听力任务时，例如要听懂与语境高度一致的讯息、直截了当的公告或简单的说明或指示时，他们通常能够一次听明白一句话。听者主要依赖冗余、重新描述、变换措辞及语境中的线索。 中级水平的听者能听懂传达基本信息的讲话。这类讲话简单、连贯性很小，并含有高频词汇。 当从简单、直截了当的讲话中获取含义时，中级水平听者的理解力最为准确。他们能够理解高度熟悉的日常语境中所含的讯息。中级水平听者需要一个控制下的聆听环境，在那里他们听到的是他们能预计听到的信息。

	初级	初级水平的听者能听懂与语境高度一致且具有高度预测性的关键词、真正的声音同源词以及程式化的表达，例如在介绍和基本问候中包含的话语。 初级水平的听者能听懂简单问题、陈述及高频率命令中的词和短语。他们往往需要在重复、重新陈述及/或放慢语速之后才能理解。他们主要依赖语言之外的辅助来获取含义。 在能识别自己能预计的讲话时，初级水平的听者最为准确。这种情况下，这些听者往往是在识别而不是真正的理解。他们的听力大量依靠信息本身以外的因素。
说	中级	中级水平讲话者的主要辨别特征是他们在讨论与其日常生活相关的熟悉话题时所具有的语言创造力。他们能够重新组合所学到的材料，来表达个人的意思。中级水平讲话者能够询问简单的问题并应付简单的生存挑战情景。他们的语言局限于句子层次，其中既有互不相连的句子，也有一连串的句子，大多为现在时态。惯于同该语言的非母语学习者打交道的对话者可以明白中级水平讲话者的谈话。
	初级	初级水平的讲话者能够就极具预测性、直接影响他们的日常话题交流简短讯息。他们主要通过使用自己见过、记住并想起的孤立的词汇和短语来实现这一任务。即使对于最宽容体谅且习惯非母语谈话的对话者来说，初级水平讲话者的语言也可能会很难懂。
读	中级	在中级水平上，读者能够理解简单、可预测、连接松散的文本所传达的信息。读者主要依赖语境线索。如果是熟悉的文本模式，例如天气预报或社会声明，是他们最容易理解的信息。 中级水平的读者能够读懂传达基本信息的文本，例如在声明、通知、在线公告板和论坛中包含的文本。这些文本并不复杂，而且具有可预测的呈现模式。话语间的连接很少，基本由单个句子及含有大量高频词汇的一连串句子组构成。 当从简单、直截了当的文本中获取含义时，中级水平读者的理解最为准确。他们能够理解高度熟悉的日常语境中所含的讯息。这个水平的读者可能无法完全理解充满细节的文本，或是那些需要具备语言结构知识以理解次序、时间框架及时间顺序的文本。
	初级	初级水平的读者能够理解关键词和同源词，以及与语境高度一致的模式化短语。 初级水平的读者能够从对话题或语境非常熟悉的具高预测性的文本中获得有限数量的信息，例如旅馆账单、信用卡收据或天气图。初级水平的读者主要依赖他们自己的背景知识和语言以外的辅助（例如天气图上的图像或信用卡账单的格式）来获取含义。 初级水平的读者在能够预测文本信息时，可以最好地理解文本。在初级水平，对关键词、同源词及模式化短语的识别使得理解成为可能。

续表

写	中级	中级水平写作者的特点是能够满足实务写作的需要，例如简单的讯息和信件、信息咨询以及便笺。此外，他们能以书面形式提出和回复简单问题。这些写作者可以用语言进行创作，使用一系列松散连接起来的句子，就个人兴趣及社会需要的话题沟通简单的事实和观点。他们主要以现在时写作。在这个水平上，写作者使用可以让那些习惯非母语写作的读者理解的基本词汇和结构来表达含义。
	初级	初级水平写作者的特点是能够写出列表和便笺，主要是靠书写单词和短语。他们能在简单的表格和文件中提供有限的程式化信息。这些写作者可以重写练习过的材料，以传达最简单的讯息。此外，他们能誊写熟悉的词或短语，抄录字母表的字母或音节表的音节，或部分准确地重写基本字符。

（摘自 ACTFL 网站）

3. 加拿大语言能力标准

加拿大语言能力标准（Canadian Language Benchmarks，即 CLB 量表）是加拿大全国范围内的语言能力等级量表，它基于交际语言能力模型对语言能力进行了12个级别的描述。（Centre for Canadian Language Benchmarks，2012）它涵盖了听、说、读、写四个技能，将语言能力发展分为三个阶段，分别是基础语言能力、中等语言能力和高等语言能力。

每个等级又分成四个次等级，如入门（initial）、发展（developing）、充足（adequate）和流利（fluent）。下表展示了 CLB 量表的基本框架。

CLB 量表基本框架

阶段	基准与能力水平	听力	口语	阅读	写作
第1阶段：基础语言能力	CLB1：入门 CLB2：发展 CLB3：充足 CLB4：流利	处理简单、常规、没有挑战性的语言	产出简单、常规、没有挑战性的语言	处理简单、常规、没有挑战性的语言	产出简单、常规、没有挑战性的语言
第2阶段：中等语言能力	CLB5：入门 CLB6：发展 CLB7：充足 CLB8：流利	处理中等复杂、具有一定挑战性的语言	产出中等复杂、具有一定挑战性的语言	处理中等复杂、具有一定挑战性的语言	产出中等复杂、具有一定挑战性的语言
第3阶段：高级语言能力	CLB9：入门 CLB10：发展 CLB11：充足 CLB12：流利	处理复杂、具有挑战性的语言	产出复杂、具有挑战性的语言	处理复杂、具有挑战性的语言	产出复杂、具有挑战性的语言

☐ 能对常见的教育目标分类有比较深刻的认识，用于编写评价指标和试题。

表5.7 布鲁姆教育认知目标分类：价值与不足

Benjamin Bloom 及同事建构了关于学习的六个不同的认知阶段（Bloom，1956；Bloom, Hastings & Madus，1971）。这些认知阶段能够很好地指导教师编写教学目标。从低到高，布鲁姆教育认知目标分类的六个阶段如下：

1. 知识（knowledge）：对信息的简单回忆；记住单词、事实和概念。
2. 理解（comprehension）：理解的最低层次；知道所传达的信息。
3. 应用（application）：用概化的知识来解决学生未曾遇到的问题。
4. 分析（analysis）：将想法或交流拆分成部分，使得各个部分的关系更加清晰。
5. 综合（synthesis）：将琐碎的信息整合起来，形成一个未曾见过的模型或想法。
6. 评价（evaluation）：用一些标准进行评判；在某个领域内对想法、材料和方法的价值进行判断。

这六个认知阶段的名称与顺序等方面遭到后来研究者的质疑。Anderson 和 Krathwohl（2001）对布鲁姆的认知目标分类进行了修订。新版的布鲁姆教育认知目标分类如下：

1. 记忆/回忆（remembering）：从长时记忆中提取相关的知识。显示为认识和回忆信息。
2. 理解（understanding）：从解释、分类和总结的角度建构意义。显示为解释、对比、对照。
3. 应用（applying）：执行一个程序。显示为运用知识。
4. 分析（analyzing）：将想法或内容拆分为部分。显示为指出部分如何与整体联系。
5. 评价（evaluating）：做出判断。显示为能够撰写评论或者调查内容或想法的价值。
6. 创造（creating）：将元素放在一起来形成有意义的整体。显示为规划或组织部分形成新的模型或成果。

同时，Anderson 和 Krathwohl（2001）还对知识做了不同的区分。包括：

1. 事实性知识（factual）：知道什么是存在的、正确的。
2. 概念性知识（conceptual）：知道想法及其概要。
3. 程序性知识（procedural）：知道如何做事。
4. 元认知知识（metacognitive）：知道自己的知识。

因此，将认知分类与知识类型相匹配，可以形成24种不同类别的潜在学习成果。见下表。

知识维度	认知过程维度					
	记忆/回忆	理解	应用	分析	评价	创造
事实性知识						
概念性知识						
程序性知识						
元认知知识						

续表

布鲁姆教育认知目标分类的不足:

不论是布鲁姆及团队最先提出的教育认知目标分类,还是 Anderson 和 Krathwohl 对他们的分类的改进,均有一个重要的缺陷,即以线性积累作为分类的线索,也就是说记忆低于理解、低于应用,诸如此类。这与真实的情况不符。从微观的思维过程来说,理解、分析、评价等思维运作往往是交混在一起进行的,很难区分哪一种复杂程度更低或更高。在宏观的认识层面,人在认识问题或解决问题的时候,可以是从整体出发,先解决整体问题,再具体解决局部问题;也有可能是先逐一解决局部问题,再积累起来解决整体的问题,因此就很难说综合与分析哪个高哪个低。布鲁姆以线性积累为逻辑,只能简单化地用迁移来解释低级目标的学习向更高级目标学习的转换。(参阅高凌飚,2012)

表5.8 SOLO 分类理论

SOLO 是英文"Structure of the Observed Learning Outcome"的缩写,意为:可观察的学习成果结构。根据高凌飚(2012),SOLO 分类体系依据皮亚杰的认知水平发展具有阶段性的思想。SOLO 分类体系的主要开发者比格斯认为,在评价中通过学生解答问题时的表现而观察到学生的认知反应水平的结构,可以据此对学生的表现进行分类。Biggs 和 Collis(1982)提出,可以从能力、思维操作、一致性与收敛、应答结构四个方面区分学生的回答水平,具体地归纳出学生思维水平的五个层次:

前结构 (Pre-structural)	一种低于目标方式的反应,学习者对问题的回答是混乱的,要么是拒绝回答问题,要么是同义反复,或者瞎说一气,回答根本没有一致性的感觉,甚至连问题是什么都没有弄清楚就答题了。
单点结构 (Uni-structural)	学习者只能联系单个素材解决问题,因此没有一致性的感觉,只接触到一点就立刻跳到结论上去。
多点结构 (Multi-structural)	学习者能联系多个有限的、孤立的素材解决问题,虽然想做到一致性,但由于基本上只注意孤立的素材,因而答案给得过快,解答不完整。
关联结构 (Relational)	学习者利用问题线索、相关素材及素材的相互关系解决问题,并能在设定的情景或已经历的经验范围内利用相关知识进行概括,在设定的系统中没有不一致的问题,但因只在一个路径上得出答案,在系统外可能会出现不一致。
抽象扩展结构 (Extended Abstract)	学习者利用问题线索、相关素材、素材的相互关系及假设解决问题,能对未经历的情景进行概括,解决了不一致的问题,认为不必使结论唯一,即结论开放,容许多个在逻辑上相容的解答。

(改编自高凌飚,2012:4—5)

表5.9 马扎诺分类体系

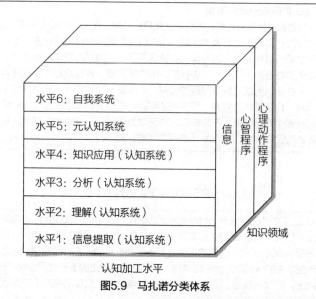

图5.9 马扎诺分类体系

（改编自 Marzano & Kendall，2007：66）

Marzano 和 Kendall（2007）综合了心理学的最新进展，提出了一个两维的评价体系（如图5.9）。第一个维度为知识，包含了三个不同领域的六类知识：信息（事实、组织理念）、心智程序（智力技能、智力过程）、心理动作程序（心理技能、心理过程）。第二个维度是认知加工水平，包括三个系统的六种运作。1—4类分别是信息提取、理解、分析和知识应用，属于认知系统，第5类为元认知系统，第6类为自我系统。高凌飚（2012）指出，马扎诺体系的特点之一是他们认为学习行为的水平不仅因学习内容本身或者认知操作的复杂程度而变，还因学习者对相关内容的熟悉程度而变。相对复杂的内容可因学习者熟悉而变得容易，反之，相对简单的内容可因学习者不熟悉而变得困难。也就是说第6类运作不见得比第5类高，高水平的理解可能比低水平的运用更加复杂。这更符合教学的实际情况。

表5.10 Chappuis & Stiggins（2017）思维目标的常见分类

推断：基于信息或线索做出合理的推测。
分析：审视某物结构或成分。
对比：描述两物或多物的异同点。
分类：基于某种特征将事物分为不同的类别。
评价：就某个观点或判断或决策提出赞同或反对的观点。
整合：将要素结合起来创造出新事物。

5.4　"语言任务特征"条目中的部分内容解读

表5.11　语言任务特征框架

语言任务特征框架

I. 场景特征
　A. 物理特征（地点、噪音、温度、湿度、座次、光亮、熟悉度、设备）
　B. 参与者（人物关系：双人对话、单人阅读等）
　C. 发生时间（测试时间）
II. 指导语特征
　A. 说明
　　1. 语言（母语、外语或双语）
　　2. 渠道（听、看）
　　3. 试题结构说明、被试需遵循的程序说明、评分程序说明
　B. 结构
　　1. 试题分几部分，几个任务
　　2. 各个部分或任务是否界限清晰
　　3. 各个部分或任务顺序如何
　　4. 各个部分或任务的重要性如何
　　5. 各个部分有几个任务
　C. 时间分配
　D. 计分办法
　　1. 计分的类型（分数、描述）
　　2. 正确答案的标准
　　3. 评分的程序
　　4. 记分员（评分员、描述者）
III. 输入的特征
　A. 形式
　　1. 渠道（听、看，还是结合）
　　2. 形式（语言、非语言，还是兼有）
　　3. 语言（母语、目标语，还是兼有）
　　4. 内容长度和时长
　　5. 媒介（现实、录制，还是兼有）
　　6. 对速度的要求
　　7. 类型（题目、提示语、待解读的输入[1]）
　B. 输入的语言
　　1. 语言特征
　　　a）组构特征（修辞的或会话的）
　　　　（1）语法：词汇、句法、语音与拼写
　　　　（2）语篇：衔接、组织（修辞的、会话的）
　　　b）语用特征
　　　　（1）功能性的（表意的、控制的、教诲的、想象的）

（2）社会语言学的（体裁、方言或变体、语域、自然性、文化指代、修辞）

　2. 话题特征

Ⅳ.预期应答的特征

　A. 形式

　　1. 渠道（写、说，还是结合）

　　2. 形式（语言、非语言，还是兼有）

　　3. 语言（母语、目标语，还是兼有）

　　4. 应答的长度和时间

　　5. 类型（选择、简短产出、长产出）

　　6. 是否有准备时间的限制

　B. 预期应答的语言

　　1. 语言特征

　　　a）组构特征（修辞的或会话的）

　　　　（1）语法：词汇、句法、语音与拼写

　　　　（2）语篇：衔接、组织（修辞的、会话的）

　　　b）语用特征

　　　　（1）功能性的（表意的、控制的、教诲的、想象的）

　　　　（2）社会语言学的（体裁、方言或变体、语域、自然性、文化指代、修辞）

　　2. 话题特征

Ⅴ. 输入与预期应答的关系

　A. 外部互动性的类型（参与者之间、参与者与设备和材料之间在语言使用任务中的互动）：往复性、非往复性、自适应性

　B. 关系程度（广，如概括大意；窄，如找细节）

　C. 关系的直接程度（直接，如描述图片；间接，如观点表达）

1如学生听一段讲座、看一段材料，被要求将两者结合起来完成一项测试任务。

（改编自 Bachman & Palmer，2010：66—68）

第六章
语言评价方法

教师的工具箱中应该有哪些语言评价的手段呢？在课堂评价领域，学者们已经梳理过主要的评价手段类别，如 Chappuis & Stiggins（2017：81）认为有四类评价手段，即选择应答（selected response）、陈述应答（written response）、表现性评价（performance assessment）和个人交流（personal communication）；McMillan（2014：59）也认为有四类评价手段，即选择应答、建构应答（constructed response）、教师观察和学生自评；Russell & Airasian（2012：146—154)认为有三类评价手段，即选择题（selection items）、回答题（supply items）和高阶问题或解释性练习（high-level questions/interpretive exercises）；Haladyna & Rodriguez（2013：48）也认为有三类评价手段，即选择应答客观评分型、建构应答客观评分型和建构应答主观评分型。在语言测试领域，Brown（2017）则总结出四类十二种评价手段，即接受性应答、产出性应答、个人应答（personal response）和个性化应答（individualized response）。接受性应答包括正误判断、单选题和匹配题；产出性应答包括填空题、简答题和表现性评价；个人应答包括档案袋评价、讨论会（conference）评价和自评/同伴互评；个性化应答包括连续评价（continuous assessment）、差异评价（differentiated assessment）和动态评价。

应该指出，近年来档案袋评价越来越流行，与传统的评价方法相比，它有突出的优势。因此在条目开发过程中，笔者也给予特别的重视，共开发了七个条目，并将之列在语言评价方法最前面。一直以来，人们对档案袋评价或有些许误解，将之简单看作是一种评价手段，Chappuis & Stiggins（2017：281）认为档案袋评价更应该被看作是评价的集合，上文总结的所有评价手段均可用于档案袋评价中学生学习数据收集。

参考点六　熟悉多种评价方法，能根据评价目的选择相应的评价方法，并能意识到所用的评价方法的优势与局限性。

6.1 "语言评价方法"条目呈现

☑ 能理解档案袋评价的内涵。

☑ 知道档案袋评价可以用到多种评价手段，如选择性应答、建构性应答、表现性评价等。

☑ 知道档案袋有不同的类别。

☑ 能说明档案袋评价与标准化测试的区别。

☑ 能说明档案袋评价的优点和缺点。

☑ 知道如何指导学生管理档案袋。

☑ 能设计档案袋评分标准。

☑ 能根据测试目的，将评价方法或手段与所要考查的语言的具体技能或知识相匹配。

☑ 知道选择应答型题目有单选题、二选一题、判断题、匹配题等。

☑ 知道选择应答型题目的要素，如题干（stem）、干扰项（distractor）和正确答案（key）等。

☑ 知道建构应答型题目的命题原则。

☑ 能做到每道试题都反映教学目标或考试说明中的内容。

☑ 能避免考查简单的回忆和死记硬背。

☑ 能确保题目与题目之间内容上的独立性。

☑ 能意识到在试题中引用现成的长段输入材料时，需注明资料来源。

☑ 能避免敏感话题或其他不恰当的内容。

☑ 能避免陷阱题或偏题、怪题。

☑ 能做到校订和复审试题。

☑ 能在命题中使用正确的语法、标点符号、大小写和拼写。

☑ 能把每一道题目本身的阅读量减到最小。

☑ 能保证题干的指向清晰。

☑ 能把题目的欲测内容包含在题干中，而不是在选项中。

☑ 能避免过度渲染题目情境，却设置很小的考查点。

☑ 能在试题中谨慎使用或避免使用幽默。

☑ 能在命题中使用简洁的语言。

☑ 能尽可能编写出多个备用选项（单选题、匹配题），挑选最佳的放入试题中。

☑ 在选择应答题型中，能确保答案唯一。

☑ 能做到答案选项与题干的语法结构一致。

☑ 能做到选项比题干简短。

☑ 能做到试题中的正确选项随机分布（单选题、判断正误题），降低猜测可能。

☑ 能把选项按逻辑顺序排列（如数字大小、时间先后）（单选题）。

☑ 能保持选项相互独立，含义没有重叠（单选题）。

☑ 能使选项在内容和语法结构上保持同质性（单选题）。

☑ 能做到选项长度大致相同。

☑ 能慎重使用 none of the above。

☑ 能避免使用 all of the above。

☑ 能在题干和选项中使用肯定用词，避免使用否定词语，如 not。

☑ 能避免对正确选项提供暗示。

☑ 能使干扰项或句子具有干扰性（单选题）。

☑ 能设置一个指定题目的标准答案/评分细则（简答题）。

☑ 能考虑到试题考查的认知维度，如记忆、理解、概括、评价等。

☑ 能做到试题的选项垂直排列，而不是水平排列。

☑ 知道通常情况下，单选题有三个选项就能达到最佳效果。

☑ 能避免在选项中使用 always、never、completely、absolutely 等限定词。

☑ 能避免题干中的关键词与选项中的词重复。

☑ 能避免选项成对或三个类似，使得正确答案突显。

☑ 能避免不合常理的选项。

☑ 能避免观点因人而异的（opinion-based）题目。

☑ 能在匹配题中提供多于正确答案的选项个数，避免使用排除法。

☑ 在试后，能对自己选用或编写的试题进行反思。

6.2 "语言评价方法"部分条目解读

□ 能理解档案袋评价的内涵。

表6.1　档案袋评价的定义

学习档案是有目的地收集、展示学生在一个或多个领域付出努力、取得进步和收获成果的作品集。这种作品集要包含学生参与选择的内容、判断作品优点的标准和学生自我反思的证据。（Paulson，Paulson & Meyer，1991：60）

档案袋是关于学习者学习成果的有计划的集合。它记录了学生所获的学习成果和学习过程。档案袋是教师和学生集体合作的结果，在合作过程中教师和学生共同决定档案袋的目的、内容和评估标准。（Kubiszyn & Borich，2013：203）

□ 知道档案袋有不同的类别。

表6.2　不同类别的档案袋

类别	描述	例子
文件编制 精彩再现（celebration） 能力展示 项目 **记录成长**	展示学生最佳作品 展示达到不同学习目标的学习成果 例证完成某项任务的能力 展示某段时间学生的能力发展历程	得分最高的卷子 达到某个目标的成果 任务完成的样本 写作从初稿到终稿

（改编自 McMillan，2014：247）

□ 能说明档案袋评价与标准化测试的区别。

表6.3 档案袋评价与标准化测试的区别

档案袋评价	标准化测试
广泛覆盖学生学习内容的各个方面。 让学生参与评价他们自己的进步或成果，并确立不断进步的学习目标。 测量每位学生的学习成果，又照顾学生的个体差异。 是一种合作方式的评价。 兼顾学生自我评价。 关注进步、努力和成果。 将评价、教学、学习联系起来。	覆盖非常有限的内容，与学生的现实表现可能不符。 在证据不够丰富的情况下由机器或教师评分。 以相同的维度来评价所有的学生。 评价过程不是合作式的。 没有关注学生自我评价。 仅关注学生的学习成果。 将评价、教学和学习割裂开来。

（改编自 Popham，2017：221）

表6.4 档案袋的特征

档案袋的九个特征

1. 档案袋中收集了学生的多次表现。
2. 档案袋允许收集多样化的学生表现（如多体裁、多话题的写作），而不像传统考试那样收集一次单一的表现。
3. 学生表现是在长时间内不同的条件下收集到的，这种多样化的表现显示丰富的情境。也就是说，档案袋能体现多样化的学习情境。
4. 由于收集、选择和反思需要较长时间，档案袋可以带来延时的（终结性）评估。这给学生机会重新审阅和改进早期的作品，也让教师有机会给学生形成性的反馈，而不仅仅是终结性地给出分数。
5. 多样化的表现、丰富的情境和延时的评估允许学习者选择最能够体现他们学习成果的最佳作品。
6. 当教师推迟终结性的评估，给学生机会选择他们自己的作品时，以学生为中心的评价就能够以实现。学生能够控制档案袋评价的过程和内容，这就使得他们能够通过努力来影响终结性的结果。
7. 随着学生对档案袋的自我控制和决策权的加强，学习者能够更加清楚地认识他们的学习。这种反思和自我评价有利于进一步的学习。
8. 挑选的作品能够显示学生在特定参数上的成长，从评价角度上说，就是能显示要评估的构念的成长。这些参数通常在评分标准中被清晰地阐明。学习者可以用它来做自我评价。
9. 考虑到上述特征，档案袋可以显示学习者成长的过程。这种成长或体现在多次作业中，或体现在一次作业中，或者两者兼有。档案袋中的多次作业可以被看作是课程中学生进步的路标，而其中的修改可以显示每次作业的改进情况。

（Hamp-Lyons & Condon，2000：32—38）

❏ 能说明档案袋评价的优点和缺点。

表6.5　档案袋评价的优缺点

优点	缺点
• 更好地覆盖课程目标 • 更好地反映学生在一段时间内的进步情况 • 促进学生自评 • 促进合作评价 • 提高学生学习动机 • 促进学生在学习中的自我反思 • 系统化的评价在持续进行 • 聚焦进步，而不是与他人比较 • 聚焦学生的优势，能做什么 • 评价过程是个性化的 • 使学生有机会展示独特的成果 • 作品可帮助教师做个性化的诊断 • 灵活性好，适用性强	• 评分有困难，可能导致低信度 • 教师需要培训 • 花费很多时间开发评分标准、评分和会谈 • 学生可能不善于挑选合适的材料 • 学生作品取样可能代表性不强 • 可能导致教师"在教档案袋" • 难以比较不同教师采用的任务组 • 家长可能不太理解档案袋

（改编自 McMillan，2014：250；Hyland，2003：236）

❏ 知道如何指导学生管理档案袋。

表6.6　管理写作档案袋的技巧

1. 根据课程目标和学生的需求分析，决定档案袋的内容。
2. 让学生准备活页笔记本，在第一页提供目录，标明提交的文章题目和写作时间，并在笔记本中夹标签标明各个部分。
3. 在整个课程过程中与学生讨论档案袋的目的和程序。
4. 与其他老师讨论评价决策和评分标准，达成一致意见。通过反馈中的评论，以正式或非正式的形式将评价决策和评分标准传达给学生。
5. 设定时间来检查学生的档案袋，监控其进步情况，帮助学习者重新组织他们的档案袋。
6. 为学生提供机会展示他们的作品，如展示档案袋、档案袋设计比赛等。
7. 让学生为他们的档案袋写导论或日志，或写致读者，介绍档案袋内容，以加强学生对他们的档案袋的反思。

（改编自 Hyland，2003：237）

□ 能设计档案袋评分标准。

表6.7　档案袋评分标准样例

一直有这个特点或一直高　　　　　　　　　一直无这个特点或一直低
◀┈┈┈┈┈┈┈ 作者的特征 ┈┈┈┈┈┈┈▶
反思和档案袋呈现的证据相符
有可以从现有任务外推的意识
自己作为作者的视角
关于写作的反思的质量
◀┈┈┈┈┈ 档案袋整体特征 ┈┈┈┈┈▶
任务多样化
读者意识和作者的情境意识
对目的和任务的意识
对体裁的选择和掌控
◀┈┈┈┈┈ 每个文本的特征 ┈┈┈┈┈▶
与内容知识的互动
内容知识的重要性
运用的资源
写作的量
展开和分析的质量
对内容知识的批判性评价
◀┈┈┈┈┈ 文本内特征 ┈┈┈┈┈▶
对语法和标点的掌控
对语调和风格的掌控
连贯性/流畅度/气势
句型的掌控和多样化

（改编自 Hamp-Lyons & Condon，2000：144）

□ 能根据测试目的，将评价方法或手段与所要考查的语言的具体技能或知识
相匹配。

表6.8　评价方法或手段与具体技能的匹配度

类别	具体方法或手段	每种测试方法或手段能够测量的内容										
		阅读	写作	读写结合	听力	口语	听说结合	词汇	语法	语音音素	语篇语音	语用
选择应答题	正误判断	P	P	N	P	N	N	P	P	P	P	P

续表

	选择题	P	P	N	P	N	N	P	P	P	P	P
	匹配题	P	P	N	P	N	N	P	P	P	P	P
建构应答题	填空题	B	N	N	B	N	N	B	B	N	N	N
	简答题	B	B	B	B	B	B	B	B	B	B	B
	表现性评价		B	B	B	B	B	B	B	B	B	B
个人应答	档案袋评价	B	B	B	B	B	B	B	B	B	B	B
	讨论会评价	B	B	B	B	B	B	B	B	B	B	B
	自评/同伴评	B	B	B	B	B	B	B	B	B	B	B
个性化应答	连续评价	B	B	B	B	B	B	B	B	B	B	B
	差异评价	B	B	B	B	B	B	B	B	B	B	B
	动态评价	B	B	B	B	B	B	B	B	B	B	B

*表中的 N 代表 not apply，意为内容与方法之间不匹配；P 代表 passive，意为内容与方法之间只在接受性信息方面匹配；而 B 代表 both passive and productive，意为内容与方法在接受性信息和产出性信息上均匹配。

（改编自 Brown，2017）

表6.9　评价方法或手段与内容目标的匹配度

目标 ＼ 方法	选择应答或简短回答	作文	表现	提问	口试	学生自评
知识与简单的理解	5*	4	2	4	3	3
深刻的理解与推理	2	5	4	3	2	3
技能	1	3	5	2	5	3
成品	1	1	5	2	4	4
情感	1	2	4	4	4	5

*数字大代表匹配度高

（改编自 McMillan，2014：62）

表6.10　不同类别的评价手段

选择应答	建构应答					教师观察	学生自评
	简短建构应答	表现性任务		作文	口头问答		
		作品	技能				
单项选择题 二选一 （判断正误） 匹配题	简答 填空 给图表加标签	论文 项目 诗歌 档案 视频 表格 网页 展品 日志 图表 插图	演讲 展示 朗读 辩论 背诵	短作文 长作文	非正式问答 口试 会谈 访谈	正式 非正式	自评量表 态度量表 问卷 自我评估 评定 档案 会谈 自我反思 评他

（改编自 McMillan，2014：60）

□　知道选择应答型题目的设计原则。

Haladyna 和 Rodriguez（2013）根据长期对课堂评价教材的调查，对选择应答型题目的命题原则进行了总结。如表6.11。

表6.11　选择应答型题目的命题原则

内容方面
1. 一个题目只测试一个内容和一种认知。
2. 用新的内容来引导出高阶思维。
3. 题目之间的内容要独立。
4. 测试重要的内容。避免过于琐碎和过于概括的内容。
5. 避免意见不同的题目，除非测意见。
6. 避免偏题、怪题。
格式要求
7. 题目和选项采取垂直排列，而非水平排列。

续表

风格要求

8. 编辑并校对题目。

9. 确保语言难度能够为被试所接受。

10. 减少每个题目的阅读量。

题目撰写

11. 将题目中心含义简洁明了地体现在题干中，而不是在选项中。

12. 题干用肯定方式，避免否定措辞。

选项撰写

13. 采用合理和有区分度的选项。三个选项已经足够。

14. 确保答案唯一。

15. 正确答案的位置要多样化。

16. 选项要按照逻辑顺序或数字顺序排列。

17. 选项要独立。选项之间不应该有重叠成分。

18. 避免使用 none of the above，all of the above，I don't know 字样。

19. 用肯定的方式写选项；避免像 not 那样的否定词。

20. 避免漏答案。

　　a. 选项的长度相当。

　　b. 避免 always、never、completely、absolutely 等绝对的词。

　　c. 避免与题干类似或直接相连的词汇。

　　d. 避免有成对的选项，或者三个相同一个不同的选项。

　　e. 避免特别荒诞的答案。

　　f. 选项的内容要同质，语法结构要相同。

21. 使所有的干扰项都有可能。用学生典型的错误来撰写干扰项。

22. 避免使用幽默。

□　知道建构应答型题目的命题原则。

　　Haladyna 和 Rodriguez（2013）将建构应答型题目分为两类。一类是客观评分的建构应答型题目，另外一类是主观评分的建构应答型题目。对于所有的建构应答型题目来说，基本要素都是相同的，即：内容和认知要求；题目和测试说明；对考生的要求或指示；表现的环境；评分标准与细则。常见的建构应答型题目为：完形填空、讨论、写作、口头汇报、档案袋、简短回答等。同样，Haladyna 和 Rodriguez（2013）对建构应答型题目的命题原则进行了归纳。见表6.12。

表6.12　建构应答型题目的命题原则

内容方面
1. 说明要测试的知识域和技能域。
2. 确保测试形式符合预期的认知要求。
3. 确保任务之间的构念可比性。

格式和风格方面
4. 编辑和校对考试指导语、题目和题目格式。
5. 试测题目和考试程序。

指示语撰写
6. 清晰界定指示语、预期的答案形式和任务要求。
7. 提供评分标准。
8. 避免要求隐含的假设；避免构念不相干的任务特征。

情境方面
9. 考虑文化和地域多样性和可理解性。
10. 确保语言难度能够为被试所接受。

对于建构应答型题目，特别是主观评分的建构应答型题目，评分的过程是极其重要的，它影响到分数的解读和使用。所有的效度验证框架中均包含评分方面的内容，例如 Weir（2005）就包含了评分效度。Haladyna 和 Rodriguez（2013）对建构应答型题目的评分原则也做了总结。见表6.13。

表6.13　建构应答型题目的评分原则

内容方面
1. 清晰地指出任务的预期内容和认知要求，作为评分的目标。
2. 清晰地说明评分中与任务要求不相关的因素。

评分原则制定
3. 选择合适的评分方法。
4. 在命题阶段就开始制定评分标准。
　　a. 清晰地说明给分点之间的差别。
　　b. 界定给分的理由。
　　c. 不要定死预期的答案。
　　d. 对于类似的任务和评分规则，相同的认知要求要执行相同的标准。
5. 试评一些真实的作答，修改评分标准。

评分过程
6. 评分员资格认证。
7. 评分员培训。
8. 评分一致。
9. 降低偏颇。
10. 采用多评方式。
11. 监控评分。

表6.14 个人应答题目设计的原则

自我评价

1. 确定采用整体印象评分法还是分项评分法。
2. 提前确定评价学生语言表现的哪些方面。
3. 准备好书面的评分标准供学生使用。
4. 在评分标准中用学生可以理解的简单明了的语言来描述语言表现和行为表现。
5. 规划好开展自我评价的程序（谁、在哪里、做什么、如何做）。
6. 检验学生是否真正理解了自我评价的程序。
7. 确定是否由教师或者另一名学生再评一次，提供信度。

讨论会评价

1. 向学生说明讨论会的目的。
2. 让学生做讨论会的主人。
3. 将讨论会聚焦于学生关于学习过程的看法。
4. 通过讨论会来帮助学生树立信心，提高自我形象。
5. 让学生表现特定的技能，然后找出需要指导的地方进行针对性的指导。
6. 安排好固定的时间，定期开展讨论会评价。

档案袋评价

1. 向学生解释何为档案袋及其目的。
2. 落实档案袋评价中的责任。
3. 让学生选择和收集有意义的作品。
4. 让学生定期反思他们在档案袋中收集的作品。
5. 让其他学生、教师等定期检查档案袋。

讨论会评价和档案袋评价的评分前提

1. 清晰界定学生的任务。
2. 限定任务，使之能够在相应的时间内完成。
3. 提前准备好评分程序。
4. 提前规定好评分中聚焦的语言方面。
5. 清晰地界定评分标准中各个维度的具体含义。
6. 尽量采用匿名评分。

（改编自 Brown，2005：58）

第七章
语言知识的评价

　　本章所讨论的语言知识包括语音、语法、词汇和语用。Bachman（1990）交际语言能力框架中的语法能力包含词汇、词法、句法、语音/拼写，本书作者根据大众的普遍认识，将词法与句法归结为语法，保留语音和词汇。Leech（1983）区分了语用语言学（pragmalinguistics）和社会语用学（socio-pragmatics）。语用语言学与语法紧密相连，它研究的是特定的语言表达特定的话中含义（illocution）所能够依赖的语言资源。考虑到这点，本章也专门讨论了语用评价。

 参考点七　能较清晰地界定英语语音的构念，并熟练地对英语语音进行评价。

7.1　语音评价素养

　　学界对语音评价的关注呈现了钟摆式的样态，Lado（1961）对语音评价做了论述，后来语音评价受到忽视，而近年来对语音评价的关注又重新升温。在语音评价素养条目撰写的过程中，笔者主要参阅了 Roach（2008）对英语语音的论述，以及 Isaacs & Trofimovich（2017）、Kang & Ginther（2018）等对语音评价的论述。

7.1.1　"语音评价素养"条目

- ☑ 能理解与英语语音相关的主要概念。
- ☑ 知道语音质量通常从音段音位和超音段音位两个层面的发音质量来评判。
- ☑ 知道音段层面的语音评价指元音和辅音的发音准确度。
- ☑ 知道超音段层面的语音评价具体指语调和重音的使用情况。

☑ 知道在连续语流中合理运用停顿的重要性。

☑ 知道在连续语流中合理运用节奏的重要性。

☑ 能认识到英语作为通用语意味着本族语者的标准语音（如 Received Pronunciation 或 general American English）不必成为语音教学追求的目标。

☑ 知道语音评价的三个重要标准是可识别度（发音是否清晰）、可理解度（听者可否理解）、口音（accentedness）。

☑ 知道通常可以用读单词、读句子、朗读文段来专门考查学生的语音。

☑ 知道语音也可以在口语评价任务中附带考查。

☑ 能根据评价目的，选择或编写合适的语音评价任务。

7.1.2 "语音评价素养"部分条目详解

表7.1　语音概念

与语音相关的概念

（1）音位（phoneme）

在研究语音时，可将语流分成更小的单位，称为音段（segment）。语音中有意义的最小抽象单位叫音位（phoneme），它们处于对比分布（contrastive distribution）。（Roach，2008）一个语言所有音位的集合叫音位系统（phonemic system）。实现一个音位的不同音叫音位变体（allophone，如/p/在 speak 和 pool 中发音的差别），它们各有各的特殊位置，处于互补分布（complementary distribution）。有些音在同一个位置可以互相替代，而不改变意义，这叫自由变异（free variation）。

（2）音段音位（segmental phoneme）

一种语言的元音（如/u/）和辅音（如/b/、/p/）。

（3）超音段音位（suprasegmental phoneme）

指的是重音和语调等语音现象，这些现象的分布可以超过一个音段，故命名超音段。

（4）重音（stress）

重音是指在音节发音时所用的力度。重音是一个相对的概念，因为重音和非重音音节之间的根本区别在于，前者在响度、长度和音高上有所加强，所以比后者更为突显。在词的层面上，它只适用于至少有两个音节的词；在句子层面上，实词相对于句子中的其他词是加重的。在句子中应特别注意重音位置的改变所传达的意义的转变。

（5）语调（intonation）

语调涉及重复出现的音高模式，一般分为升调和降调两类，升调的音高比降调要高得多。语调的功能主要有四种，即表示态度的功能（如句尾用升调可以表达疑问、委婉、友好等意图）、表示重音的功能、表示语法的功能和表示语篇中的功能。在表示语法的功能方面，英语中，不同的语调可以区别句子的歧义，把调元（tone-unit）界标放在不同的位置可对句子做出不同的解释。而将语篇分析用于语调的研究主要有两个方面：一个是用语调把听话人的注意力集中到最重要的信息上去，另一个涉及对会话行为的调节，对这一功能的研究可以对语调的用法做出更全面的解释。（Roach，2008）

续表

（6）节奏（rhythm）

英语被称为是重音节拍型语言（stress-timed rhythm），节奏是指"在言语中由突显要素有规则地间断出现所产生的知觉模式，这些要素可能是重音（如英语）、音节（如汉语）、重型音节（如古希腊语）……"（Trask，2000）。从生理角度来说，说话时胸部肌肉收缩和放松产生言语节奏。不同的语言，节奏特点也不相同；重读音节复现的模式不同，不仅会产生不同的节奏类别，也会产生音段方面的连锁反应。（陈桦，2008）

（7）韵律（prosody）

在语音学中，音量、音高及言语节奏变化的统称。

（8）音高（pitch）

人们在听别人说话时，会听出有些音或音组在发音时会比其他音或音组相对高一些或低一些。听话人感觉到的这种语音的相对高度叫"音高"。

（9）连读（linking/liaison）

指把一个单词或者音节的最后一个音和下一单词的第一个音连接起来构成连续言语的过程，如 can I。英语中最常见的是连音 r（linking r），即拼写中一个词词尾为不发音的字母 r，碰到后一个词的词首是元音时则将 r 与后面的元音连读，如 There is a football under it 中的 there is 和 under it 均连读。

（10）弱化（reduction）

根据元音的轻重音或在音节内的位置，元音的响度、音长、发音部位等特点发生减少或改变的情况。在很多英语变体中，所有非重读的非最后的元音都被弱化成/ə/，如 because。

（11）失去爆破（loss of plosion）

当一个爆破音（/p, b, t, d, k, g/）后面紧跟着另一个爆破音时，前面的爆破音不发生爆破，只做出发音的口型，如 laptop。

（12）浊化（voiced）

即清音在某些情况下变成浊音的现象。声带振动而发出的语音叫"浊音"（voiced sound），发音时声带不振动的语音称作"清音"（voiceless sound）。如 speak 中的/p/念成/b/。

（13）同化（assimilation）

指的是为了便于发音，邻近的音共同性增强，两个或以上的发音会变得与彼此更为相近，甚至相同，并且使某个语音学上的音素特征更加彰显。未产生变化的音称为"同化音"，产生变化的音则称为"被同化音"。例如，his son 中的 his /z/的音不如 his father 中的 s 发音完整，ten bottles 会更相似于 tem bottles。

（14）意群（meaning units/sense groups/tone units/intonation groups）

口头话语的段或者块，听者用来作为组织信息的信号，其特征是在最重要的音节发生音高变化。也叫意义单元、声调单元或者语调组。

7.1.3 语音评价常见的题型举例

辨音

学生听到单独的一个词，或者一个句子，然后辨别出欲考查的词。通常情况下这种任务涉及最小对立体，也就是仅有一个音素不相同的一组词。如 sheep/ship，tank/thank。

例如：学生听到 Put the pin in the box I gave you.

　　　学生看到 A. pan　　　B. pen　　　C. pin　　　D. pain

　　　学生选择 C。

另一个例子（Heaton，1988：67），学生听两遍单词，然后选出单词的释义。

例如：cot-cot

学生看到 A. stopped and held　　　　　B. a baby's bed

　　　　　C. pulled by horses　　　　　D. a small pet animal covered with fur

学生选择 B。

评论

辨音题考查的是语音微观技能。在课堂评价中，教师可以用它来实现语音诊断，以便对学生的语音辨识问题进行进一步的教学。对于不同方言区的教师，如果能够发现学生在英语语音方面普遍存在的问题，从而设置更加有针对性的试题，就能发挥这类题型的重要作用。上述第二个例子，不仅测试了辨音，而且测试了词汇含义，在解读测试结果的时候应该注意到这点：学生没有做对可能是语音的问题，也可能是不理解词义或者没有看懂词义。

重音与语调测试

Heaton（1988）列举了两种形式的重音与语调测试。第一种类型如：

学生听到 I've just given THREE books to Bill.

学生看到 I've just given THREE books to Bill.

学生画出 （　）（　　）（　　）（X）（　　）（　　）（　　）

第二种类型如：

学生听到 You will send me a couple of tickets.

学生读到 You will send me a couple of tickets.

　　　　　This is probably … .

　　　　　A. a request　　　　　B. a command　　　　　C. an expression of disbelief

---

评论

第一个例子考查学生辨识单词或句子重音。在缺乏语境的情况下，这种题目不真实，往往为测试重音而测试，没有体现重音的用途。第二个例子考查语调对语义的影响。由于题目中不能提示一种语义倾向，有可能为了测试而捏造出罕见的意义，如讽刺、怀疑等。另外这种题目通常很难设置，对录音者的语音表现力要求也非常高。

段落朗读

学生拿到下面这个故事，按照要求进行准备，1分钟后大声朗读出来。

A cat goes to a river every day. He wants to go fishing. But he can't catch any fish.

One day, he goes to the river as usual. Suddenly a fish comes out. He catches the fish. He is very happy. He forgets to put the fish in the basket. He dances and sings. He shouts, "I have a fish! I have a fish!" All his friends come to see him.

"Where is your fish? Let us have a look at it. " His friends say.

"It's there, near the bank." The cat answers. But he can't find the fish. When he sings and dances, the fish jumps back into the river.

评论

让学生朗读段落能够直接地测试学生在连续语流中的语音产出表现。教师可以设计如下两种评分标准之一，来对学生的语音表现进行评判。第一种方法是整体评分法（高森，2016）。

优秀6分	良好4—5分	合格3分	不合格0—2分
• 能流畅、自然地读出全文。 • 语音语调准确自然。 • 停顿、重音和句子意群分隔合理，富有感情。	• 能较流畅、较为自然地读出短文的2/3。 • 语音语调较好、较自然。 • 停顿、重音和句子意群分隔基本满足表达需要。	• 能基本顺利地读出短文的1/2。 • 语音语调基本正确。 • 停顿、重音和句群分隔偶有不恰当处，但不影响意义的表达。	• 只能大致读出2—3句话。 • 朗读时常常停顿、语流不畅，影响表达效果。

第二种方法是基于 Upshur 和 Turner（1995）的 EBB 评分理念设计的评分方法，如高森（2016）。

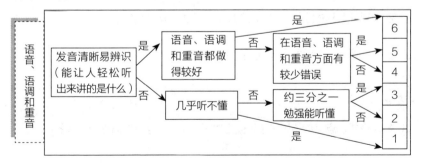

应该指出，在朗读中考查语音与在自由表达中考查语音仍有差别，这就涉及测试方法的影响。在解读分数时，教师需要对任务进行说明，使得分数使用者能够了解是在什么样的情境下收集的学生表现数据。在国际大型考试，如雅思与托福考试中，均在口语表达部分包含语音评价的维度。

参考点八　能较清晰地界定英语词汇的构念，并熟练地对英语词汇进行评价。

7.2　词汇评价素养

在词汇评价素养条目的开发过程中，笔者主要参阅了 Read（2000）、Nation（2013）、Webb & Nation（2017）等对词汇评价的论述。

7.2.1　"词汇评价素养"条目呈现

☑ 能从形式、意义和使用三个层面上对词汇知识包含哪些方面有深入的认识。

☑ 能理解关于词汇的主要相关概念，如词族、衍生、派生等。

☑ 知道词汇知识可以有深度（depth）和广度（size）之分。

☑ 在评价词汇时，能认识到词汇是作为独立构念考查，还是作为附带构念来考查（如写作能力的一个维度）。

☑ 在评价词汇时，能认识到任务是考查选定的词汇还是综合考查词汇运用（如在口语中综合考查词汇使用情况）。

☑ 在设计词汇测试时，能认识到对词汇的考查是否依赖语境。

☑ 能熟悉相应学段的词表，对词的重要性进行区分。

☑ 能了解一些国际上常见的词汇测试。

☑ 知道常见的词汇测试的任务类型，如匹配题、选择题、填空题、句子或短文写作等。

☑ 能根据评价目的，选择或编写合适的词汇评价任务。

7.2.2　"词汇评价素养"部分条目详解

❑ 能从形式、意义和使用三个层面上对词汇知识包含哪些方面有深入的认识。

表7.2　词汇知识成分

词汇知识成分			
形式	口头	R	词的发音听起来是如何的？
		P	词该怎么读？

续表

形式	书面	R	词看起来是如何的？
		P	词是如何拼写的？
	词的部件	R	词能拆解成什么？
		P	需要词的什么部件来表达意义？
意义	形式与意义	R	词的形式暗含了词的什么意义？
		P	哪个词的形式可以用来表达这个意义？
	概念与指代	R	这个概念包含了什么？
		P	这个概念可以指代什么？
	联想	R	这个词可以让我们联想到哪些词？
		P	这个词可以用其他什么词来替代？
使用	语法功能	R	词在哪个句型中出现？
		P	词应该在哪个句型中使用？
	搭配	R	哪些词或哪一个类型的词与这个词共现？
		P	哪些词或哪一个类型的词与这个词共同使用？
	使用的限定 （语域、词频）	R	这个词在哪里、什么时候和多常情况下出现？
		P	这个词在哪里、什么时候和多常情况下使用？

*R 为输入，P 为输出

（Nation，2013：49）

❏　能理解关于词汇的主要相关概念，如词族、衍生、派生等。

表7.3　词汇概念

与词汇相关的概念
1. word type：类符，指不重复计算的形符数。一句话里假如有五个词，两个词重复，那么这句话的类符数就是四个。例如：I can see two oranges and two apples. 这句话中只有七个类符，因为 two 出现了两次。 2. token：形符，指单个的词。例如：I can see two oranges and two apples. 这句话中有八个形符。 3. type/token ratio（TTR）：类符/形符比，形次比。例如诗句 Rose is a rose is a rose is a rose. 中的 TTR 是3/10*100=30。TTR 是衡量文本中词汇密度的常用方法，可辅助说明文本的词汇难度。但是，文本中有大量功能词（function words，如 the、a、of 等）反复出现，文本每增加一个词，形符就会增加一个，但类符却未必随之增加。这样文本越长，功能词重复次数越多，TTR 会越低。因此用 TTR 衡量词汇密度就不合理。

4. **word family**：词族。在语言发展的过程中积累了很多声音和意义相通或相近的同源词，不同的同源词可以一组一组地分开，每组自成系统，通常称为词族。例如：add 的屈折词（inflections）adding、adds、added 和派生词 addition、additions、additional、additionally 等都属于一个词族。

5. **headword**：首词，词典中出现的最开头的词。例如：add 为 adding、adds、added、addition、additions、additional、additionally 的首词。

6. **derivation**：派生，指将中心词的前或后加上词缀，可以改变词性和词义。例如：add 为首词，那么 addition、additions、additional、additionally 等都属于派生；happy 为首词，那么 unhappy 则是派生。

7. **derivation affixes**：派生词缀。英语中有大约100个派生词缀，它们通常可以改变词汇的词性。例如：-ly，-ment，un- 等。

8. **inflection**：屈折。通过附加词缀对词汇的语法功能进行改变，通常是动词的变化。常用词缀有：-ing，-ed，-s 等。例如：add 为首词，那么 adding、adds、added 都是 add 的屈折词汇。

9. **inflection affixes**：屈折词缀。英文中有8个屈折词缀，它们是：-s（名词复数形式），-s（动词第三人称单数），ed（过去式），-ed 和 -ing（分词），-er（比较级），-est（最高级）、-'s（所有格）。屈折词缀并不会改变词性。

10. **lemma**：词目，指一个词族中的首词及其屈折形式（inflected form）。单纯的词目当中的词的词性都是相同的。例如 walk 的动词的屈折词汇有 walks、walking 和 walked，那么这里的动词 walk 就是一个词目。如果 walk 作为名词，屈折词汇有 walks（复数形式），那么此时名词 walk 就是另外一个词目。

11. **flemma**：词目，比 lemma 的意义更广泛，指词族中的首词及其屈折形式（inflected form）和产生的不同词性。例如第10条的动词 walk 和名词 walk 都属于一个 flemma。

12. **morpheme**：词素，语言中最小的语法单位。例如：go、bed、-less、-ing。

13. **word part**：词缀，将词分解成不同的部分，例如前缀和后缀。

14. **content word**：实词，也就是含有意义的词。例如名词、动词、形容词和副词。

15. **synonym**：同义词。

16. **polysemous**：多义词。例如：bank 有"银行"的意思，也有"河边"的意思。

17. **homograph**：同形异音词。该类词汇从词形上看是一样的，但是同一个词具有不同的意义，每个意义也有不同的读音。例如：record 一词，动词和名词的发音不同，含义也不同。

18. **homonym**：同形同音异义词。该类词汇包含不同的词义，但词形相同，发音也相同。例如：bank 一词，无论是表示"河边"还是表示"银行"，它的词形和发音都是一样的。

19. **homophone**：同音异形异义词。该类词汇只有发音相同，词形和词义完全不同。例如：eye 和 I，buy 和 by 等。

20. **collocation**：词汇搭配，也可俗称固定搭配。例如：point out、make sure 等。

21. **hyphenated words**：复合词。指用连字符将词连接起来组成新的词。例如：sub-zero，wife-less，co-operation。

22. **transparent compounds**：复合词。指用存在的两个词或多个词组成一个新的词，且中间没有连字符。例如：cooperation，northeast 等。

续表

23. core meaning：核心意义。通过总结该词汇不同含义的相同部分来显示出该词汇的核心意义。
24. corpus：语料库。
25. Zipf's law：齐夫定律。可以表述为在自然语言的语料库里，一个单词出现的次数与它在频率表里的排名成反比。通俗地说，齐夫定律表明：在英语单词语料库中，只有极少数的词被经常使用，而绝大多数词很少被使用。

（参阅 Webb & Nation，2017：275—286）

❏ 在评价词汇时，能认识到词汇是作为独立构念考查，还是作为附带构念来考查（如写作能力的一个维度）。
❏ 在评价词汇时，能认识到任务是考查选定的词汇还是综合考查词汇运用（如在口语中综合考查词汇使用情况）。
❏ 在设计词汇测试时，能认识到对词汇的考查是否依赖语境。

表7.4　词汇评价的维度

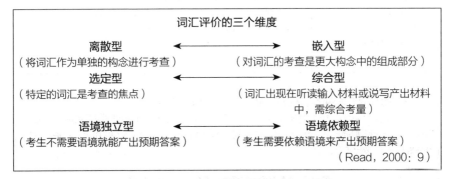

词汇评价的三个维度

离散型	←→	嵌入型
（将词汇作为单独的构念进行考查）		（对词汇的考查是更大构念中的组成部分）
选定型	←→	综合型
（特定的词汇是考查的焦点）		（词汇出现在听读输入材料或说写产出材料中，需综合考量）
语境独立型	←→	语境依赖型
（考生不需要语境就能产出预期答案）		（考生需要依赖语境来产出预期答案）

（Read，2000：9）

❏ 能了解一些国际上常见的词汇测试。

表7.5　国际上知名的词汇测试

1．词汇水平测试（Vocabulary Levels Test）
　　此测试最先由 Nation（1983）开发。最新版本为 Webb，Sasao 和 Ballance（转引自 Webb & Nation，2017）的版本，它基于 Nation（2012）的英国国家语料库和当代

续表

美国英语语料库词表，反映了最新的词汇使用情况。词汇水平测试能够非常可靠地测量5000个最高频的词汇，按照1000词、2000词、3000词、4000词和5000词的分布来设置题目，每个层级共十组问题，30小题。考生要将词汇与简短的定义相匹配。例如：

1,000 word level

	choice	computer	garden	photograph	price	week
cost					✓	
picture				✓		
place where things grow outside			✓			

2. 词汇量测试（Vocabulary Size Test）

此测试最先由 Nation 和 Beglar（2007）设计，它测试对英语中最高频的14,000词族的认知情况。测试包含14组题，每组10个题目，共140题。每组题目测试的是每1000词族的词汇，答对题目的总和综合反映14,000词族中考生掌握的词汇总量。不能按单独的级别计算。例如：

1 see: They <saw> it.	2 time: They have a lot of <time>.	3 period: It was a difficult <period>.
A. money B. time C. looked at it D. friends	A. question B. waited for it C. hours D. book	A. closed it tightly B. food C. thing to do D. started it up

3. 图片词汇量测试（Picture Vocabulary Size Test）

此测试是 Nation 和 Anthony（2016）专门为未识字的儿童开发的词汇量测试，它考查最高频的6000词的接受性知识。读者可参阅 http://www.laurenceanthony.net/software/pvst/。例子如：

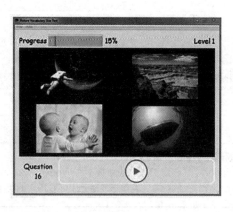

续表

考生可以看到四幅图片。他们会听到一个目标词和一个带有该词的句子，选择与其意思最接近的图片。完整的考试有96个题目，15—20分钟完成。每次只能有一个考生参加，以保证儿童明白测试程序并专心完成。成绩乘以62.5估算6000词中知道的词汇。

4. 语境猜词测试（Guessing from Context Test）

语境猜词测试由 Sasao（2013）开发，测量能否从语境中猜测未知词汇的含义。主要从三方面考查：（1）考生能否判断出未知词汇的词性？（2）考生能否找到语境信息用以成功地推断未知词汇的含义？（3）考生是否能成功地获得未知词汇的正确含义？测试分为三部分，在每个部分，考生阅读20篇短文，回答20个问题。目标词用编造的词来代替，以防有学生知道该词汇。第一部分要求考生判断生词的词性，第二部分要求考生决定哪个语境线索能够帮助他们判断生词的词义，第三部分选择生词的含义。各个部分的得分比整体得分重要。这个测试可以从 http://ysasaojp.info/testen.html 免费下载。例如：

第一部分：

He was brought back to the building on June 9th, but the following day he **turmilted** again and this time was away for 94 days.

　　(1) noun　　　　　　(2) verb　　　　　　(3) adjective　　　　　(4) adverb

第二部分：

He was locked up for having injured her. On May 23rd, he ran away for 17 days. He was found and caught when he was in a car taken from another person. He was brought back to the building on June 9th, but the following day he turmilted again and this time was away for 94 days.

　　(1) ran away　　　　(2) car　　　　　　(3) for 94 days

第三部分：

　　(1) escape　　　　　(2) travel　　　　　(3) pay

5. 词汇成分水平测试（Word Part Levels Test）

词汇成分水平测试由 Sasao 和 Webb（2017）开发，它能有效地测量词缀知识，分为三个层级：初级、中级、高级。它涉及118个常见词缀，有形式、意义和使用三个角度。第一部分测试考生是否能分辨出词缀。例如：

1 Form section

1 (1)　ka-　　　(2)　ze-　　　③　de-　　　(4)　ti-
2 (1)　ba-　　　(2)　oa-　　　(3)　lu-　　　④　ab-
3 (1)　po-　　　(2)　bu-　　　(3)　wa-　　　④　en-

第二部分测试考生是否知道词缀的意义。例如：

2 Meaning section

1　ex- (ex-wife; ex-member)　　　　　　12　-th (fourth; sixth)
　　① earlier　　　　　　　　　　　　　　　　① person
　　(2) person　　　　　　　　　　　　　　　② number
　　(3) bad　　　　　　　　　　　　　　　　③ not
　　(4) can be　　　　　　　　　　　　　　　(4) small

续表

2　ab- (<u>ab</u>use; <u>ab</u>normal) 　(1)　person/thing 　②　times 　③　small 　④　away from	13　-ways (side<u>ways</u>; length<u>ways</u>) 　(1)　not 　(2)　person/thing 　③　wrongly 　④　direction

第三部分测试考生是否知道词缀的语法功能。例如：

3　Use section

1　en- (<u>en</u>sure; <u>en</u>able) 　(1)　Noun 　②　Verb 　(3)　Adjective 　(4)　Adverb 2　em- (<u>em</u>power; <u>em</u>body) 　(1)　Noun 　②　Verb 　(3)　Adjective 　(4)　Adverb	12　-ly (live<u>ly</u>; friend<u>ly</u>) 　(1)　Noun 　(2)　Verb 　(3)　Adjective 　(4)　Adverb 13　-less (end<u>less</u>; use<u>less</u>) 　(1)　Noun 　(2)　Verb 　(3)　Adjective 　(4)　Adverb

每个部分的成绩比总成绩更加有意义。

读者也可查阅 https://elt.oup.com/teachers/hvil/?cc=cn&selLanguage=zh 获取更多资源。

（参阅 Webb & Nation，2017：201—207）

7.2.3　词汇评价常见的题型举例

Look at the pictures. Look at the letters. Write the words.

Example

<u>s n a k e</u>

Questions

1

_ _ _ _

评论

本题源自剑桥少儿英语 Starters 2018样题，目标能力定位于 CEFR 的 pre A1。考查的是能在图片和单词字母的帮助下写出常见的物品名称的能力。在这个任务中，词汇作为单独的构念来考查，将词汇的意义与形式进行匹配，落脚点在形式上，未考查词汇知识的语音维度。此任务未考查语境对词汇的影响，选择的词汇是本学段学生应该掌握的重要词汇。对于低年级的学生来说，运用图片来辅助记忆单词符合他们的认知发展。给出字母，增加了辅助措施，让学生排一排字母，宛如游戏般完成了评价。对于这个学段的学生来说，让他们体验成就感，在评价中保持或找到学习英语的乐趣是最重要的。在评分方面，需要考虑学生抄错字母如何计分的情况。儿童发展阶段对不同字母的认知也是制定评分标准时需要考虑的方面，透过学生的作答可以了解到学生的认知发展阶段。

Look and read. Choose the correct words and write them on the lines. There is one example.

an island

a sandwich

a driver

a band

tea

a city

a field

a nurse

Example

The people in this sometimes sing or play guitars.

.... a band ....

Questions

1　This person helps people who aren't well in hospital.

....

2　Some people put milk or lemon in this drink.

....

3　There are lots of cars, buses and people in this busy place.

....

4　You can put cheese or meat between bread to make this.

....

5　This is part of a farm where you often see vegetable plants.

....

评论

本题源自剑桥少儿英语 Movers 2018样题，目标能力定位于 CEFR 的 A1。本题采用匹配填空的方法考查对词汇定义的理解，考查了词汇的意义和形式，聚焦词汇意义。在此任务中，词汇还是作为单独的构念进行考查，考查的词汇是选定的，语境对词汇考查的影响也比较小。能够对名词下定义是外语学习中非常重要的方面。图片中的词汇有可能是学生不认识的词汇，但是清晰的图片给他们足够的提示。通过阅读问题中的定义，学生可能在评价的过程中习得词汇，实现评价的学习功能。在分数解读中要考虑到测试方法的影响，学生的阅读能力会影响作答。或者说本题就是通过阅读理解来测量词汇。从此项词汇测试中，学生还有可能发现在对词汇下定义中会运用到上义词，如 city—place，nurse—person，如果他们能够在此项测试中发现这个现象，并在词汇学习的过程中采用此方法对其他的名词进行类似的定义，那么此项测试的意义就更大了，实现了 assessment as learning。从任务设计方面，5个句子采用了多种句型，体现了句型的多样性，为学生提供了高质量的输入材料。

Look and read. Choose the correct words and write them on the lines. There is one example.

an astronaut   a pilot   golf   sugar

This person can fly to the moon in a rocket.   an astronaut

1 This is made from fruit and you can put it on your bread with a knife. ....

2 Players in this game throw, catch and hit the ball on a sports field. ....

basketball

3 These have pictures on them and you can write on the back and send them to friends when you're on holiday. ....

hockey

4 It is this person's job to write about news in a newspaper. ....

salt

5 You buy these and put them on your envelopes before you post them. ....

magazines

6 This person flies a plane and usually wears a uniform. ....

7 People like reading these because they have stories with pictures or photos on their pages. ....

jam

8 You can play this game inside on ice or outside on a field. ....

baseball

9 Some people like this in their tea or coffee and they put it in with a spoon. ....

stamps

10 People don't usually play this game in teams. They use a small, hard white ball. ....

postcards

a journalist   letters   a photographer

评论

本题源自剑桥少儿英语 Flyers 2018样题，目标能力定位于 CEFR 的 A2。本题采用匹配填空的方法考查对词汇定义的理解，词汇还是作为单独的概念进行考查，考查了词汇的意义和形式，聚焦意义。应该特别指出的是，本题将学生对名词的单复数概念融入考题中。同样，在分数解读中要考虑到测试方法的影响，学生的阅读能力会影响作答，或者说本题就是通过阅读理解来测量词汇。对单复数概念比较敏感的学生，会缩小选择的范围，能更加快速地完成作答。在评分时需要考虑学生抄词错误如何评分的问题。在任务设计方面，提供了15个可选择的词汇，需要用到11个，这就避免了使用排除法。题干中的词汇均是常见的词汇，句型也较简单，使得学生能够理解定义，从而选择与定义相符的词汇，最大化降低阅读理解能力对分数解释的影响。

Questions 6 – 10

Read the sentences about an internet café.
Choose the best word (**A, B or C**) for each space.
For questions **6 – 10**, mark **A, B or C** on your answer sheet.

Example:

0　　Last month an internet café .... near Ivan's house.

　　A　opened　　　**B**　began　　　**C**　arrived　　　*Answer:*　

6　　The internet café quickly became .... with Ivan and his friends.

　　A　favourite　　　**B**　popular　　　**C**　excellent

7　　It only .... Ivan five minutes to get to the café.

　　A　takes　　　**B**　has　　　**C**　gets

8　　Ivan often .... his friends there after school.

　　A　waits　　　**B**　meets　　　**C**　goes

9　　The café has different .... of computer games that they can play.

　　A　things　　　**B**　ways　　　**C**　kinds

10　　Ivan thinks there is a lot of .... information on the internet.

　　A　certain　　　**B**　sure　　　**C**　useful

评论

本题源自剑桥 KET 英语阅读题。目标能力定位于 CEFR 的 A2。考查的是在语境中运用英语词汇的能力。在指示语中说明了文本的主题为网络，是学生所熟悉的话题，并配有简单的图片，能让学生降低答题的焦虑感。开头提供了例子，让学生知道如何作答，避免构念不相关因素。虽然每个句子都是简单句，但是应该看到，这些句子连在一起构成了一个完整的语篇，是这个语言能力水平的学生能够写出的段落。在选项设计上，保持了各个选项的同质性，如均为形容词，或均为第三人称单数形式的动词，或均为复数名词。教师在设计此类题型时，要首先确定要考查的词汇，然后选取与学生水平相当的文本，避免所要阅读的内容难于要考查的词汇。也可以从学生撰写的小作文中挑选一些文本。设计好三个选项就能很好地考查学生的词汇了。

Read the descriptions of some words about the free time that people have.
What is the word for each one?
The first letter is already there. There is one space for each other letter in the word.
For questions **36 – 40**, write the words on your answer sheet.

Example:

0   If you like reading about music and fashion, you may buy this.   m _ _ _ _ _ _ _

Answer: | **0** | *magazine* |

36   People who like watching football often go to this place.   s _ _ _ _ _ _

37   If you enjoy taking photographs, you will need this.   c _ _ _ _ _

38   People who like swimming in the sea often go here.   b _ _ _ _

39   You may play this instrument if you like music.   g _ _ _ _ _

40   If you enjoy camping, you will need to take this with you.   t _ _ _

评论

本题源自剑桥 KET 英语阅读题。目标能力定位于 CEFR 的 A2。考查的是根据词的定义拼写词汇的能力。在题目的指示语中为考生划定了所考查的词汇的范围，即休闲用品，给考生划定了一个很好的词义域（semantic domain）。在完成这类题目后，学生会培养出将词汇进行归类、建构心理词汇的习惯。例子中的 magazine 也为考生提供了很好的支撑，让他们知道需要填写的是人们在休闲过程中可以用到的物品。每个题目提供了定义、首字母和字母数量的提醒，为学生提供了恰到好处的限制，也为准确评分做好了铺垫。在评分过程中，应该注意讨论某些字母错误是否可以给部分分数的问题，例如 beach 如果写成 beech，符合发音规则，但是不完全准确，可以考虑给0.5分。

参考点九　能较清晰地界定英语语法的构念，并熟练地对英语语法进行评价。

7.3　语法评价素养

在语法评价素养条目的开发过程中，笔者主要参阅了 Purpura（2004）、Purpura（2013）、Heaton（1988/2000）等对语法评价的论述。

7.3.1　"语法评价素养"条目呈现

☑ 能熟练使用所教授的学段的语法形式。

☑ 能理解相同的语法形式背后所传达的不同意义，如 Can you speak English?（能力）与 Can I have some milk, please?（请求）。

☑ 能从功能和使用角度来看语法现象，聚焦语法形式所传达的意义。

☑ 能理解关于语法的主要相关概念，如词类、语态、句型等。

☑ 在评价语法时，能认识到语法是作为独立构念考查，还是作为附带构念来考查（如写作能力的一个维度）。

☑ 在评价语法时，能认识到任务是考查特定语法项目，还是综合考查语法运用（如在口语中综合考查语法使用情况）。

☑ 在设计语法测试时，能认识到对语法的考查在多大程度上依赖语境。

☑ 能了解一些国际上常见的语法测试。

☑ 知道常见的语法测试的任务类型，如选择题、填空题、错误辨识、句型转换或短文写作等。

☑ 能根据评价目的，选择或编写合适的语法评价任务。

7.3.2 "语法评价素养"部分条目详解

表7.6 语法知识理论框架

	语法知识	
	语法形式	语义
句子或句内层面	拼写或语音形式 （如音形对应、音段和韵律形式）	拼写或语音意义 （如同音异形异义词\<their/there\>、重音对立、最小对立体、附件）
语篇层面	词汇形式 （如共现限定\<depend ON\>）	词汇意义 （如内涵和外延、多义词）
	词型句法形式 （如屈折变化、词序、时与态）	词型句法意义 （如时间/时长/被动性）
	衔接形式 （如替换和省略、指代形式）	衔接意义 （如指代关联、结论）
	信息管理形式 （如已知信息/新信息，断裂句）	信息管理意义 （如重点/焦点、前景铺垫）
	交互形式 （如语篇标记语、流利度标记语）	交互意义 （如模糊限制语 hedging、链接观点与反对意见）
	低语境	高语境

（改编自 Purpura，2013：200）

❑ 能理解关于语法的主要相关概念，如词类、语态、句型等。

表7.7 语法概念

与语法相关的概念

根据 Larsen-Freeman 和 Celce-Murcia（2016），与语法相关的主要概念可以分为三个层次来探讨，即亚句层面、句子层面和超句层面。

1. **亚句层面（词或词组）**

词的分类问题：应从语义、结构和功能三个维度共同考虑。

例如，名词（noun），根据**语义**它指的是"人、地和物的名称"，那么 blue 到底是形容词还是名词呢？它毕竟是颜色的名称，但多数人认为 blue 是形容词。描述派语法学家就提出用**结构**

或者形式特征来区别词性，考查词在句子中的位置和邻近的词。用两个词素特征来区分名词，如名词的数和所有格。但是问题又来了，wilderness park 中的 wilderness 有明显的名词词素-ness，却是用来修饰 park 的。因此又引入**功能**来区分词性。只有从语义、结构和功能三个维度综合考虑才能比较容易确定词性。

词性（part of speech）：总体上分为两类，即主类和次类。主类有名词、动词、形容词和副词，它们承载了句子的内容或意义。它们是开放的，不断有新词加入。次类包含助动词、介词、代词、限定词和连词等。它们的作用是结构性的，也被称作功能词。

2．句子层面

小句（clause）：凡是包含主语和谓语动词的结构就是小句。独立的小句就是独立句或主句，不能独立的小句就是从句或附属句。

简单句（simple sentence）：至少有一个主语和一个谓语动词，并独立存在的句子。英语中有七种简单句。主语+谓语（The building collapsed.），主语+谓语+宾语（They bought a new car.），主语+谓语+介词短语（Aziz went to the store.），主语+谓语+宾语+介词短语（We put the books on the desk.），主语+谓语+间接宾语+直接宾语（She wrote him a letter.），主语+谓语+表语（Janet is my friend.），主语+谓语+宾语+宾语补足语（She makes me happy）。

复合句（compound sentence）：包含两个或多个相同语法重要性的小句。

复杂句（complex sentence）：（1）一个主句加一个或多个从句；（2）独立句子嵌入主句（I argue that it would be a mistake.）。

超越简单句的三个过程：连接（coordination）、从属（subordination）和嵌入（embedding）。

句子语气（sentence moods）：句子语气表达的是说话者对句子的事实性内容所持的态度。英语句子表达三种主要的语气，即陈述（declarative，indicative）、疑问（interrogative）和命令（imperative）；还有两种次要的语气，即感叹（exclamatory）和虚拟（subjunctive）。

主位（theme）：功能语言学词汇。表达信息的出发点，为解读后文提供框架，英语中通常为主语。

述位（rheme）：功能语言学词汇。小句中除了主位后剩余的信息，英语中通常为谓语。

突显性（markness）：任何与典型的、可以预测的形式不同的形式，它是一个连续体，一端是语法形式不显（典型句），另外一端是非常突显。

语态（voice）：包含主动态与被动态。主被动的变化使得主语与宾语的主位性发生变换，意义也随之发生变化，要特别注意信息焦点的转移。

3．超句层面（语篇层面）

背景化和前景化（backgrounding and foregrounding）：在记叙文中，有的句子提供背景信息来推进故事发展，有的句子提供前景来推进故事发展。它们之间的差别主要在时态方面。例如：

Yesterday I went to the market. It has lots of fruit that I like. I bought several different kinds of apples. I also found that plums were in season, so I bought two pounds of them ...

例子中过去时态用于前景化的信息，而现在时用于背景。

衔接（cohesion）：语篇中语言成分之间的语义联系。Halliday 和 Hasan（1976/2001）认为语篇是运用指代（reference）、替代（substitution）、省略（ellipsis）、连接（conjunction）和词汇衔接（lexical cohesion）等手段来结构上互不相关，但在语义上互相依赖的各个成分连成一体的。例如：指代（The boy wanted a new bike. One day, he ... ），替代（I plan to enter college next year. If I do, ... ），省略（A: Who wrote the letter? B: Marty.），

续表

连接（Peter needed some money. He, therefore, decided to get a job. ），词汇衔接（He was grateful for the money he had been given. He slipped the coins into his pocket and hurried down the street. ）。

语域（register）：语言的正式程度。Halliday 和 Matthiessen（2014）认为语域受三个因素影响，即语场（field）、语旨（tenor）、语式（mode）。语场指的是语言使用的社会活动领域和谈话内容，它反映在实词的选择上。语旨指的是谈话者之间的关系。语式则是交际的渠道，书面还是口头。

体裁（genre）：根据不同的交际目的，采用不同的语言呈现方式。如广告和法律文书之间有差别。

（Larsen-Freeman & Celce-Murcia，2016：17—29）

更多与语法相关的概念读者可以参阅 Leech & Svartvik（2002）和 Collins（2011）。

- ❑ 知道常见的语法测试的任务类型，如选择题、填空题、错误辨识、句型转换或短文写作等。
- ❑ 能根据评价目的，选择或编写合适的语法评价任务。

表7.8　测试语法知识可能运用的任务

选择应答型任务	建构应答型任务			
	简短产出		长篇产出	
• 发现（圈出动词） • 匹配 • 找异同 • 正误判断 • 同意/不同意 • 判断任务（合乎语法、自然、正式程度、适切性） • 单选题 • 单选辨误题 • 排序 • 分类 • 分组	• 列标签 • 列清单 • 填空 • 完形 • 完成句子 • 语篇填充任务 • 简答	**聚焦结果** • 短文 • 报告 • 项目 • 海报 • 档案袋 • 访谈 • 展示 • 辩论 • 背诵 • 话剧	**聚焦表现** 模拟 • 角色表演 • 即兴演讲 • 访谈 重述 • 复述 • 记叙 • 总结 交换 • 信息沟 • 推理沟 • 观点沟 • 拼板 • 问题解决 • 做决策 • 交互型语篇填充任务	**聚焦过程** 观察 • 清单 • 量规 • 轶事报告 反思 • 日志 • 学习记录 • 有声思维
接受性的	萌芽性的	产出性的		

（Purpura，2013：201）

7.3.3　语法评价常用的题型举例

Questions 28 – 35

Read the article about a circus.
Choose the best word (**A**, **B** or **C**) for each space.
For questions **28 – 35**, mark **A**, **B** or **C** on your answer sheet.

A famous circus

The circus, Cirque du Soleil, began **(0)** .... Montreal, Canada.
It was started **(28)** .... the Canadian Guy Laliberté in 1984.

When he left college, Laliberté travelled around Europe and earned

money **(29)** .... music in the streets. Not long after he returned home, he started Cirque

with **(30)** .... friend, Daniel Gauthier. During the 1990s, Cirque grew quickly. It now

does shows **(31)** .... over the world and the number of people working for it has grown

from 73 to **(32)** .... than 3,500.

The Cirque does not have any animals, but **(33)** .... is music and dance and each show

tells a story. **(34)** .... show, which is called Varian, is about a man who could fly. The

show starts with him falling from the sky and tells the story of how he **(35)** .... to learn

to fly again.

Example:

0	**A**	in	**B**	at	**C**	to	*Answer:*	0	A ■ B □ C □

28	**A**	from	**B**	by	**C**	of

29	**A**	played	**B**	plays	**C**	playing

30	**A**	their	**B**	his	**C**	its

31	**A**	some	**B**	all	**C**	enough

32	**A**	more	**B**	much	**C**	most

33	A	this	B	it	C	there
34	A	One	B	Each	C	Both
35	A	need	B	must	C	has

评论

本题源自剑桥 KET 英语阅读题。目标能力定位于 CEFR 的 A2。考查的是在语境中运用英语语法的能力。在题目的指示语中就提出了本文的主题 circus，这个词对于这个层级的学生可能是一个生词，因此在文中又借助图片显示"马戏团"这个概念，为考生理解整个语篇提供了充足的支持。应该指出，在阅读中插入一些关键概念的图片有助于避免考生因对某个词汇的不熟悉而阻碍了阅读，也符合当前多模态文本的现实世界，体现真实性。当然命题者在选用图片时也需要特别谨慎，如防止提供有歧义的图片、有不良文化意义的图片或者泄露需要考生基于文本理解的内容的图片。在完形填空的设计中，第一个句子一般不挖空。为了让考生知道如何作答，本题提供了例子。需要注意完形填空各个挖空之间的分布距离要比较均匀。在语法完形填空设计中，教师应该明确要考查的考点，与教学紧密联系起来，比如不定代词考几个，冠词考几个，情态动词考几个，动词的时态考几个等。这些考查点的设计要尽量让考生理解文本，在语境中选择适切的语法形式，尽量避免根据句内的信息即可决定的现象，选项的设计应该是在一般语境中都可以接受，只是在当前的文本这个语境中只能选择该语法结构。注意各选项之间的同质性，也就是如果是冠词，所有选项均为冠词。这类选择题设计三个选项就能达到最佳的效果。

 参考点十　能较清晰地界定英语语用的构念，并对英语语用进行评价。

7.4　语用评价素养

在语用评价素养条目的研发中，笔者主要参阅了 Leech（1983）等对语用能力的论述。

7.4.1　"语用评价素养"条目呈现

☑ 能意识到在语境中考查语言使用的重要性。

☑ 能理解关于语用的主要相关概念，如指代、会话含义等。

☑ 知道常见的语用评价的任务类型。

☑ 能根据评价目的，选择或编写合适的语用评价任务。

7.4.2 "语用评价素养"部分条目详解

☐ 能理解关于语用的主要相关概念，如指代、会话含义等。

表7.9　语用概念

与语用相关的概念

anaphora（回指）：当一个词或词组通过一个连接手段与另外一个词或词组共有所指时就是回指。如"John admires himself. John loves his mother. His mother loves John."。回指可以前指，也可以后指。

conversational maxims（会话准则）：格莱斯会话理论的核心。它描绘了交谈者在会话中必须要遵守的规则，也是产生会话含义（implicature）的前提。会话准则包含以下四个方面：

数量准则：

1. 使你的话语（依交谈的当前目的）如所要求的那样信息充分。
2. 不要使你的话语比所要求的信息更充分。

质量准则：设法使你的话语真实。

1. 不要说自知虚假的话。
2. 不要说缺乏足够证据的话。

关系准则：要有关联。

方式准则：要清晰。

1. 避免含糊不清。
2. 避免歧义。
3. 要简短（避免冗长）。
4. 要有序。

　当会话准则被违反时，就产生会话含义。

The Cooperative Principle（合作原则）：格莱斯的合作原则指的是在会话中，参与者会根据双方共同的目的来开展交谈。它是为了解释为什么人们能够意会、能够表达言外之意而提出的。会话准则是将合作原则具体化了。当会话准则被违反时，交谈者认为双方还是合作的，因此会话含义得以传达。

deixis（指别）：人称代词、指示代词、指示副词等的一种指称功能。这些词语的指称对象随说话人、说话时间、说话地点而变，因此指别是一种依赖语境的指称。

entailment（衍推）：一种真值条件关系，即如果第一个句子是真实的，那么第二个句子也一定是真实的。如从"There is a dog in that basket"可以衍推出"There is an animal in that basket"。

hedge（模糊限制语）：降低对命题的真实性肯定程度的现象。例如"apparently, ..."，"to the best of my knowledge, ..."，"... although I'm not sure about that"。

续表

> illocutionary act（话中行为）：在奥斯汀的言语行为理论中，话中行为指的是言语实现的承诺、声明、要求或命名等功能。
> locutionary act（发话行为）：说出一个有特定意义的句子。
> perlocutionary act（话后行为）：言语所取得的效果。
> implicature（会话含义）：言语所传达的背后的含义。如"Andy: I think we should get a pet. Bess: Cats are my favorite animals."，从句中可以得出 Andy 和 Bess 会去养宠物这样的会话含义。
> presupposition（预设）：当一个句子预设另一个句子时，第二个句子必真，不论第一个句子是真还是假。如"The king of France is bald"预设"There is a king of France"。
>
> （参阅 Allott，2010；姜望琪，2003）

□　知道常见的语用评价的任务类型。

表7.10　语用评价任务类型

常见的语用评价方法

1．语篇填充测试（Discourse completion test，DCT）

Situation: You are leaving your house and are going to campus. On your way out, you meet your next-door neighbor, who borrowed a book from you several months ago.

You: _____

2．选择题

考查会话含义

Jack is talking to his housemate Sarah about another housemate, Frank.

Jack: "Do you know where Frank is, Sarah?"

Sarah: "Well, I heard music from his room earlier."

What does Sarah probably mean?

1. Frank forgot to turn the music off.
2. Frank's loud music bothers Sarah.
3. Frank is probably in his room.
4. Sarah doesn't know where Frank is.

考查日常对话规则

Jack was just introduced to Jamal by a friend. They're shaking hands.

What would Jack probably say?

1. "Nice to meet you."
2. "Good to run into you."
3. "Happy to find you."
4. "Glad to see you."

3. 元语用判断题（meta-pragmatic judgment item）

It's 4:30 pm, and Sharon is getting ready to go home. Her boss comes up to her desk.

Boss: "Sharon, I'm sorry, but we have an important project due tonight, and I need you to stay late today. Is that Okay?"

Sharon: " No, I can't today."

How appropriate was Sharon's utterance?

totally appropriate	mostly appropriate	somewhat appropriate	mostly inappropriate	totally inappropriate

（参阅 Roever，2013）

第八章

语言技能的评价

如前文所述，Bachman 和 Palmer（2010：55—56）认为将语言使用看作是特定的情境中语言使用任务的表现情况，将语言技能看作是在特定的语言使用任务中语言使用能力的情境化的实现情况，因此从语言使用的特定活动或任务去考查语言任务更佳，但是鉴于听力、阅读、写作、口语分别作为接受性技能和产出性技能的区别为广大的语言教师所接受，且对这些技能特征之间的差别以及如何对这些技能进行评价均有大量的文献支持，故本章还是从语言技能的角度分别讨论听力评价素养、阅读评价素养、口语评价素养和写作评价素养。各个技能中的素养包含了理论基础，以及技能中突显的方面，如听力中的材料选择、听力中的任务设计、写作中的评分与反馈等。在本章中，除了对各个技能评价素养条目的呈现和解读外，笔者还挑选了一些样题，从命题方面进行评论。应该特别指出，由于篇幅限制，这些样题仅仅反映了技能评价方法中的冰山一角，也不应是技能评价中的范例，读者应该批判性地吸取其中较好的做法，避免其中出现的问题。

 参考点十一　能较清晰地界定听力理解的构念，并熟练地对英语听力进行评价。

8.1　听力评价素养

在听力评价素养量表条目撰写的过程中，笔者主要参考了 Buck（2001）、Field（2009）、Rost（2011）、Geranpayeh & Taylor（2013）、Green（2017）、Coombe, Folse & Hubley（2007）等著作中对听力理解理论基础、听力评价材料选择、任务设计、施测与评分四个方面的论述。

8.1.1 "听力评价素养"条目呈现

理论基础

☑ 能理解自下而上的信息处理模式，即听者听懂音素、词、句，直至理解整个文本。

☑ 能理解自上而下的信息处理模式，即听者运用背景知识来理解文本，乃至词句。

☑ 能理解听力中采用的分立式测试模式，即将听力拆解为音素、词、句等要素，分开测试。

☑ 能理解听力中采用的综合式测试模式，即测试学生综合运用成分要素的能力，如短文听写。

☑ 能理解听力中采用的交际测试模式，即运用真实材料测试学生在语境中理解语言的能力。

☑ 能意识到语境在听力理解中的重要性。

☑ 能意识到背景知识在听力理解中的重要性。

☑ 知道听力测试所考查的能力主要包括哪些，如理解大意、理解细节信息、推断等。

☑ 能认识到口头语言转瞬即逝的特点，及其对听力任务设计的影响。

☑ 能考虑到其他技能可能会影响听力评价的表现，如读的能力、写的能力等。

☑ 能意识到语言的信息冗余性在听力理解中的重要性。

☑ 能认识到听力理解是一个主动的、不断进行推断的过程。

☑ 能认识到在所听材料的速度和信息量的压力下，信息处理的自动化在听力理解中具有重要作用。

☑ 能了解与听力理解相关的一些重要概念及理论（如听力文稿、图式、言语行为理论、会话合作理论）。

☑ 能了解影响学习者听力理解的因素，如口音、语速和播放次数等。

☑ 能了解国际知名测试中的听力测试题型，如剑桥少儿英语考试。

材料选择

☑ 知道口头语语篇的独特特征。

☑ 能收集真实的听力材料用于听力评价。

☑ 能在平时有意识地去搜集合适的听力材料。

☑ 能在收集听力材料时注意不同的语音变体（如英音、美音、澳大利亚音等）。

☑ 能认识到所听材料的重音和语调是影响听力理解的重要因素。

☑ 知道如何针对不同水平的学习者选取合适的听力材料。

☑ 能在设计听力测试时选取话题合适的材料。

任务设计

☑ 能设计听力考试细目表或内容规范。

☑ 能根据听力的目的运用多种评价任务对听力进行评价。

☑ 能在设计听力评价任务时关注意义，而不是过多关注细节。

☑ 能确保听力任务反映真实生活情境。

☑ 在设计听力任务时，能避免直接运用背景知识作答的情况。

☑ 能运用文本映射的方式确定听力考查的重点。

☑ 知道常见的听力测试题型，如选择题、匹配题、简答、填空、听写等。

☑ 能把简单的题目排在前面，以降低焦虑。

☑ 能做到问题的出现与录音材料的顺序一致。

☑ 能做到问题的题眼均匀分布在材料的不同之处，覆盖整篇录音材料。

☑ 能做到录音开始的10—15秒没有题点，给学生适应的时间。

☑ 能测试除了简单数字信息之外更加广泛的内容。

☑ 在编写试题时，能适当改写录音材料的内容以提高答题难度。

☑ 能在编写选择题时，尽量采用三个选项。

☑ 能在编写正误判断题时，避免使用 not given 选项。

☑ 能在设计听力测试任务时适时使用视觉输入材料，如图片、视频等。

☑ 能在听力的每个部分开端给出简单的情境，帮助学生激活背景知识。

☑ 能自己剪辑、编辑听力音频。

施测与评分

☑ 能确保题目之间有足够的时间间隔，让学生有较充分的答题时间。

☑ 能清晰地告诉学生录音播放的次数、每个题目的作答时间等。

☑ 知道如果测试大意，录音宜播放一遍，如果测试细节，录音宜播放两遍。

☑ 知道听力测试的总时长不得超过30分钟。

☑ 能确保听力录音材料的音频质量。

☑ 能在听力评价前检查放音设备。

☑ 能在评分时考虑听力的特点，聚焦信息，避免过多注重拼写等错误。

☑ 知道如何评判听写任务，如以意群为单位评分，或以错误个数计分等。

8.1.2 "听力评价素养"部分条目详解

❑ 能设计听力考试细目表或内容规范。

表8.1　听力评价考试内容规范样例

测试的整体目的	评价学生在某个水平上的表现（参照哪些语言描述语、哪个课程、哪个国家的标准等）
构念	应该包含相关的描述语或者教学大纲/课程标准/国家标准中的界定
目标测试人群	应包含如下信息： • 被试的年龄/一语/性别/地理位置 • 其他相关的背景材料，如大学毕业生、小学生、公务员等
输入材料	应包含如下信息： • 语音材料来源 • 对话还是独白 • 目标难度水平 • 话题——需要包括的和需要谨慎使用的 • 语篇类型：记叙性的、描述性的、议论性的、说服性的等 • 呈现模式（音频、视频） • 音频或视频的数量 • 听的次数 • 说话者的特征：年龄范围、口音、性别、说话速度、几人 • 长度（语音材料的最长和最短长度） • 背景噪音 • 内容的性质（抽象还是具体的）
测试方法	可能采用的测试方法，如选择题、匹配题、简答题

续表

题目数 任务数	每个任务的题目数（最少、最多） 整个测试的题目数量 整个测试的任务数量
指令	指令的语言（目标语和/或母语） 清晰度 是否包含例子
测试时间	听力测试的整体时间
评分标准	权重，例如每个题1分 如何处理语法错误和拼写错误与意义之间的关系

（改编自 Green，2017：51—52）

　　在文献中，学者们在理论上和实证中对听力的微技能进行探究，这些微技能为教师设计听力评价提供了重要的思考方向。例如，Richards（1983）认为听力的目的随着听者角色的变化而变化，如听者在会话活动中作为社会行为的一部分单方面获取信息，听者为娱乐而听，听者听学术讲座等，其角色是不同的。Richards 提出会话听力中的听力微技能，如下表8.2。

表8.2　会话听力中的听力微技能

1. 能够短时记忆不同长度的语言；
2. 能够区分目标语中有特色的语音；
3. 能够认识词汇的重音模式；
4. 能够认识英语中的节奏结构；
5. 能够认识重音和语调功能，以此发现言语的信息结构；
6. 能够辨认重读和非重读位置的词汇；
7. 能够认识词汇的弱读部分；
8. 能够区分词汇的界限；
9. 能够认识目标语中典型的词序类型；
10. 能够认识核心对话话题中的词汇；
11. 能够找出关键词（如哪些能够帮助确定话题和命题）；
12. 能够在语境中猜测词汇的含义；
13. 能够认识词性；
14. 能够认识主要的句型；
15. 能够认识口语中的衔接词；
16. 能够认识语法单位和句子的省略形式；
17. 能够发现句子的成分；
18. 能够区分主要和次要成分；
19. 能够发现不同的语法形式和句子类型表达不同的含义；
20. 能够根据语境、对话者和目标认识语言的交际功能；
21. 能够重构或推断情境、对话者和程序；

续表

22. 能够运用真实的世界知识和经历去理解目的、意图、情境和程序；
23. 能够从描述的事件中猜测出结果；
24. 能够推断出事件的联系和关系；
25. 能够从事件中演绎出原因和结果；
26. 能够区分字面含义和引申含义；
27. 能够从涉及的两到三个说话者中区分和重构出话题和连贯的结构；
28. 能够认识语篇中的标志语，发现大意、论点、已有信息、新信息、概化和举例；
29. 能够处理不同速度的语言；
30. 能够处理包含停顿、错误和修正的话语；
31. 能够运用面部表情、副语言等其他线索来理解含义；
32. 能够调整听力策略来适应不同的目的；
33. 能够以语言方式和非语言方式来显示理解或未能理解的含义。
（Richards，1983）

Buck，Tatsuoka，Kostin 和 Phelps（1997）通过听力理解单项选择测试中的实证数据建构出听力微技能，如表8.3。Buck 和 Tatsuoka（1998）则通过开放式应答的实证数据建构出听力微技能，如表8.4。

表8.3　基于实证研究的听力微技能（1）

• 能够处理更快的语言输入。
• 能够处理低频词汇。
• 能够处理词汇密度较高的听力文本。
• 能够处理更加复杂的语言结构。
• 能够处理更长的语段。
• 能够处理信息密度较高的听力文本。
• 能够搜索简单的语段来确定听力目的。
• 能够整合零散的信息。
• 能够使用冗余的信息。
• 能够使用词汇匹配策略。
• 能够防止肤浅的词汇联想。
• 能够回想到任意的名字。
• 能够基于听力文本做出推断。
• 能够使用背景知识来做出推断。
（Buck et al.，1997）

表8.4　基于实证研究的听力微技能（2）

• 能够根据完成任务所要寻找的信息类型来辨识任务。
• 能够自动地、实时地检索语速相对较快的听力文本。
• 能够处理相对大量的信息负荷。

续表

- 能够处理中等量的信息负荷。
- 能够处理相对密集的信息。
- 能够使用前面的题目来帮助寻找信息位置。
- 能够在没有明确的话语标记下辨认相关信息。
- 能够理解和使用相对重读的部分。
- 能够自动地处理相对较快的听力文本。
- 能够基于文本做出推断。
- 能够将背景知识融入到文本处理中。
- 能够在母语没有对应的概念的情况下处理二语的概念。
- 能够辨认和使用冗余信息。
- 能够处理散落在文本各处的信息。
- 能够较快、较有效地建构应答。

（Buck & Tatsuoka，1998）

❏　能运用文本映射的方式确定听力考查的重点。

表8.5　文本映射

文本映射（Text Mapping）

　　听力评价中的文本映射是根据音频材料进行意义共建的系统性程序。它基于对音频材料解读的共同意见，而不是个人意见；它运用音频，而不是录音文字，作为命题焦点的基础。如果依赖录音文字，就很难获得听者从音频材料中能够获得的信息。此外，录音文字中没有时间间隔，"读者"不会知道说话者的说话速度，也不会了解信息的冗余程度，也完全不会意识到说话者可能存在的吞词或弱读情况。

（Green，2017：57）

❏　知道口头语语篇的独特特征。

表8.6　口语语篇特征

在阅读材料中融入口语特征的办法

◇　在开头加入口语标记语，如 Today I'm going to talk about ....。
◇　口语材料通常使用比书面材料简单的语言结构，因此可将复杂句改写成简单的句子。
◇　插入停顿或填充语（如 um、err、ah）为下文的出现增加规划时间。

◇ 大声朗读改写的材料来检查听起来是否自然。

◇ 如果原始材料是音频文件，写出文字材料；如果原始材料是文字材料，需要录音。

◇ 加入停顿、冗余成分和其他口语材料的特征 [如自我修正（false start），不合语法性，犹豫]。

（Coombe et al., 2007: 94）

8.1.3　听力评价常用题型与命题思路点评

8.1.3.1　选择应答型题目（单选题、匹配题和判断正误）

单选题（释义辨认）

该任务要求学生在听到一个句子后选择与之意义最相近的句子。例如 Heaton（1988: 69）：

学生听到 I wish you'd done it when I told you.

学生看到 A. I told you and you did it then.

B. I didn't tell you but you did it then.

C. I told you but you didn't do it then.

D. I didn't tell you and you didn't do it then.

> **评论**
>
> 此类试题考查的是学生对简短话语中语法词汇的理解能力，命题的要点是将难点设置在学生听到的内容中，在选项中简化语法和词汇。试题的真实性也很成问题，由于文本是书面体，口语体的特征未能得以体现，学生也不像日常对话一样理解说话者然后做出应答。

单选题（选择正确的答案）

Example: Which is the girl's horse?

Ⓐ　　　　　　　　　　B　　　　　　　　　　C

录音原稿：

Boy: Is that your horse over there, with the white face?

Girl: No. Mine is the one with two white legs. Isn't she pretty?

Boy: Oh, yes, standing next to the black one.

Girl: That's right. Would you like to ride her?

评论

本题摘自剑桥 KET 考试样题，目标能力定位于 CEFR 的 A2。共两个话轮，对话内容共38词，录音听两遍。考查的能力是在短对话中辨识简单的事实性信息。具体来说，考生应该通过听懂关于身体部位和颜色的细节信息来答题。就命题技巧来说，共设计了三个选项，两个干扰项均被提到，即白脸的马和全身都是黑色的马，答案设置是白色腿的马，需要考生听辨出所有的信息才能够得出答案，因此能够很好地考查学生的听力能力。选项采用图片来呈现，适用于低年级的学生，一方面使得卷面更加有吸引力，另一方面降低阅读难度。对于高年级学生，随着测试内容更加抽象化，宜使用文字选项，但依然需要控制阅读量。录音由一个男孩与一个女孩完成，男女声的辨识度高，录音文稿中用的都是高频词汇。

You hear a teacher talking to her class about some project work.

Why is she talking to them?

A. To suggest ways of approaching the project.

B. To explain what their project should be about.

C. To warn of the consequences of late project work.

录音原稿：

You hear a teacher talking to her class about some project work.

Why is she talking to them?

A. To suggest ways of approaching the project.

B. To explain what their project should be about.

C. To warn of the consequences of late project work.

Now what you'll have to do is find a partner to work with. It doesn't matter whether you've worked with them before, in fact it might be better if you haven't! I'll give you the outline of the project in a minute, but just to say that you'll need to spend some time on planning—like how you'll certainly need the Internet, and other sources like books and you may even want to take yourselves down to the museum. But don't forget—the deadline for the completed project is the end of the month, so there's no time to waste.

评论

本题摘自剑桥 FCE 考试样题，目标能力定位于 CEFR 的 B2，考查的是听懂简短的独白，并进行合理的推断的能力，答案为 A。听力内容是一段独白，共100词，念两遍。在录音中也播放了题目和选项内容，确保考生有比较充裕的读题时间，并且大大降低了对考生阅读能力的影响，确保试题考查的是听力能力。听力话题为课堂中关于项目的问题，与在校生的生活紧密相关。录音开头为学生交代话题，使得学生能够充分地激发背景知识，有最佳偏向（biased for best）的作用，能够让学生充分地发挥听力能力。选项的设计中，三个选项长度基本相同，均采用不定式短语，从一般意义上均能回答 why 的问题，选项均有可能，必须听懂才能作答。三个核心动词 suggest、explain 和 warn 均未在录音原文中出现，需要考生进行推断才能作答。录音文稿中用的都是高频词汇，不会因为某些词没有听懂而影响作答。

You are going to hear a passage from a story. It's about a man called Ichabod Crane. First you will have 30 seconds to study the questions and pictures below. Then you will hear the text twice. While listening, answer the questions (1-5) by circling the letter of the right picture (A, B, C or D). There is one example (0) at the beginning. After the second listening, you will have 30 seconds to finalise your answers. Start studying the task now.

SLEEPY HOLLOW

0   Ichabod Crane lived in Terry Town. What kind of place was it?

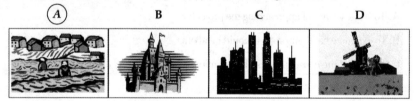

1   Where did Ichabod work?

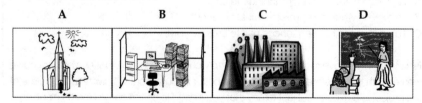

2   Ichabod looked like an animal. Which one?

3　Which head is similar to Ichabod's head?

4　What was Ichabod teaching on Sundays?

5　Ichabod liked Miss Van Tassel. Which flower or fruit is she compared to?

A　　　　　B　　　　　C　　　　　D

Score: 5 points

录音原稿:（录音中包含提示语，此处不再重复）

Near Sleepy Hollow is a village called Terry Town. It was settled many years ago by people from Holland. The village had a small school and **one teacher named Ichabod Crane**. Ichabod Crane was a good name for him because **he looks like a crane. He was tall and thin, like a crane bird.** His shoulders were small, joined to long arms. **His head was small too, and flat on top.** He had big ears, large grassy green eyes and a long nose. Ichabod did not make much money as a teacher. He was tall and thin. It is true. But he ate like a fat man. To help him pay for his food he earned extra money teaching young people to sing. **Every Sunday after church, Ichabod taught singing.** Among the ladies Ichabod taught was one Catrina Van Tassel. She was the only daughter of a rich Dutch farmer. She was a girl in bloom, much **like a round rosy red apple.** Ichabod had a soft and foolish heart for the ladies, and soon found himself interested in Miss Van Tassel.

> **评论**
>
> 此任务来自 Into Europe（参阅 http://www.lancaster.ac.uk/fass/projects/examreform）听力样题中的任务13，目标能力是 CEFR 的 A2。考查的能力是在简短的英文故事中提取重要信息的能力。原文是一个简短的故事，182个单词，录音听两遍。提供了作答示范。除了第一题需要在 teacher 和工作场所之间做简单的转换以外，五个选择题的答案均较为直接，录音中即可听到答案。从录音原稿中标出的粗体题眼可以看出，命题顺序与原文顺序一致，题眼的分布较为均衡，但是前紧后松。选项采用图片的方式比较符合低年龄段的学生。但是此样题有一些缺点。（1）故事的题目为 Sleepy Hollow，这个在本故事中除了第一句提到以外，并不是本故事的焦点，题目如果设置为 Ichabod Crane 更佳。（2）干扰项与原文的关系不够紧密，大多数选项原文没有提及，未能起到真正的干扰作用。（3）第三题的 B 项，如果学生没有听懂 Ichabod Crane 的头小、顶平，而听到长鼻子，也能做对。（4）图片还不够清晰，可能影响做题。（5）低水平的听力测试，三个选项就够了。

匹配题

Green（2017：91）认为多项匹配（multiple matching）是测量听力的不错的题型。它有不同的形式，如将答案与问题匹配、将句子结尾与句子开头进行匹配、将话题与录音进行匹配、将听到的内容与图片进行匹配等。这种题型可以减少阅读量，减少写作能力的干扰。在命题中要注意选项个数要超过题目数量，以防最后一个答案别无他选。

Listening • Part 2

Questions 6 – 10

Listen to Nick talking to a friend about his birthday presents.
What present did each person give him?
For questions **6 – 10**, write a letter **A – H** next to each person.
You will hear the conversation twice.

Example:

0　Cousin　　　| B |

PEOPLE		PRESENTS	
6	Mum		**A**	bike
		B	book
7	Brother		**C**	cinema tickets
		D	clothes
8	Aunt			

9 Uncle [ ]

10 Grandmother [ ]

E computer game

F mobile phone

G money

H music CD

录音原稿:

Girl: Hi, Nick! What's that you're reading?

Nick: It's a **book** my cousin got me for my birthday. It's really interesting.

Girl: Oh yes, I forgot it was your birthday. What did you get from your mum?

Nick: Well, I asked for a new bike, but she bought me this **phone** instead. I can listen to music on it and take pictures!

Girl: Oh! And what did your brother get you? A computer game?

Nick: He bought me this **jacket**. Do you like it?

Girl: It's great. Did your aunt buy you anything?

Nick: Well, she usually gives me money. But this year she got me two **tickets** to see a film.

Girl: And what about your uncle? He knows a lot about music, doesn't he?

Nick: Yes, he usually buys me a CD, but this time he gave me **twenty pounds** and told me to choose something myself.

Girl: And did your grandmother give you anything?

Nick: Well, I often get clothes from her, but this year she gave me **a computer game**. My brother helped her choose it!

评论

本题来自剑桥 KET 考试样题，目标能力定位于 CEFR 的 A2。考查的能力是在长对话中辨识简单的事实性信息。共六个话轮，168个单词，录音听两遍。在指令中，命题者首先提到 "Nick 在与朋友讲述生日礼物"，为考生提供了背景，话题是低年龄学生熟悉的话题。题目中人物出现的顺序与对话完全相同，答案出现的位置如上文粗体字部分，均匀分布在对话中，给考生充分的答题时间。每个选项的出现均有干扰项，如 I asked for a new bike, but she bought me this phone instead。选项在措辞上也有换词的情况，如 he gave me twenty pounds 需要转换成 money。在选项个数上，六个人和八个物品的匹配，使得每个选项的选择都需要真正听懂原文才能做出，避免了排除法。试题的排版也非常美观。

You are going to hear a text about embarrassing situations. First you will have 30 seconds to study the pictures below. Then you will hear the text twice. While listening, choose a picture (A-J) for each situation (1-7) and mark your answer in the space provided. There is one example (0) at the beginning. There are two extra pictures that you do not need to use. After the second listening, you will have 30 seconds to finalise your answers. Start studying the task now.

SO EMBARRASSING!

0	1	2	3	4	5	6	7
E							

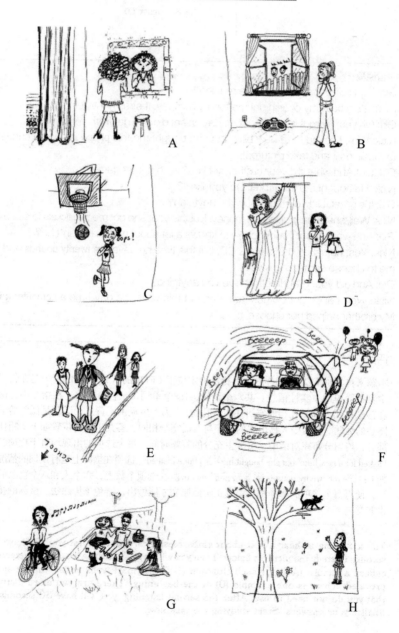

I

J

录音原稿：（录音中包含提示语，此处不再重复）

Example: One day I was really late for school. I rushed around at home, grabbed all my basic stuff, and ran out of my door. Halfway to school, I noticed people were looking at me. I looked down my clothes, and realized I was still wearing my slippers.

1. I visited my mate the other day. Oh, that's nice she said when a cat jumped onto my lap. I just picked up milk and biscuits and I jumped when the cat decided to flex her claws. I threw my biscuits in the air and spilt the milk everywhere.

2. I was nervous about making a speech in front of the whole school, but my mom gave me a "good luck" kiss before I went on stage. My speech went well, but I couldn't work out why everyone was laughing at me. When I came off the stage, I saw a big lipstick mark on my face.

3. My mom and I went shopping for some holiday clothes. She was in the changing room trying things on and asked me to find her a pair of shorts the next size up. I found the shorts, went back into mom's changing room. Only it wasn't her, it was another lady's and she really shrieked.

4. I was in the car with my dad, going to collect my sister from a birthday party. Suddenly the car alarm started screeching. It was so loud and everyone came out of the party to see what was going on. Thankfully, a mechanic rescued us soon.

5. I was riding a bike, suddenly I decided to get my cat to follow me. I called her name in a silly voice. And I was so busy watching her over my shoulder that I crashed into a tree and fell off my bike.

6. I was in my bedroom, listening to the radio for my favorite song. No Good Advice came on. I turned it up, and started singing along. When the song finished, I had some clapping coming from outside. I looked out of the window. My neighbors were clapping and shouting "Nice singing!"

7. I'm in a basketball team at school when my best friend came to watch me play. I saw her wave at me during the game so I decided to try to impress her. I dribbled a ball, went for a basket, and scored for the other team.

评论

此任务来自 Into Europe 听力样题中的任务43，目标能力是 CEFR 的 A2。考查考生能否听懂简短的段落、了解大意。八个情境均描述了尴尬的场景，有统一的主题，能够激活考生的背景知识，同时带有很多期待去听懂这些场景的内容。八个段落均是以第一人称的方式记叙，使得考生与试题之间的距离进一步拉近。图片中的内容生动有趣、明晰易懂。在试题中提供了十个选项，有三个图片是多余的，避免考生在没有听懂的情况下采取排除法完成任务，排除了构念不相关因素。本题的录音接近正常人叙述事件的速度，很明显处于这个水平的考生不可能听懂所有的内容，这反而体现了任务的真实性，因为在实际情况中，当我们听别人讲述一件事情的时候，无需听懂每一个词，而主要是在大脑中表征大意，抓取故事的梗概即可。例如，第一题中间部分的讲述速度很快，但是听者可以比较容易抓取"扔掉饼干、弄洒牛奶"这个尴尬的细节，从而推断出该选择 J。我们可以看出，概括大意的过程中"推断"这个认知能力起到重要的作用。对于更低水平的考生来说，此类题型的设计可以通过减少听的段落、减少图片数量，降低考生答题过程中的认知负担。但是最好有一个主题，在图片之间建立关联，同时选择一些有意思的图片，让考生饶有兴致地完成听力评价任务。

判断正误

You are going to hear a man talking about himself and the people he is going to meet today. First you will have 30 seconds to study the statements below. Then you will hear the text twice. While listening, mark the statements (1-7) true (T) or false (F) in the space provided. There is one example (0) at the beginning. After the second listening, you will have 30 seconds to finalise your answers. Start studying the statements now.

PETER'S DAY

0	Peter last saw Jane yesterday.	F
1	He is still friends with his former girlfriend.	
2	Daniela is his daughter.	
3	They are going to a Cuban concert tonight.	
4	Peter likes Jane's cooking.	
5	Jane gives him a lot of freedom.	
6	Peter likes going out more than Jane.	
7	He would like to move to a new home.	

Score: 7 points

录音原稿:(录音中包含提示语，此处不再重复)

Today I'm really busy. And ... first Jane phoned up and as I haven't seen her for at least two days, I really must go and see her today. Or I'll be in trouble. And ... so ... umm ... I'm going to see her this morning. And then, I'm going to, to meet Angela, who is an ex-girlfriend, umm ... of many years ago. We're just friends and there is no sort of romance or anything. And she is the mother of Daniela who I regard as my stepdaughter. I knew her since she was three. And she is now 24. And she is just ... she is nearly stuck up to having any children ... She doesn't have any children ... We're going to ... And she just phoned up to tell me she was in London for the day. And we are going to Renavista Social club in London to watch a Cuban film, or a film about Cuban music, and everybody said it was wonderful. So neither of us have seen it yet. Anyway, so my day today is quite busy. I'm going to see Jane in the morning. Umm, she is my girlfriend, my latest girlfriend. (Laughter) She is very nice. She is very kind. She cooks wonderfully.

Umm ... umm ... yes so she is very demanding, pretty kind but sometimes I need to escape from her. So I really do like having my own place. Also she is trying to encourage me to do less work, you know, and spend more time going to the cinema and everything and this and that. And she seems to lead a life of leisure. And I'm sure she likes me to sort of do the same with her. But what I like to do is to save the money up to get to a bigger place, to live in. But I don't want to just be stuck, sharing a place with her, and have no escape.

评论

此任务来自 Into Europe 听力样题中的任务18，目标能力是 CEFR 的 B1。录音以独白的方式呈现，一名男士讲述了一天的活动，语流为正常速度。男士一边思考一边讲述，话语中呈现出真实语言的多种特征，如自我修正（false start）、话语填充语（如 umm）、非言语内容（如笑声）、逻辑上的不连贯等，包含了非常口语化的表达法。针对记叙性的录音内容，本题采用判断正误的方法来考查考生对听力细节信息的理解。不同于阅读理解，由于听力的转瞬即逝性，听力正误判断题不宜使用 not given 选项，并适合让考生听两遍。题目顺序要与录音内容中出现的顺序相同，题干的撰写要简洁清晰，宜采用简单句，最大化降低考生的阅读量。题干的内容应该对听力原文做适度的释义，不宜直接采用与录音文字相同的内容。

8.1.3.2 建构应答型题目（简答题、完形填空题、信息转换题）

简答题

Read the question. Listen and write a name or a number.

There are two examples.

Examples

What is the new girl's name?

.... Kim

How old is the new girl?

.... 8

录音原稿节选：

Female child: Hello. I'm new in class.

Male adult: What's your name please?

Female child: Kim.

Male adult: Is that K-I-M?

Female child: Yes. Kim.

停顿3秒

Male adult: How old are you, Kim?

Female child: I'm 8 today.

Male adult: 8 today? Happy birthday!

Female child: Thank you.

评论

本题摘自剑桥少儿英语2018版 Starter 样题，能力目标定位于 CEFR 的 pre A1。考查的是考生听简单的对话记录关键信息的能力。题目提示语中标明要写出姓名或者数字。

图片显示在教室的一角，老师和学生开展对话，能够为考生提供熟悉的场景，降低焦虑。这个水平的考生只能听懂日常生活中非常熟悉的话题的简单对话，需要填写的姓名也是常见的简短的姓名，并采用拼读的方式呈现，在年龄方面用十以内的数字，并紧扣了生日这个儿童所喜欢的话题，能够让儿童喜欢这个测试，保持对英语学习的兴趣。在评分中，要考虑姓名大小写是否扣分、数字如果用英文拼写有瑕疵如何给分的问题。

You are going to hear a text about the island of Corfu. First you will have 30 seconds to study the questions below. Then you will hear the text twice. While listening, answer the questions (1-7) in a maximum of FOUR words. There is one example (0) at the beginning. After the second listening, you will have 30 seconds to finalise your answers. Start studying the task now.

CORFU

0　*How long is Corfu's coastline?*

_____*125 miles*_____

1　What are the beaches like in Corfu?

_____

2　Who shaped Corfu's history besides the French and the Venetians?

_____

3　What is the temperature in winter?

_____

4　Which age group does the resort of Rhoda attract?

_____

5　How many people can stay in a Theodor apartment unit?

_____

6　What belongs to each apartment?

_____

7　What does the poolside bar offer besides drinks?

_____

Score: 7 points

录音原稿：（录音中包含提示语，此处不再重复）

Sun seekers flock to Corfu's coastline like bees to honey. A hundred and twenty-five miles of honey, that is, featuring some of the Europe's cleanest beaches and gentle waters, ideal for all the family. Away from the coast, there's plenty to explore. Villages still chime to the thousands of Byzantine churches, while traditional orchards and olive groves snake across the lush landscape. Hiring a car to travel to such sites across the island is a popular option. French, Venetian and British occupiers through the ages have made a lasting impression on Corfu town, generating an eclectic mix of elegant architecture and atmospheric alleyways. Corfu has temperatures ranging from a mild 10 degrees in the winter to a beautiful 27 degrees in summer. Corfu is the most northerly of Greece's Ionian islands, and the northerly resort of Rhoda is a haven suitable for all ages. With Corfu's longest stretch of sand, water-sports are a big part of the action. While for a slower pace inland, four legs will get you through the scenic countryside. In general, Rhoda is a gentle environment ideal for a low-key relaxing holiday. Now let's take a look at our hotel in Rhoda. The Theodor apartments provide well-designed accommodation in the relaxing resort of Rhoda. Up to four can stay in each self-contained unit. "Our apartments are very spacious. We got upstairs and downstairs at Theodor. And excellent for the children they're out of the way upstairs. And very nice. You'll also enjoy your own balcony or terrace. There's the swimming pool for taking a refreshing dip. It's a great area for children to play in safely under a watchful eye, while providing parents with plenty of room to sunbathe. There's a poolside bar for drinks and lunch. As well as their own club, kids have a special play area, too. The Theodor is ideal for all ages."

评论

此任务来自 Into Europe 听力样题中的任务2，目标能力是 CEFR 的 A2。考查的是听懂旅游目的地的广告，提取重要信息的能力。录音中的内容带有背景音乐，应该是源自电视等媒体的旅游广告，语速为正常语速，是真实的语言材料。广告词是经过推敲的语言，优美但没有普通话语中的停顿、犹豫等特征，听力中嵌入了推介的话语。在听力开始前给30秒钟阅读题目，录音听两遍，最后还有30秒完成答案。题目规定了答题的字数要求：不多于四个词。答案出现的顺序与原文内容出现的顺序相同，问题内容也比较多样化，涉及了 what、who、which、how many 等多方面的具体信息。本题的评分是难点。在提前设定参考答案的基础上，要收集大量考生的真实答案，并评判这些答案的合理性，讨论什么情况给满分、什么情况给部分分。由于考查的是考生听力理解的能力，拼写上的错误只要没有影响到意义的表达均应该给分。

完形填空（复合式听写）

Directions: *In this section, you will hear a passage three times. When the passage is read for the first time, you should listen carefully for its general idea. When the passage is read for the second time, you are required to fill in the blanks numbered from 36 to 43 with the exact words you have just heard. For blanks numbered from 44 to 46, you are required to fill in the missing information. For these blanks, you can either use the exact words you have*

续表

just heard or write down the main points in your own words. Finally when the passage is read for the third time, you should check what you have written.

Writing keeps us in touch with other people. We write to communicate with relatives and friends. We write to (36) _____ our family histories so our children and grandchildren can learn and (37) _____ their heritage. With computers and Internet connections in so many (38) _____, colleges, and businesses, people are e-mailing friends and relatives all the time—or talking to them in writing in online (39) _____ rooms. It is cheaper than calling long distance, and a lot more (40) _____ than waiting until Sunday for the telephone (41) _____ to drop. Students are e-mailing their professors to (42) _____ and discuss their classroom assigments and to (43) _____ them. They are e-mailing classmates to discuss and collaborate on homework. (44) _____.

Despite the growing importance of computer, however, there will always be a place and need for the personal letter. (45) _____. No matter what the content of the message is, its real point is, "I want you to know that I care about you." (46) _____, but only in the success of human relationships.

录音原稿：
Writing keeps us in touch with other people. We write to communicate with relatives and friends. We write to **preserve** our family histories so our children and grandchildren can learn and **appreciate** their heritage. With computers and Internet connections in so many **households**, colleges, and businesses, people are e-mailing friends and relatives all the time—or talking to them in writing in online **chat** rooms. It is cheaper than calling long distance, and a lot more **convenient** than waiting until Sunday for the telephone **rates** to drop. Students are e-mailing their professors to **receive** and discuss their classroom assigments and to **submit** them. They are e-mailing classmates to discuss and collaborate on homework. **They are also sharing information about concerts and sports events, as well as jokes and their philosophies of life.**

Despite the growing importance of computer, however, there will always be a place and need for the personal letter. **A hand-written note to a friend or a family member is the best way to communicate important thoughts.** No matter what the content of the message is, its real point is, "I want you to know that I care about you." **This writing practice brings rewards that can't be seen in bank accounts,** but only in the success of human relationships.

评论

此任务来自2010年12月大学英语四级听力的复合式听写部分。考查的是听文段、理解大意、拼写重要词汇和转述部分内容的能力。虽然这种题型录音过于完美，缺乏口语语篇的重要特征，但是此种题型对语言技能的训练大有裨益。听写准确的词汇，能够让教师准确地了解学生对核心词汇的掌握情况；而听内容，在理解的基础上转述部分内容，不仅考查了理解能力，还在一定程度上考查了写作能力。在评分标准的制定过程中，要考虑词汇的拼写符合英文拼写习惯，但不完全正确是否给分。在转述部分，不仅要提出参考答案和要点，还需要根据学生作答的情况，决定采分点。考虑到重点考查听力理解能力，在转述部分评分时，要确定词汇和语法问题是否扣分以及如何扣分的问题。所有的评分过程应该有详细的记录，为成绩的解读提供效度证据。

信息转换题

You will hear a girl, Milly, asking a friend about guitar lessons.
Listen and complete each question.
You will hear the conversation twice.

Guitar lessons

Day: Saturday

Teacher's name: (16) ....

Price per hour: (17) £ ....

Place of lesson: 34 Purley Lane, near the
(18) ....

Teacher's phone number: (19) ....

Must call before: (20) .... p.m.

录音原稿：

Milly: Hello, Dan, it's Milly here.

Dan: Hi.

Milly: I'm phoning to ask about your guitar lessons. My parents are thinking about buying me an electric guitar.

Dan: Oh, great. Well, the teacher I go to gives lessons every Saturday morning.

Milly: What's the teacher's name?

Dan: She's called Alison Gayle. She's very good.

Milly: How do you spell her surname?

Dan: It's **G-A-Y-L-E**.

Milly: And how much is a lesson? My parents don't want to pay more than thirty pounds.

Dan: It's **twenty-six pounds fifty** for an hour. But you can have a shorter lesson if you like. I pay seventeen pounds fifty for forty minutes.

Milly: That sounds good. And where do you have the lessons? At her house?

Dan: That's right. She lives at 34 Purley Lane. It's close to the **city centre**. You'll find it easily.

Milly: Have you got her phone number?

Dan: Yes, it's **01253664783**.

Milly: Thanks, Dan. I'll call her tonight.

Dan: OK. Make sure you call between six o'clock and **nine** o'clock. She doesn't like it if people call her later than that.

Milly: All right. Thanks for your help, Dan.

评论

本题来自剑桥 KET 考试样题，目标能力定位于 CEFR 的 A2。录音听两遍，考查的能力是从长对话或独白中提取具体的事实性信息并写出来。此类问题的设置要充分考虑任务的真实性，比如听对话记录内容的必要性。上文的对话是两个朋友在电话中的谈话，Milly 询问 Dan 一些重要信息，很明显非常有必要记录关键信息。在命题时，要如本题一样把重要信息点提取出来，进行归纳，这样有利于引导学生在学习中更好地表征听到的内容，提高认知能力。题点的顺序要与听力原文相同，并尽量将考生需要填写的内容控制在最小。在评分标准的设定中要充分考虑听力测试的构念。例如 Gayle 如果写成 Geyle、Gayl，价格写成26，city centre 拼写有瑕疵，电话号码能够连续写5位等可以考虑得部分分，具体标准的设定可以根据构念的界定、学生的表现等因素确定。

You are going to hear part of a radio programme Moneybox. First you will have 30 seconds to study the task below. Then you will hear the text twice. While listening, complete the notes (1-6) by writing a maximum of FOUR words. There is one example (0) at the beginning. After the second listening, you will have 30 seconds to finalise your answers. Start studying the task now.

PENSION CALCULATOR

A new website answers the questions about your _____**pension**_____ *(0)*

A pension calculator is launched today by the Association of _____

_____ **(1)**

The sample data the woman uses to see how the calculator works are

　　－ age: _____ **(2)**

　　－ at the age of 65 she plans to _____ **(3)**

　　－ monthly contribution: £ _____ **(4)**

The calculated pension will be £61 per _____ **(5)**

You can link to the calculator through this website: _____/moneybox **(6)**

Score: 6 points

录音原稿：（录音中包含提示语，此处不再重复）

Now if you paid 40 pounds into a pension plan from the age of 30, and retired at 65, how much a week would your pension be? No, it's not the start of our Christmas quiz. It's a question that a new website answers. You can put in any figures you like, and it'll tell you how much pension your monthly saving will earn at your chosen retirement age. The pension calculator is launched today by the Association of **British Insurers**. I went to ABI headquarters in the city, for a preview from its director general, Mary Frances. "I'm clicking on use the calculator, the first thing I'm asked is my age. And I'm going to lie, and I'm going to pretend I'm **30**. I'm asked what age I would like to **retire**, so I'm putting in 65. And I'm then asked the crucial question, which is 'how much would I like to contribute each month'. And I've assumed **80** pounds a month. So we'll put that in, and then we click on 'calculate', and it shows me that I will receive in retirement, the princely sum of 61 pounds each **week**, for every week that I live." And you can link to the pension calculator through our website **www.bbc.co.uk/ moneybox**. And remember if you don't have a computer at home, most libraries do have free access to the web, or you can log for a pound or two at an Internet Café.

评论

此任务来自 Into Europe 听力样题中的任务26，目标能力是 CEFR 的 A2。考查的是听广播、提取并写出重要信息的能力。录音内容截取自广播内容，真实性很强。在听广播时，人们往往是要听取具体信息，因此任务的真实性也比较强。命题中先告诉考生将听到一段广播，有30秒的时间浏览试题，广播听两遍，应答的词数不能超过四个词。最后考生有30秒的时间确定答案。答案出现的顺序与原文内容相同，而且答案均匀分布在听力内容中，让考生有时间反应，避免构念不相关因素。所要填写的词均是关键信息词。在评分标准的设定中，要充分考虑听力测试的构念问题。

 参考点十二 能较清晰地界定阅读理解的构念，并熟练地对英语阅读进行评价。

8.2 阅读评价素养

在阅读评价素养量表条目撰写的过程中，笔者主要参考了 Alderson（2000）、Grabe（2009）、Khalifa & Weir（2009）、Urquhart & Weir（1998）、Coombe, Folse & Hubley（2007）等著作中对阅读理解理论基础、阅读评价材料选择、任务设计、施测与评分四个方面的论述。

8.2.1 "阅读评价素养"条目呈现

理论基础

☑ 知道阅读是接收和解读语言编码的复杂过程。

☑ 知道阅读理解过程包含低层级理解过程（如句法理解）和高层级理解过程（如推断）。

☑ 能理解与阅读相关的基本概念，如推断、语境、背景知识等。

☑ 知道阅读策略可以帮助理解文本。

☑ 知道阅读策略的使用是读者自己控制解决问题的过程。

☑ 知道阅读可以分为仔细阅读、快速阅读、略读、扫读等。

☑ 知道阅读中的元认知策略，如阅读前计划策略、阅读中监控策略、阅读后评价策略。

☑ 知道阅读能力包括阅读策略的使用。

☑ 知道阅读微技能是如何一起建构阅读理解过程的。

☑ 知道阅读过程需要调动背景知识帮助理解。

☑ 知道阅读目的影响阅读行为。

☑ 能认识到图式对阅读理解的重要性。

☑ 知道多种阅读能力模型。

☑ 知道学生个人特质会影响阅读表现，如语言水平、策略使用等。

☑ 能认识到阅读不仅包括从文章获得信息，同时也是赋予文章意义的过程。

☑ 知道阅读有精读和泛读的区别。

☑ 能认识到阅读认知过程的复杂性，需进一步分解成微技能去考查。

☑ 能认识到阅读过程中工作记忆的作用。

☑ 能认识到二语阅读能力涉及二语和一语阅读资源，是一个双语系统。

☑ 知道一语和二语阅读的差异。

☑ 能认识到在阅读过程中需要综合运用策略。

☑ 知道阅读理解过程是学生与文本交互的复杂过程。

☑ 知道阅读能力的哪些方面是所教学段英语教学和评价的重点。

材料选择

☑ 能根据阅读评价任务的具体要求调整材料的使用方式。

☑ 能根据阅读材料类型设计任务，考查阅读能力的不同方面。

☑ 知道阅读材料应该与考试水平符合，如较高水平考试的语篇体裁和修辞应该更丰富。

☑ 知道文本特征影响学生阅读表现，如篇章类型、话题熟悉度、词汇等。

☑ 知道阅读材料话题应该符合学生阅读兴趣。

☑ 知道选择阅读篇章时应该保持真实性，尽量选择原文而不是教学材料。

☑ 知道阅读篇章难度应该符合学生语言水平。

☑ 知道一般情况下，要提供阅读篇章的标题，以帮助学生理解语境。

☑ 能在评价阅读时选择多种话题的语篇。

☑ 能在评价阅读时选择多种类型的语篇，如记叙文、说明文等。

☑ 知道阅读文本可以是普通的文本，也可以是非线性文本，如表格、图表、时间表、地图等。

☑ 能用 Microsoft Office Word 软件来查看文本的难度。

任务设计

☑ 能在评价阅读时既重视细节的考查，也重视大意和推断信息的考查。

☑ 能在阅读评价中采用学生熟悉的多种任务类型。

☑ 能在阅读评价中关注文本的语篇层面，如语篇标记语。

☑ 能在阅读评价中关注文本的目的和读者对象。

☑ 能在阅读评价中考查思辨能力。

☑ 能在设计阅读任务时注意难度，循序渐进，帮助学生建立信心。

☑ 能在设计阅读任务时注意激发学生的阅读兴趣。

☑ 能在阅读课堂评价中设置一些新颖的阅读任务，让学生积极思考。

☑ 能设计阅读不同阶段的任务，如设计阅读文本前（pre-reading）的问题。

☑ 能在命制阅读题目时，重点关注文章重要信息。

☑ 能在考查低水平学生阅读能力时，注重高频词理解的考查。

☑ 知道语境和完成任务所需要的能力会影响学生阅读表现。

☑ 能做到问题的出现与文章顺序一致。

☑ 知道常见阅读题型，如完形填空、多项选择、信息转换、简答等。

施测与评分

☑ 能在评分时考虑阅读理解的特点，聚焦信息，避免过多注重拼写等错误。

☑ 能确保学生了解阅读评价的评分方式和标准。

8.2.2 "阅读评价素养"部分条目详解

表8.7 阅读评价内容规范样例

总分：50 时长：30分钟	
第一部分	
文本类型	Text A 描述性或记叙性文章，真实的或修改过的
难度水平	文本长度：500词 Flesch-Kincaid Grade Level 10-11

续表

话题	基于学生在教材中学过的话题（以便学生有足够的背景知识，对词汇熟悉度高）
技能	主旨理解、大意理解、支撑细节、指代、语境中的词汇、语篇连贯
任务	五个四选一的选择题，答案唯一。问题的呈现与文章的顺序相同（除了排序性质的题目）。
每个题目的技能焦点	题目编写要遵循如下要求： a. 要求考生从文章中的句子层面寻找事实性的信息 b. 要求考生辨识句子间的界限，主语、宾语和物主代词的所指对象（下划线或加粗） c. 要求考生理解语境中生词的含义（生词加下划线或加粗） d. 要求考生找出段落或整篇文章的大意（找标题、找段落话题等） e. 要求考生将某个句子还原到文章中相应的位置，本题放在本部分最后
评分	每个题5分，没有部分正确的情况，学生需圈出答案。

第二部分

文本类型	Text A 描述性或记叙性文章，真实的或修改过的
难度水平	文本长度：500词 Flesch-Kincaid Grade Level 10-11
话题	基于学生在教材中学过的话题（以便学生有足够的背景知识，对词汇熟悉度高）
技能	要求达到比第一部分更高的思维层面。题目需要学生： a. 处理超越句子层面的信息 b. 理解释义过的措辞 c. 理解哪些信息是原文传达的，哪些不是，哪些原文没有提及 d. 理解作者的意图、偏颇或预期读者
任务	五个正误判断及未提及题目。句子采用正面陈述。
每个题目的技能焦点	题目编写要遵循如下要求： a. 要求考生将段落中不同部分的信息连接起来 b. 要求考生将文章中不同部分的信息连接起来 c. 要求考生辨识文章中被释义过的意思 d. 要求考生辨识哪个信息在原文中提到，并与背景知识区别开来 e. 要求考生辨识作者的态度、看法和写作目的
备注	T、F、NG 至少出现一次，有且仅有一个 NG。
评分	每个题5分，没有部分正确的情况，学生需圈出答案。

（改编自 Coombe et al., 2007: 50）

❏ 能用 Microsoft Office Word 软件来查看文本的难度。

表8.8　文本难度查看

使用 Microsoft Office Word 软件查看文本的难度

　　在进行难度检测之前，需要先检查软件是否选定显示文本可读性信息。就2016版本来说，检查步骤如下：打开 Word，点击"文件"，点击"选项"，在跳出的方框中选择"校对"，在拼写检查栏目中选定"显示文本可读性信息"。检测文本难度的步骤如下：首先选定目标文本，点击"审阅"，再点击"拼写和语法"，出现是否继续检查文档的其他部分，点击"否"，就会显示可读性数据。

A Private Conversation

　　Last week I went to the theatre. I had a very good seat. The play was very interesting. I did not enjoy it. A young man and a young woman were sitting behind me. They were talking loudly. I got very angry. I could not hear the actors. I turned round. I looked at the man and the woman angrily. They did not pay any attention. In the end, I could not bear it. I turned round again. "I can't hear a word!" I said angrily.

　　"It's none of your business," the young man said rudely. "This is a private conversation!"

可读性统计信息		❓	✖
Counts			
Words		104	
Characters		430	
Paragraphs		3	
Sentences		17	
Averages			
Sentences per Paragraph		8.5	
Words per Sentence		5.9	
Characters per Word		3.8	
Readability			
Passive Sentences		0%	
Flesch Reading Ease		90.2	
Flesch-Kincaid Grade Level		2.1	

确定

　　上文选自《新概念英语》第二册第一课。可读性统计信息显示，该文共有104词，3段话（题目算一段），17个句子。每个段落8.5个句子，每个句子5.9词，单词平均长度3.8。在可读性中，被动语态为0，Flesch Reading Ease 为90.2（此指标在0—100之间，数字越大难度越低），Flesch-Kincaid Grade Level 为2.1（按美国中小学年级水平评定文本的得分。分数越高表示作者的英语写作水平越高，当然对读者的英语阅读水平要求也就越高）。

　　可见"A Private Conversation"是一篇难度低的文章。

8.2.3　阅读评价常用题型与命题思路点评

8.2.3.1　选择应答型题目（匹配题、正误判断、选择题）

匹配题

Questions 1 – 5

Which notice **(A – H)** says this **(1 – 5)**?
For questions **1 – 5**, mark the correct letter **A – H** on your answer sheet.

Example:

0　You cannot use your phone.　　*Answer:*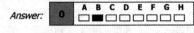

1　You should put things back in the right place.

　　A　NO ENTRANCE TO ART ROOM
　　　　USE OTHER DOOR

2　Go here if you have lost something.

　　B　TURN OFF ALL MOBILES
　　　　DURING LESSONS

3　You must walk in this place.

　　C　FOUND
　　　　Student's bag
　　　　See Mrs Wade in office

4　These students do not have a lesson.

　　D　Class 4B
　　　　No history class today
　　　　Teacher ill

5　You cannot go in through here.

　　E　Year 6 trip to Science Museum
　　　　Bus leaves Saturday 8.30 am

　　F　DO NOT LEAVE BAGS
　　　　IN FRONT OF THIS DOOR

　　G　No running in
　　　　school hall

　　H　Study Centre
　　　　Please return all books
　　　　to correct shelf

You are going to read six advertisements (A-F) for shops in Edinburgh. Answer the questions (1-6). Write the best letter in the boxes. You can use a letter more than once. There is one example at the beginning (0).

0. Which shop sells raincoats?

1. Where can you buy pills?

2. From which shop is it possible to buy things from home?

3. Which shop is open on Sunday, too?

4. Which shop sells and buys things, too?

5. Where can you buy shampoo?

6. Which shop sells something to eat?

Write your answers here:

0	1	2	3	4	5	6
E						

Score: 6 points

Shopping in the Old Town of Edinburgh

A

Designs on Cashmere

Come and visit the cashmere specialists. See the usual and the unusual in cashmere. Shop in a friendly, relaxed atmosphere - no pressure to buy. Custom-made sweater service available.
Mail order catalogue too.

28 High Street, Royal Mile, Edinburgh
Tel: 031 556 6394

B

Royal Mile Pharmacy

Just up from John Knox's house in the High Street is the Royal Mile Pharmacy.

We specialise in Films; Toiletries; Medicine; Herbal Remedies; One Hour Film Processing

67 High Street,
Edinburgh, EH1 1SR.
Tel: 031 556 1971

C

Rock Sensations

A rock shop of a different kind on the Grassmarket. Rock Sensations specialises in rock'n'roll memorabilia and novelties, recapturing the spirit of the 50s and 60s. The shop's centrepiece is a fully operational antique Seeburg jukebox, stocked with old Beatles and Elvis 45s.

Open Mon – Sat
9.30am - 5.30pm
& 11.30am – 4.30pm Sun
108 West Bow, Edinburgh.
Tel: 031 225 7710

D

The Castle Books

This family business established in 1980 has a large selection of Scottish art, children's, travel, natural history, literature and many other subjects. Rare and second-hand books bought and sold.
Member of P.B. F.A.
Open Mon – Sat
12 noon - 5 pm.
204 Canongate,
The Royal Mile, Edinburgh,
EH8 8 DQ.
Tel: 031 556 0624

E

Scottish Countrywear

Scottish Countrywear (just a stone's throw from the Castle). For a superb range of top quality Scottish and Celtic design in Shetland, Lambs Wool and Cashmere. Representing Belinda Robertson, Smith & Telford and Johnstons of Elgin. We also stock a huge range of outdoor wear.

514 Castlehill, Edinburgh.
Tel: 031 226 5323.

F

Edinburgh Woollen Mill

Just below the famous Edinburgh Castle, the Edinburgh Woollen Mill offers traditional Scottish knitwear and garments of high quality direct from our own mills. Also a large selection of Scottish food, and gifts in a range of tartans.
Natural value guaranteed!

453-455 Lawnmarket,
Edinburgh,
EH1 2NT.
Tel: 031 225 1525

A tourist guide

评论

本题选自 Into Europe 阅读分册标题匹配题样例，答案为1B，2A，3C，4D，5B，6F。在指示语中，命题者明确地说明考生即将阅读六篇爱丁堡商店的广告，确定了考生阅读的文本的文体。阅读广告的目的是了解具体信息，因此问题中询问的均为细节信息，要求考生能够快速地扫读以获取相应的信息。为了更好地测试学生的阅读能力，在问题中多采用了与广告词中关键词相关的词汇，如同义词或上下义词，如第1题中 pills 是B 中 medicine 的下义词，第2题 A 中的 mail order catalogue 暗含可以在家中购买的意思。第3题 C 与 D 提供了开门时间，而 C 中的 Sun 是 Sunday 的缩写。D中的 bought and sold 是第4题 sells and buys 的过去时。第5题要知道B中的 toiletries 意思是化妆品，而 shampoo 是其中一类。第6题中 something to eat 与 food 是同义词。在试题设计中，有的选项可以被选择两次，而有的选项则没有用到，避免学生通过排除法获得答案。

You are going to read a newspaper article. Parts of some sentences have been removed from the text. Choose the most suitable part from the list (A-K) for each gap (1-9) in the text. There is one extra part that you do not need to use. Write your answers in the boxes after the text. There is an example at the beginning (0).

21st Century Pet Gadgets
From Japan, the latest in telephone gadgets for the high tech pooch.

In Tokyo we meet Mint, a black Labrador puppy, and her owner Yoko Sakohata, to try out some of the latest Japanese gadgets designed to make a dog's life that bit easier – *(0)* ....

In a country where working late and getting stuck in traffic jams are part of normal daily life, it can be a problem getting home **(1)** .... A timer-controlled feeder is one answer, but it doesn't give much personal contact with the lonely pet, **(2)** .... Yoko tries out a telephone-controlled feeder which enables you to call home from anywhere, at any time, **(3)** ...., then at the press of the button deliver a meal. Mint finds the whole thing a little puzzling at first, but has no qualms about tucking in **(4)** ....

Practically everyone has a mobile phone in Japan, and now they've even started making ones for your pet. At the moment they're not designed to allow you to talk with your pet, **(5)** .... Because Japan's PHS network *(Personal Handyphone System)* has thousands of antennae, **(6)** .... , it is possible to tell almost exactly where any handset is by measuring the strength of its signal at several adjacent antennae. With one of the mobile handsets fitted to her collar, Mint is taken to a secret location **(7)** .... Logged on to the Internet, Yoko enters Mint's mobile number onto the website **(8)** .... showing where Mint is – in a local playground.

The tracker device can also be used to keep tabs on wandering children and property such as motorcycles. Sadly **(9)** .... where the number of antennae make it accurate to within 50 metres – Britain's cellphone networks can't give anything like that degree of accuracy as each cell is much larger.

Taken from the Internet

A　have a quick dinner-time chat with your pet

B　to have much narrower coverage

C　leaving Yoko at home

D　but rather to keep track of where it is

E　to feed the pet dog at its routine time

F　it only works with Japan's PHS network

G　when the biscuits arrive

H　to receive an instant map

I　and it can end up missing out on some of the fun of dinner-time

J　spaced about 200 metres apart in cities like Tokyo

K　and to help owners keep in touch with them

Write your answers here:

0	1	2	3	4	5	6	7	8	9
K									

Score: 9 points

评论

本文为 Into Europe 阅读分册中匹配填空题样例。答案为1E，2I，3A，4G，5D，6J，7C，8H，9F。考查的是理解文本中逻辑关系的能力，也考查考生的语法敏感度。文章节选自报刊，保留了文章的标题和副标题，谈论的话题为21世纪宠物工具，非常具有时代性，能引起读者的兴趣，文末简单标明了文本的出处。题型上采用的是匹配题的模式，10个题目，11个选项，指示语中已明确地告诉考生，避免考生采用排除的办法得出答案。文章第一段没有需要考生完成的任务，能够为考生提供必要的背景。题目均匀地分布在各个段落，能保证考生在阅读整个文本的基础上，完成阅读理解。虽然文中可能有部分考生不熟悉的生词，但是在不影响考生理解的前提下，保留了原汁原味的文本，体现了文本的真实性。如果作为日常教学评价中的任务，也能为考生提供更多的语言输入。

正误判断题

Questions 21 – 27

Read the article about a young swimmer.
Are sentences **21 – 27** 'Right' **(A)** or 'Wrong' **(B)**?
If there is not enough information to answer 'Right' **(A)** or 'Wrong' **(B)**, choose 'Doesn't say' **(C)**.
For questions **21 – 27**, mark **A, B** or **C** on your answer sheet.

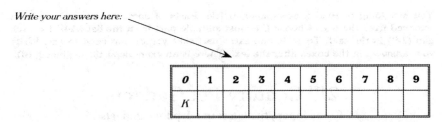

Ana Johnson

Ana Johnson is a 13-year-old swimmer who lives in Melbourne in Australia. Her dream is to swim for Australia in the next Olympics.
She swims in both long and short races and she has already come first in many important competitions.

As well as spending many hours in the pool, Ana also makes time for studying and for friends. 'I have lots of friends who swim and we're very close. It's much easier to have friends who are swimmers because they also have to get up early to practise like me and they understand this kind of life. But I'm not so different from other people my age. In my free time I also enjoy going to the movies and parties. There are also some good things about swimming for a club. I travel a lot for competitions and I've made friends with swimmers from other Australian cities and from other parts of the world.'

Ana is becoming well known in Australia and she believes it is important to get more young people interested in swimming. 'I don't mind talking to journalists and having my photograph taken. But last year I was on TV and that was much more fun.'

Example:

0 Ana's home is in Melbourne.

  A Right **B** Wrong **C** Doesn't say *Answer:* | 0 | A ■ B □ C □ |

---

21 Ana hopes she will become an Olympic swimmer.

  A Right **B** Wrong **C** Doesn't say

22 Ana knows that she is better at short races than long ones.

  A Right **B** Wrong **C** Doesn't say

23 Ana has won a lot of swimming competitions.

  A Right **B** Wrong **C** Doesn't say

24 It is difficult for Ana to make friends with other people who swim.

  A Right **B** Wrong **C** Doesn't say

25 Ana likes doing the same things as other teenagers.

  A Right **B** Wrong **C** Doesn't say

26 Ana has met people from different countries at swimming competitions.

  A Right **B** Wrong **C** Doesn't say

27 Ana prefers speaking to journalists to being on television.

  A Right **B** Wrong **C** Doesn't say

评论

本题源自剑桥 KET 英语阅读题样题，对应的语言水平是 CEFR 的 A2，答案为21A，22C，23A，24B，25A，26A，27B。考查的是学生理解长篇文段的大意和细节的能力。文章应该来自真实的材料，如报纸和杂志，做了适当的修改以适应学生水平。文本的话题是一位积极向上的少年泳者，与考生的年龄相仿，能够引起考生的阅读兴趣，并且传达了积极向上的追梦故事，对考生有积极的心理鼓励作用。采用的考查方式是正误判断。设置的选项除了 Right、Wrong，还有 Doesn't say。选项设置也常见 Yes、No、Not given 或者 True、False、Not given。Doesn't say 和 Not given 的选项增加了此类题型的难度，学生也觉得难以应答，容易跟 Wrong 或者 False 选项混淆。在命题过程中要特别注意题干中的内容确定是文本中没有提到的，但是又不能与文本的内容一点关系没有。例如第22题，答案的线索在第一段 She swims in both long and short races and she has already come first in many important competitions，文章只是提到长短泳她都参与了并且获过奖，并没有对她擅长短泳或者长泳做任何说明，所以以本题的答案为 Doesn't say。为了能够更好地测试学生的理解能力，在命题时不仅要有清晰的指向，而且要注意采用释义的方式。如第21题，原文是 Her dream is to swim for Australia in the next Olympics，题干为 Ana hopes she will become an Olympic swimmer，题干为原文的准确释义。在命题时也应该注意题干的句子难度要低于原文。题干的意思要清楚明了，没有歧义，答案要非常明确，并呈离散分布。

选择题

Look at the text in each question.
What does it say?
Mark the correct letter **A**, **B** or **C** on your answer sheet.

Example:

0

The advert says the computer game

A is almost new and in good condition.

B does not work on the seller's computer.

C is only suitable for younger players.

Answer:

1

What should Peter do?

A let Stefan know if he is delayed

B tell Stefan which film he wants to watch

C wait for Stefan inside the cinema

Read the text and questions below.
For each question, mark the correct letter **A**, **B**, **C** or **D** on your answer sheet.

Underwater research

Fourteen-year-old Miguel Diaz talks about an exciting science project

Last month I got the chance to take part in an underwater research project in an area of the Gulf of Mexico called the Flower Gardens. A team of professional researchers, led by the scientist Dr. Matt Phillips, was trying to learn more about the fish and various creatures that live in this part of the sea. The Flower Gardens are a long way from the shore and we spent three days on a boat.

The team used a piece of underwater equipment called a Remotely Operated Vehicle (ROV) to collect information. The ROV could measure water depth and temperature and it also had a camera that sent live film back to the boat. The ROV was great fun. It was controlled by a computer on the boat, and I was allowed to operate it a few times.

However, the thing I enjoyed most was diving into the water. At first, I was quite frightened – mainly because I couldn't see land in any direction. But as soon as I jumped into the water, I wasn't afraid anymore. It was amazing to see the colourful fish swimming around and I could see all the way to the Flower Gardens, which are almost 30 metres down.

I will never forget the Flower Gardens. The trip was like a holiday but I also learnt new things about science and research projects. The team was very friendly and everyone was happy to explain what they knew about the sea. It was a great opportunity and it has made me think about my goals in life. The experience will definitely help me work harder to become a scientist.

21 What is Miguel Diaz doing in the text?

   A describing the part he played in a science project

   B explaining how to apply for a place on a science trip

   C giving advice on understanding difficult areas of science

   D persuading others to organise their own science projects

22 What does Miguel say about the ROV?

   A It was difficult to operate.

   B It could only go so far under water.

   C It was an expensive piece of equipment.

   D It recorded what was happening under water.

23 What was Miguel's attitude towards diving?

   A His main worry was losing sight of the boat.

   B He enjoyed it less than other parts of the trip.

   C His feelings changed once he was in the water.

   D He was quite disappointed by the variety of fish.

24 What effect has the trip had on Miguel?

   A It has changed his opinion of science.

   B It has improved the way he works in a team.

   C It has made him a lot more interested in the sea.

   D It has encouraged him to work towards his goals.

25 What might Miguel write in his diary about the trip?

A It was very interesting working with Dr Phillips and his team but I wish someone else my age had been on the trip.

B Going to the Flower Gardens was great fun. I now know much more about science but I realise there's still a lot more to learn.

C The trip was like a holiday and I saw some amazing fish. The only thing I disliked was collecting information about the sea.

D The Flower Gardens is a beautiful place but scientists are worried that pollution levels there will increase.

You are going to read a newspaper article about a hijack. After the text there are 8 sentences which summarise what happened. The summary sentences are mixed up. Put them in the chronological order of events. Write your answers in the boxes after the text. The first sentence is given as an example (0).

Captives trek out of jungle to freedom

Two British orchid hunters kidnapped by guerrillas nine months ago in the Colombian jungle have walked to freedom unharmed after they were released by their captors.

Tom Hart Dyke, 24, a horticulturalist from Eynsford, Kent, and Paul Winder, 29, a merchant banker from Chelmsford, Essex, trekked through wilderness for eight days. After getting lost in the dense jungle, they were forced to return to the guerrillas to ask for a map, set off again, and finally stumbled across a park ranger.

When they arrived back in Britain, Mr Hart Dyke said they had shared an extraordinary camaraderie with the guerrillas – even stopping for a drink and a cigarette when they returned to ask for a map – but had been terrified when they were first captured. "Initially they used their guns to get us on to the ground, they tied us up for half an hour and said, 'Are you going to run?' After that it never happened again," he said.

Their captors treated them well, built them a bed and gave Mr Winder antibiotics for a foot infection. They showed Mr Hart Dyke the rare orchids he had been looking for, and he joked that he had put on weight thanks to the diet of beef and bananas.

But Mr Winder said: "We're not used to living in that environment. They [the guerrillas] are very strong people, and we couldn't always keep up with them, but we always did our best. It was a team effort."

"We tried to live off each other. There were low times, high times, terrifying times and fantastic times. It was a huge rollercoaster of emotion. We always had confidence that we would get back to England and see our families."

The two men set out from Yaviza in Panama to the Darien Gap, a roadless region on the border with Colombia. It is a lawless no man's land where leftist rebels and rightwing paramilitaries battle to dominate key drug- and arms-smuggling routes. The guerrillas did not identify themselves or explain the purpose of the kidnapping. Although they said they would demand a ransom of $5m for each man, they never did.

The Guardian Weekly

A　The two men got lost in the jungle.

B　The guerrillas and the two men helped each other.

C　The guerrillas gave a map to the two men.

D　The two men set out from Yaviza in Panama to look for orchids.

E　The guerrillas treated the two men as prisoners.

F　The two men were captured by the guerrillas.

G　The two men met a park ranger.

H　The two men were allowed to leave.

Write your answers here:

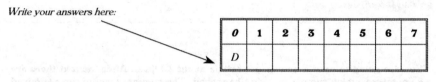

0	*1*	*2*	*3*	*4*	*5*	*6*	*7*
D							

Score: 7 points

评论

本题为 Into Europe 阅读分册标题排序题样例。考查的能力是段落大意总结与理解文章的结构。答案为1F，2E，3B，4H，5A，6C，7G。本文是记叙文，题目要求考生按照时间顺序将一系列总结段落大意的句子进行排列。文章带有标题，并注明了出处。本题的难点在于记叙的顺序与时间顺序存在很大的差别，学生必须在完全读懂原文的基础上，才能完成此题，充分考查了阅读理解能力。读者应该能够从第一段中了解到事件的发生和结果，从而定位第1题的答案为 F。在阅读理解能力的考查中经常会采用文本释义的方式对原文内容进行解读，如第4题，文章没有非常明显地说The two men were allowed to leave，但是第一段最后部分的"after they were released by their captors"与此表达相同的意思。另外，在题项设计上，须要求考生在完全读懂文本的情况下才能解题，避免常识或定向思维的干扰，充分考查阅读理解能力。例如A选项，如果考生根据自己的猜想，可能会认为两位人士是迷路后被劫持，这与原文的讲述不同，考生很可能因为定向思维得不出正确答案。此外，在评分方面需要有一些思考。由于8个题目配8个选项，如果有一个位置出现错误必然会影响到两个题目，甚至更多，而这种情况考生可能只是理解错一个地方而产生了多米诺骨牌效应，因此在高利害考试中此题型不适用，在课堂评价中可以作为练习使用。

8.2.3.2 建构应答型题目（填空题、简答题）

填空题

Questions 51 – 55

Read the invitation and the email.
Fill in the information in Louisa's notes.
For questions **51 – 55**, write the information on your answer sheet.

Come to an ice-skating party
on Saturday
at
Park Ice Rink

Starts at 1.30 p.m.

You won't need any money
but bring a warm sweater.

Let me know if you can come
by Thursday.

Sara

From:	Carla
To:	Louisa

Shall we go to Sara's ice-skating party together? My dad will take us in the car but we'll need to come back by bus. We'll drive to yours and get you at 12.30. Ring me this afternoon on my mobile (07816 212185) or after 6 p.m. at home (366387) to let me know.

Louisa's Notes
Ice-skating party

Person having party: *Sara*

Day: **51**

Time: **52**   *p.m.*

Take: **53**

Travel there by: **54**

Carla's evening phone number: **55**

评论

本题源自剑桥 KET 英语阅读题，对应的语言能力是 CEFR 的 A2。考查的是理解跨文本中的重要细节和作记录的能力。在命题上采用的是填空题的模式。答案为51 Saturday；52 (starts at) 1.30 (p.m.)/(starts at) 13.30/(starts at) one thirty (in the afternoon)/(starts at) half past one (in the afternoon)；53 (a) (warm) sweater；54 car；55 366387。本题的两篇文本共同创设了一个真实的情景，体现了文本间的互动关系。在需要学生完成的便条中，51—53题基于第一个文本，54—55题基于第二个文本。便条需要简洁明了，体现关键信息，试题中的内容为考生提供了良好的样例，成为良好的语言输入材料。在命题时要考虑考生可能提供的多种答案，在阅卷前要基于学生的作答情况，适当调整或丰富评分标准，使其更好地体现阅读理解的构念。比如第53题，学生没有写出冠词依然可以给满分，因为只要 Louisa 带上毛衣就满足了文本一中所提到的要求，完成了阅读任务。

简答题

You are going to read a text about a rare bird, the California condor. Answer questions 1-8 below in maximum three words. Write your answers on the lines after the questions. There is one example at the beginning (0).

0 Where do condors live? _____ *In North America* _____

1 How heavy are they at the most? _____

2 What colour is the spot under their wings? _____

3 What is the difference between males and females? _____

4 What do they eat? _____

5 How far can they fly in a day? _____

6 What do they do after bathing? _____

7 Where do they lay their eggs? _____

8 Which parent feeds the young? _____

Score: 8 points

WHAT IS A CALIFORNIA CONDOR?

California condors are the largest land birds in North America. With a wingspan of nearly 10 feet, they can weigh up to 22 pounds. Adults are primarily grayish-black except for triangle-shaped patches of white underneath their wings. These patches are visible when condors are flying overhead and offer a key identification characteristic. The bare heads and necks of adults are usually dull orange but become bright pink during breeding season. Males and females are identical in size and plumage characteristics. The heads and wing linings of juveniles are grayish and it isn't until they are 5 to 6 years of age that they become indistinguishable from adults.

California condors are members of the vulture family. They are opportunistic scavengers, feeding exclusively on dead animals such as deer, cattle, rabbits, and large rodents. They often forage for food in social groups, soaring and gliding at up to 50 miles per hour and travelling 100 miles or more per day. After eating, they typically clean their heads and necks by rubbing on rocks, branches or grass. They frequently bathe and spread their wings to dry their feathers in the sun.

When not foraging for food, condors spend most of their time perched at a roost. Cliffs, tall conifers, and snags serve as roost sites. Typical behavior is for birds to remain at roost until mid-morning and return in mid-to late afternoon. While at a roost, condors preen, sleep, and socialize.

Condors become sexually mature at about 5 or 6 years of age and mate for life. Most nest sites have been found in caves and rock crevices. Condors do not build nests. Instead, an egg about 5 inches in length and weighing around 10 ounces is deposited on bare ground. Condors lay a single egg normally every other year. The egg hatches after 56 days of incubation and both parents share responsibilities for feeding the nestling. Fledglings leave the nest when they are 5 to 6 months old.

Leaflet issued by The Arizona Game and Fish Department

评论

本题源自 Into Europe 阅读分册简答题样例。考查的是理解文本重要细节的能力，采用的题型为简答题。答案为1 22 pounds；2 white；3 nothing / they are identical；4 dead animals；5 100 miles；6 spread their wings / dry their feathers；7 on bare ground / caves / (and) (rock) crevices；8 both parents。虽然考生可能不熟悉题目中的 A CALIFORNIA CONDOR，但是在指示语中很好地解决了这个问题，提示语中指出 a California condor 是 a rare bird。同时指示语中限定了回答的词数，并提供了例子。阅读文本为说明性文本，描述了一种稀有鸟类的习性，文末提供了文本的出处。题目的设计注意题点均匀分布在文本的各个段落中，题干设计要指向明确，但要多采用释义的方式。第一题中的关键词 at the most 和 heavy 指向文本中的 weigh up to。第二题中的 spot 为文本中的 patches 的同义词，colour 指向颜色，考生在第一段找到 grayish-black、orange、pink 和 white，进一步确定 patches 的颜色即获得答案。第三题有点像怪题，题目暗含 males 和 females 之间有差别，但是实际上它们是没有差别的。第四题的关键词 eat 与文本中的 feed 同义，要求寻找跟食物相关的词汇。要求答案不能超过三个词，因此最佳答案为 dead animals。考生如果罗列文中提到的三种动物或 large rodents，则可以考虑给0.5分。答题超过规定词数要扣分。第五题在第二段中可以找到关于飞行距离的信息。第六题同样需要注意词数控制的问题，spread their wings / dry their feathers 两个答案均可。第七题如果

根据常识可能会错误地认为 nest 为答案，但是文中的信息指向 on bare ground 或 caves /
(and) (rock) crevices。第八题也有一点怪，题目似乎指向父母中的一方喂养后代，但实
际情况是双方共同喂养。在命题时，命题者应该设计相应的参考答案和评分标准。在
阅卷中，应结合学生的作答情况，调整评分标准。评分时要特别注意阅读理解构念的
问题，在不影响理解的情况下，忽略学生在拼写、语法方面的问题。

 参考点十三　能较清晰地界定口语表达的构念，并熟练地对英语口语进行评价。

8.3　口语评价素养

在口语评价素养量表条目撰写的过程中，笔者主要参考了 Fulcher（2003）、
Luoma（2004）、Taylor（2011）、Hughes（2011）、Coombe, Folse & Hubley（2007）
等著作中对口语表达理论基础、口语评价任务设计、施测与评分、反馈与运用
四个方面的论述。

8.3.1　"口语评价素养"条目呈现

理论基础

☑ 知道口语能力的两大重要构念是准确度和流利度。

☑ 知道口语表达是一个自动化过程。

☑ 能认识到口语策略在口语表达中的重要性。

☑ 能了解有关会话结构的知识，如话轮转换、会话邻近对（adjacency
pairs）、会话开启和结束。

☑ 能认识到"得体性"在口语表达中的重要性。

☑ 能对口语会话的功能有所了解。

☑ 能了解口语语法和书面语语法的区别。

☑ 能认识到哪些因素会影响口语任务的难度。

☑ 知道不同模式的口语测试（计算机辅助口语测试 vs.考官–考生面谈
式）的不同和优劣。

☑ 知道不同形式的口语测试（考官–考生面谈式、结对式、小组式）
的不同和优劣。

任务设计

☑ 能选择合适的任务来获取学生口语表现的信息，评价学生的口语能力。

☑ 能根据口语测试的目的决定是否将策略使用作为口语测试构念的一部分。

☑ 在设计口语测试任务时，能依据测试目的来选择任务类型。

☑ 在设计口语测试任务时，能从社会语言学角度决定是否使用角色扮演等口语任务。

☑ 能依据任务属性（准确度、流利度、复杂度），对不同类型口语测试任务的难度做出判断。

☑ 在选择或设计口语测试任务时，能考虑到"真实性"这一任务特征。

☑ 知道通常可用于口语评价的任务有哪些（如读句子、图片描述、口头报告、口头访谈、信息沟、角色扮演等）。

☑ 在选择或设计口语测试任务（如图片描述、角色扮演）时，能避免因文化背景因素而引起考生不舒服。

☑ 在设计图片描述任务时，能确保图片质量，保证图片清晰不影响考生表现。

☑ 能了解国内外比较知名的口语测试（如剑桥少儿英语考试）。

施测与评分

☑ 知道准备 ·场口语测试所需要的相关材料（如针对考生的测试说明材料、口语考官提纲、实测的相关记录性文件等）。

☑ 能在口语测试开始前设计热身环节，不纳入评分，以降低学生的焦虑。

☑ 能尽量用两名考官，一名提问、打分，另一名只打分。

☑ 能根据需要，设计基于任务的诊断性评分细则。

☑ 能在口语测试中保持友好中立的态度，耐心观察学生的口语表现。

☑ 作为考官，能避免在口试过程中对学生做出有倾向性的反馈（如"Good!""Well done!"等评价性用语）。

☑ 能按照口语考试的考官脚本实施口试，不增加或减少提示。

☑ 能对口语考试进行录音，以便后期核查。

☑ 知道评判口语表现水平的主要指标有准确度、流利度和复杂度。

☑ 知道口语表达的语言错误大致分为词序、代词使用、从句使用、时态、介词使用等。

☑ 能判断口语表达中错误的严重程度，从而在测试评分中决定是否扣分等。

☑ 在设计口语测试时，能根据发音错误对意义传达的影响程度，来确定评判语音的标准。

☑ 能对何为"流利"做出判断并知道判断的依据。

☑ 在制定评分标准时，能设想考生会怎样回答。

☑ 知道口语评分标准的传统分类方式有整体性评分标准和分析性评分标准。

☑ 知道口语评分的信度有评分员间信度和评分员内部信度。

☑ 能参考知名考试的口语评分标准，根据具体情况（学生、任务）来设计适用于自己的口语评分标准。

☑ 能在课堂口语教学中使用同伴互评。

☑ 能在课堂口语教学中使用自我评价。

反馈与运用

☑ 能基于评分标准及考生得分为学生提供有效的反馈信息。

☑ 能在呈现和报告口语测试的分数时采用易于被学生理解和接受的形式。

☑ 能根据同伴互评或自我评价的标准，在课堂教学中对学生的口语表现进行反馈。

☑ 能根据口语评价标准，在课堂教学中对学生的口语表现进行反馈。

☑ 能判定口语表达中错误的严重程度，从而在教学中决定是否去纠错。

8.3.2 "口语评价素养"部分条目详解

❑ 能在口语测试开始前设计热身环节，不纳入评分，以降低学生的焦虑。
❑ 能尽量用两名考官，一名提问、打分，另一名只打分。

表8.9 口语测试框架

热身：旨在降低考生焦虑，可以询问个人信息、喜好，可以让学生拼读学号，一方面获取信息，另一方面让学生放松。不计分。
定水平：通过口语评价任务确定学生的口语水平，打分。
追问：试图探究学生的最高口语水平，再次确认学生的口语水平，确定打分。
收尾：提出简单的问题，重新让学生放松下来。比如告诉学生什么时候在哪里查分。不计分。

8.3.3 口语评价常用题型与命题思路点评

Underhill（1987：44—87）提供了六十多种口语评价的方法，并将之归为二十个类别。笔者结合此书内容及其他相关论著，对口语评价的常用题型做一列举，并对剑桥英语考试中的PET口语考题做了一些评论。

8.3.3.1 口语评价常用题型

对话/讨论
学生就某个话题开展对话或讨论。

陈述
给学生一个话题，要求学生讲述1—2分钟。依情况，可以给学生准备时间，或者不给准备时间。

例如话题：An animal you really like

A place you want to live in

A person you admire most

复述

学生被要求复述他们学习过的一篇文章。

口头汇报

学生被要求就某个话题做3—5分钟的口头作文。如学生就 What do you personally think are the best ways to improve contacts between people in different countries 这个话题做汇报。

口头展示

让学生就某个话题进行口头展示，可以借用 PPT 等视觉辅助手段。在评分时不仅关注准确度和流利度，而且也考虑学生的身势语、面部表情、目光交流、手势等。

角色扮演

学生被分配一种角色，然后想象在某个情境中与他人进行对话。例如：

You are a foreign tourist in Britain. You want to visit Edinburgh, so you go to see a travel agent. After you have explained the situation, ask him/her how to get to Edinburgh. Ask about the price, the travelling time, comfort, etc., and ask his/her opinion.

小组协商决策

几个学生一起，根据所给的情境和问题做决策。例如：

Students are given a number of small personal effects of the kind a person regularly carries around in handbag: tickets, business cards, photographs, receipts, address book, etc. Their task is to discuss the various items and to try to come to some kind of consensus about the person concerning his or her age, job, family status, interests, lifestyle and so on.

图片描述

考官提供给考生一幅或一组图片（或漫画），要求考生描述图片中的故事。图片描述结束后，考官一般会追问一些相关问题。

辩论

学生分成两个小组，针对某个有争议的问题，展开辩论。在辩论中，不仅要提出鲜明的立场，进行充分的论述，而且要反驳对方观点。辩论适合语言水平比较高的学生。

8.3.3.2 剑桥大学考试委员会 PET 口语考试样例及评论

**Preliminary English Test for Schools
Speaking Test**

Part 1 (2-3 minutes)

Phase 1
Interlocutor

A/B   Good morning / afternoon / evening.
Can I have your mark sheets, please?

(Hand over the mark sheets to the Assessor.)

A/B   I'm .... and this is ....
He / she is just going to listen to us.

A   Now, what's your name?
Thank you.

B   And what's your name?
Thank you.

Back-up prompts

B	Candidate B, what's your surname? How do you spell it? Thank you.	How do you write your family / second name?
A	And, Candidate A, what's your surname? How do you spell it? Thank you.	How do you write your family / second name?

(Ask the following questions. Ask Candidate A first.)

Where do you live / come from?

Do you study English at school?
Do you like it?

Thank you.

(Repeat for Candidate B.)

Do you live in …?

Do you have English lessons?

Phase 2
Interlocutor

(Select one or more questions from the list to ask each candidate. Use candidates' names throughout. Ask Candidate B first.)

What's your favourite school subject? Why?

Tell us about your English teacher.

What do you enjoy doing in your free time?

Tell us about your family.

Thank you.

(Introduction to Part 2)
In the next part, you are going to talk to each other.

Speaking Test 1 (Leaving present)

Part 2 (2-3 minutes)

Interlocutor
Say to both candidates:

I'm going to describe a situation to you.

A boy is **leaving** his school because his parents are going to work in **another country**. The students in his class want to give him a **present**. Talk together about the **different** presents they could give him and then decide which would be **best**.

Here is a picture with some ideas to help you.

*Place **Part 2 booklet**, open at **Task 1**, in front of candidates.*

Pause

I'll say that again.

A boy is **leaving** his school because his parents are going to work in **another country**. The students in his class want to give him a **present**. Talk together about the **different** presents they could give him and then decide which would be **best**.

All right? Talk together.

Allow the candidates enough time to complete the task without intervention. Prompt only if necessary.

Thank you. (Can I have the booklet please?)

Retrieve Part 2 booklet.

About **2-3 minutes** (including time to assimilate the information)

Part 3 (3 minutes)

Interlocutor
Say to both candidates:

Now, I'd like each of you to talk on your own about something. I'm going to give each of you a photograph of teenagers in their bedrooms at home.

Candidate A, here is your photograph. *(Place Part 3 booklet, open at Task 1A, in front of Candidate A.)* Please show it to Candidate B, but I'd like you to talk about it. Candidate B, you just listen. I'll give you your photograph in a moment.

Candidate A, please tell us what you can see in your photograph.

(Candidate A)

Approximately one minute

If there is a need to intervene, prompts rather than direct questions should be used.

Thank you. (Can I have the booklet please?)

Retrieve Part 3 booklet from Candidate A.

Interlocutor

Now, Candidate B, here is your photograph. It also shows a teenager in his bedroom at home. *(Place Part 3 booklet, open at Task 1B, in front of Candidate B.)* Please show it to Candidate A and tell us what you can see in the photograph.

(Candidate B)

Approximately one minute

Thank you. (Can I have the booklet please?)

Retrieve Part 3 booklet from Candidate B.

Part 4 (3 minutes)

Interlocutor
Say to both candidates:

Your photographs showed teenagers in their bedrooms at home. Now, I'd like you to talk together about the things you have in your bedrooms at home now and the things you'd like to have in your bedrooms in the future.

Allow the candidates enough time to complete the task without intervention. Prompt only if necessary.

Thank you. That's the end of the test.

🕑   **Parts 3 & 4** should take about **6 minutes** together.

© Adobe/Beatworks/Corbis

评论

本样题源自剑桥 PET 英语口语题，针对的目标能力是 CEFR 的 B1。口试一共有四个部分，考试时长12分钟左右。口试的人员由一名面试官（interlocutor）、一名考官（assessor）和两名考生构成。面试官负责提问，考官只负责观察学生表现和打分。第一部分2—3分钟，主要是采集学生信息和热身部分。此部分第一阶段不计入总分。让考生有时间缓解焦虑情绪，为后面的任务表现做准备。应该看到，在口语考试中，面试官应该严格遵循脚本，避免自由发挥，以便更加客观地、公平地收集考生表现的样本。在询问考生问题时，在可能的情况下要适时调整考生发言的顺序，如先问 A 名字，再问 B 名字，继续问 B 姓氏，然后再问 A 姓氏，最大限度地让考生得到公平的对待。当考生不明白问题时，面试官可以运用备用的提示语帮助考生。第二阶段为个人陈述，由 B 先开始。面试官被鼓励使用考生姓名，使得考试更加人性化，犹如与朋友之间的对话，也能降低考生的焦虑。询问的内容是与考生自己相关的个人信息和事实性信息。第一部分考查的是考生在日常生活情境中参与即时交流的能力。第二部分为面试官设置场景，由两名考生根据提示材料（图片）表达看法，提出建议，对对方的建议做出反应，讨论其他的可能性，最终协商得出统一意见。对考生评价的焦点在于考生运用恰当的语言和交互策略，不在于他们的观点是否得当。第三部分为考生在面试官的指导下独立完成图片的描述。每位考生有一分钟的讲述时间，另外一名考生需听对方讲述。考生如果卡壳，面试官可以有简单的陈述性引导。第四部分要基于第三部分的主题。面试官设置场景，考生根据场景进行交流，讨论他们的喜好和经历，内容无需与上一部分的图片相关。面试官不参与讨论，两位考生需自己让对话进行下去，既要有陈述，又需询问对方意见。考生对交互策略的使用、对考生同伴的回应、对正在讨论的问题的兴趣均是考查点。在评分方面，对考生的口语能力评判是独立的，不会因为另外一个考生的表现而出现偏差。考官运用的是分项式计分的方法，从语法与词汇、语篇掌控、语音和交互能力四个方面对考生的表现分别进行打分。面试官则采用整体评分的方法打分，从0分到5分不等。例如，5分的情况是虽有犹豫，但是考生能够应对熟悉话题，进行口语交际；考生能进行较长的陈述，虽然有些话语可能缺乏连贯性，有时会出现不准确的表达和不恰当的语言运用。读者可以参阅剑桥 PET 教师手册展开进一步的了解。总体上说，四个部分考查的均是与考生的年龄和认知相匹配的内容。考生会觉得有话可说，从而充分展现他们的英语口语能力。在考试结束后，面试官要注意不能增加如 You did well 等评论性的话语，而应当简短地表示感谢，然后直接结束考试。整个过程中，考官应该表现出对考生的表现感兴趣，认真耐心地听取考生的回答，注意不能有太强烈的反应，以免阻碍考生充分表现他们的口语能力。

 参考点十四　能较清晰地界定书面表达的构念，并熟练地对英语写作进行评价。

8.4　写作评价素养

在写作评价素养量表条目撰写的过程中，笔者主要参考了 Weigle（2002）、

Shaw & Weir（2007）、Coombe, Folse & Hubley（2007）、Hyland（2003）、Lee（2017）等著作中对书面表达理论基础、写作评价任务设计、施测与评分、反馈与运用四个方面的论述。

8.4.1 "写作评价素养"条目呈现

理论基础

☑ 能从社会交互的角度看待写作，命题时考虑交际性和互动性。

☑ 能认识到人们用写作表达带有特定文化特征的意图。

☑ 能认识到写作反映了特定的人际关系，反映了作者是特定团体中的一员。

☑ 能对写作教学的几种取向（结构、功能、表达、过程、内容、体裁）较为了解。

☑ 能区分写作过程教学法和体裁教学法。

☑ 知道作者需要内容知识、语言系统知识、过程知识、体裁知识和情境知识来完成写作。

☑ 知道写作是非线性的、目标导向的，因此学生需要规划、撰写和修改等策略。

☑ 知道写作是有目的的交际行为，因此不仅需要关注准确性，还要关注得体性。

☑ 能认识到作者在写作中要考虑读者对象。

☑ 能理解体裁的含义。

☑ 能对不同体裁的文本特征有一定的了解。

任务设计

☑ 能较好地了解写作教学中的任务及其背后的教学功能。

☑ 能根据写作教学取向选择或设计合适的评价任务。

☑ 能运用多种写作评价手段，有的评价写作结果（如写作考试），有的评价写作过程（如写作档案袋）。

☑ 在设计写作任务时，能确保写作试题所涉及的情景具有真实性。

☑ 在设计写作任务时，能设置符合学生生活实际的情景。

☑ 在设计写作任务时，能保证以意义和信息表达为测试焦点，而非语言形式。

☑ 在设计写作任务时，能考虑学生对相应话题的熟悉度和背景知识。

☑ 在设计写作任务时，能告知学生相应的评分标准。

☑ 在设计写作任务时，能确保每位学生都能准确理解题目内容，并有话可写。

☑ 在设计写作任务时，能确保题目中不含超纲词汇。

☑ 能设计不同形式的写作测试任务，如看图写话、故事续写、书信写作等。

☑ 知道为保证测试评分信度，需要对受试的输出加以必要的限制。

☑ 能检查写作任务是否涉及受试群体的敏感话题。

☑ 知道写作任务包含四个基本要素：指示语、提示语、预期应答和任务后评估。

☑ 能识别不同类型的任务提示语。

☑ 能在写作任务指示语中说明需要的文体、写的字数和时长。

☑ 能在写作任务指示语中说明答题方式（手写还是打字）和是否可以查阅词典等资料。

☑ 能在写作任务指示语中说明写作任务的总体权重。

☑ 能了解国家英语课程标准中关于写作各级别的具体要求。

☑ 能了解国内外知名考试的写作任务，清楚其要考查的构念。

施测与评分

☑ 在实施写作测试前，能自己试做一遍，或进行小规模试测后再修订题目。

☑ 能通过多次写作评价来提高写作评价的信度。

☑ 能确保一份写作试卷由两名教师进行评判。

☑ 知道分项评分法和整体评分法。

☑ 能说明分项评分法和整体评分法的优缺点。

☑ 能理解基于属性的评分方法，包括关键属性评分法和多属性评分法。

☑ 能根据评价的目的，选择合适的评分方法。

☑ 能理解写作评分员间信度和评分员内部信度。

☑ 能了解国内外知名英语考试中写作部分的评分标准。

☑ 在给学生作文评分前，能制定区分各档次作文的具体标准。

☑ 知道如何科学处理评分中的一些特殊情况，如跑题、照抄原文等问题。

☑ 知道如何对写作评分员进行培训。

☑ 能理解写作同伴互评的优缺点，扬长避短。

☑ 能帮助学生采用自我评价。

☑ 运用档案袋评价时，知道采取什么标准对学生档案进行打分。

反馈与运用

☑ 能做到为学生提供及时的反馈。

☑ 能意识到描述性的反馈对学生更有帮助。

☑ 能熟练地采用书面纠错反馈。

☑ 能运用师生会谈的方式为学生提供个性化的反馈。

☑ 能指导学生开展同伴反馈。

☑ 能熟练地解读学生写作考试中的写作质量。

☑ 能运用写作评价中典型的样卷来帮助写作教学。

☑ 能用评价结果激励学生的写作能力发展。

☑ 能运用写作评价信息来调整教学计划。

8.4.2 "写作评价素养"部分条目详解

❑ 能对写作教学的几种取向（结构、功能、表达、过程、内容、体裁）较为了解。

表8.10　二语写作教学的主要取向

取向	重点	目标	主要教学方法
结构	语言形式	• 语法准确性 • 词汇建构 • 二语水平	控制性写作、填空、替代、错误避免、间接评价、操练修辞模式

续表

取向	重点	目标	主要教学方法
功能	语言使用	段落和文本结构类型	自由写作、顺序重排、填空、仿写、基于表格和图表的写作
表达	作者	• 个人创造性 • 自我发现与探究	阅读、预写、日志、多稿写作、同伴互评
过程	作者	技能掌控	头脑风暴、规划、多稿写作、同伴互助、后续编辑、档案袋评价
内容	主题	基于相关内容和阅读写作	泛读和精读、小组课题研究、聚焦过程或结构
体裁	文本与情境	对特定文本类型的修辞结构的掌控	反复进行例子-讨论-建构的模式，提升修辞意识

（改编自 Hyland，2003：23）

❑ 能区分写作过程教学法和体裁教学法。

表8.11　写作过程教学法和体裁教学法的区分

特征	过程教学法	体裁教学法
主要看法	写作是个体思考的过程 关注写作行为	写作是社会行为 关注写作结果
教学焦点	强调作者的创造性	强调读者期待与写作结果
优点	如何产出和连接想法 让写作过程透明化 提供教学基础	如何将社会目的有效地进行表达 将语篇规范透明化 将写作情境化，适应读者和目的
缺点	认为一语、二语写作类似 忽略了二语写作的困难 对结果的关注不够 认为所有的写作遵循相同的过程	要对文本的修辞有了解 可能导致教授规约性的文本 可能导致过度关注写作结果 不够重视文本写作所需要的技能

（改编自 Hyland，2003：24）

- ❑ 能理解体裁的含义。
- ❑ 能对不同体裁的文本特征有一定的了解。

表8.12　体裁样例

sales letter 销售函件	joke 笑话	anecdote 奇闻逸事	label 标签
poem 诗歌	memo 备忘录	inventory 存货清单	advertisement 广告
report 报道	note 便条	chat 聊天记录	seminar 研讨会
essay 随笔	manifesto 宣言	toast 祝酒词	argument 争论
song 歌曲	novel 小说	notice 通知	biography 自传
sermon 布道	consultation 商议	jingle 简单诗歌	article 文章
warrant 许可证	ticket 票	lecture 讲座	manual 手册
will 遗嘱	conversation 对话	menu 菜单	prescription 药方
telegram 电报	editorial 社论	sign 标语	film review 影评

（Hyland，2003：24）

- ❑ 能较好地了解写作教学中的任务及其背后的教学功能。
- ❑ 能根据写作教学取向选择或设计合适的评价任务。

表8.13　常见的写作任务及其教学功能

任务类型	内容	语言	过程	体裁	情境
从书面文本中提取出信息	√				
列出写作要用的词表	√		√		
头脑风暴或快速写作以产出想法	√		√		
画出思维导图来准备写作	√		√		
将材料中的句子连接起来		√	√		
辨明一个文本的目的和用途				√	√
练习建构简单句和复杂句		√			

续表

任务类型	内容	语言	过程	体裁	情境
将打乱顺序的文本重新组织起来		√		√	
运用目标结构或词汇完形填空		√			
文本续写		√		√	
分析真实的文本，找出写作类型和特征				√	
练习用元语言来辨明文本结构（主题句、论点句、导入、过渡等）				√	
练习辨明体裁的各阶段和展开方式				√	
比较不同目的、不同结构和不同读者的文本				√	√
根据一个样例仿写		√		√	
运用视觉信息来构建文本		√		√	√
协商信息沟或意见沟来建构文本	√	√			
根据预写作活动的结果来撰写出文本	√		√		
参与对话式日志的交互活动	√		√		√
练习特定的修辞方式（如记叙、描写、议论、说明的写作手法）			√	√	
练习不同的文本类型（信函、概要、评论）			√	√	
为不同的目的重写一个文本（也就是改变体裁）			√	√	
根据他人的意见修改初稿	√	√	√	√	
从语法和修辞结构角度校对和编辑文本		√	√	√	
撰写多稿、中等长度的文本	√	√	√	√	√
阅读并对他人的文章提出想法和语言方面的意见	√	√	√	√	√
为特定对象和目的研究、撰写和修改中等长度的文本	√	√	√	√	√
研究、撰写和修改工作领域或学科领域的文本	√	√	√	√	√

（改编自 Hyland，2003：114—115）

❑ 能理解写作同伴互评的优缺点，扬长避短。

表8.14 写作同伴互评的优缺点

优点	缺点
能让学习者积极地参与	倾向于聚焦表面形式
真实的交际情境	可能会产生过于挑剔的评论
非判定性的环境	文化因素可能会导致不敢批评和评判
真实的读者对象	学生对评论的价值可能不够信服
作者能理解读者的需求	读者的知识可能不足
降低写作的焦虑	学生在修改中可能不采用同伴反馈
培养批判性的阅读技能	学生可能更喜欢教师的反馈
减少教师的工作量	

（改编自 Hyland，2003：199）

❑ 能指导学生开展同伴反馈。

表8.15 同伴评价的培训建议

(a) 在阅读同伴的作品时，我可以关注以下方面： 　　Clarity（清晰度）：Are you given all the information you need in a clear order? 　　Interest（趣味性）：Does the paper interest you? 　　Effectiveness（有效性）：Does the paper make an impact on you? 　　Accuracy（准确度）：Are there any errors of spelling, grammar, definitions? (b) 在阅读同伴作品的过程中试图回答以下问题： 　　• What is the main idea that the writer is trying to express in this paper? 　　• Are there any parts that do not relate to the main idea? 　　• Which part of the paper do you like the best? 　　• Find two or three places where you would like more explanations, examples, or details. 　　• Did you lose the flow of writing at any point or find places where the writer jumped suddenly to another idea? 　　• Did the beginning capture your attention and make you want to read on? Why or why not?

（转引自 Hyland，2003：204）

表8.16 写作评价考试内容规范的样例

话题	与旅行相关
文本类型	对比/对照

续表

长度	250词
测试内容	内容、结构、词汇、语言运用、标点
时长	30分钟
权重	整卷的10%
水平	类似于雅思5.5分

（改编自 Coombe et al., 2007: 72）

❏ 能识别不同类型的任务提示语。

表8.17　写作提示语的类别

写作提示语的类别

1. 基础提示语（A bare/base prompt）：以直接简单的语言说明任务。

例子：Many Chinese like to participate actively in different sports. Write an essay in which you discuss the reasons why you do or do not like to play sports. Be specific.

2. 框架提示语（a framed prompt）：给出情境，基于对框架的解读提出写作任务。

例子：Some people feel that using animals for food is cruel and unnecessary, while others feel that it is necessary for people to eat meat, and that the production of animals for food can be done without cruelty. What is your position on the issue of whether people should use animals for food? Discuss the strengths and weaknesses of both positions and use concrete examples when you explain and defend your point of view. (Hamp-Lyons, 1989, 6)

3. 基于文本或阅读的提示语（a text-based/reading based prompt）：提供给学生一段真实的或者修改过的阅读材料，长度从一段到几页不等，学生被要求写一篇文章，展示他们解读文本内容的能力或者运用阅读材料中的思想完成提示语要求的内容。

例子："The best swordsman in the world doesn't need to fear the second best swordsman in the world; no, the person for him to be afraid of is some ignorant antagonist who has never had a sword in his hand before; he doesn't do the thing he ought to do, and so the expert isn't prepared for him; he does the thing he ought not to do; and often it catches the expert out and ends him on the spot."

—Samuel Clemens

Write an essay that explains what Clemens means by his description of them "best swordsman" and the "ignorant antagonist". Relate Clemens's concept to an area about which you are well informed. (cited in E. White, 1992, p. 42)

（改编自 Kroll & Reid, 1994; Coombe et al., 2007: 73）

表8.18　写作提示语的评判标准

良好的写作提示语的标准

能产出期望的写作、体裁和修辞类型；
让学生参与思考和问题解决；
让学生理解问题、对问题感兴趣，并觉得问题有挑战性；
提供有意义的、相关的和刺激学生动机的话题；
不要求专业化的背景知识；
使用恰当的动词；
对所有的考生公平，并提供均等的机会；
清晰、真实、聚焦和明确；
说明读者、目的和情境。

（Coombe et al., 2007：74）

表8.19　写作提示语备用动词

提示语中的备选动词及所指

describe	描写	给出详细的描述
discuss	讨论	给出论点，给出正面和反面看法
explain	解释	陈述与解释
compare	对比	指出两种事物的共同点
contrast	对照	指出两种事物的不同点
analyze	分析	提出主要观点并对观点进行评估
define	界定	提供定义并举例
summarize	总结	简要地产出主要大意，省去细节和例子
outline	列提纲	提供大意的总结以及次标题
evaluate	评估	评价事物的价值

（Coombe et al., 2007：74）

表8.20　写作提示语设计

提示语设计指南

情境
考查写作评价在什么情境中使用，目的如何？
内容
控制在学生的生活经验范围之内
在文化上可接受并允许有适当的不同解读
语言
指令要容易理解、简洁明了、清晰明确，词汇和句法的难度要与学术能力匹配
提示语要在文化上可接受，容易解读，清晰明确
任务
不可太宽泛，让学生能够在规定的时间内完成

续表

足够丰富，让水平更高的学生有机会展示他们的能力
修辞界定
清晰的说明，充足的提示
评估
确定哪些标准在判断学生写作表现时最重要
标准要清晰地告诉学生

（改编自 Kroll & Reid，1994）

❑　知道分项评分法和整体评分法。

表8.21　整体评分法和分项评分法的样例

整体评分法

　　整体评分法要求评分员根据学生表现的总体印象打分。虽然评分标准的各个级别中会包含不同的语言特征说明，但是不分开评分。评分结果反映学生的总体表现。

例如：一个含有三个级别的写作整体评分标准

水平　描述

1　　Clarity lacking due to grammar and vocabulary issues. Limited development (one to four sentences).

2　　Understandable but without detail. Shows some control of grammar but limited in complex use of language. Ideas are organized.

3　　Ideas presented in a clear and developed manner. Writing is easy to read and includes specific details as well as some complex vocabulary and sentence structures.

分项评分法

　　分项评分法将学生的表现分成不同的方面（维度），并对每个方面进行评分。综合成绩通常由分项成绩相加得来，因此各个方面的权重就显得非常重要。

例如：一个含有四个方面的写作分项评分标准

Organization: Introduction, conclusion, thesis, paragraphing, coherence.
Points:　　　1　　2　　3　　4　　5
Development: Appropriate length, support of main point, examples used, completeness.
Points:　　　1　　2　　3　　4　　5
Accurate language use: Accurate grammar and sentence structure, correct word choices.
Points:　　　1　　2　　3　　4　　5
Complex language use: Variety in sentence complexity, precise word use.
Points:　　　1　　2　　3　　4　　5

（Plakans & Gebril，2015：44）

❑ 能说明分项评分法和整体评分法的优缺点。

表8.22　整体评分法和分项评分法的优缺点

评分法	优点	缺点
整体评分法	整体印象，而不是单一的能力 强调进步，而不是不足 可以给某个标准更多的权重 鼓励评分员讨论，取得评分一致	不能提供诊断信息 不好解释整合的分数 微技能中的不同能力被平均化 评分员可能会忽视微技能 容易惩罚到冒险使用的一些语言形式 长文章可能得高分 只有一个成绩可能降低信度 将写作能力和语言能力混为一谈
分项评分法	鼓励评分员观察相同的特征 能够给出诊断性报告 多个成绩能提高评分信度 详细的标准便于评分员培训 避免将多类能力混为一谈 允许教师优先考查文章的某些方面	可能会分散注意力，看不到文章效果 一个维度的成绩可能会影响到其他维度 比整体评分法更费时间 写作不是部分的相加 对容易提取出可等级化信息的文章有利 维度描述语可能会重复或模糊

（改编自 Hyland，2003：227，230）

❑ 能理解基于属性的评分方法，包括关键属性评分法和多属性评分法。

表8.23　关键属性评分法的样例

　　关键属性评分法与分项评分法类似，它也是从多个方面来评判学生的表现。但是关键属性评分法采用清单式的标准来看学生表现是否有某个方面的特征。评分维度列出期望的特征，评分员从学生表现中寻找证据。
例如：关键属性评分法在写作评价中的运用
1. clear thesis statement　　　　　　Yes　　　No
2. logical organization　　　　　　　Yes　　　No
3. introduction to engage reader　　Yes　　　No
4. at least two main ideas in body　Yes　　　No

续表

5. appropriate support for main ideas	Yes	No	
6. grammatical accuracy at least 90%	Yes	No	
7. vocabulary used correctly at least 85%	Yes	No	
8. sentence structures are varied	Yes	No	

（Plakans & Gebril，2015：45）

表8.24　多属性评分法的样例

Task: Write a factual recount of your visit to the university language center last week. Remember that the purpose of a factual recount is to "tell what happened," so be sure to include the main things you saw and did and who you met. You can use your notes and photographs to help you.

Score	Content	Structure	Language
4	Event explicitly stated Clearly documents events Evaluates their significance Personal comment on events	Orientation gives all essential info All necessary background provided Account in chronological/other order Reorientation "rounds off" sequence	Excellent control of language Excellent use of vocabulary Excellent choice of grammar Appropriate tone and style
3	Event fairly clearly stated Includes most events Some evaluation of events Some personal comment	Fairly well-developed orientation Most actors and events mentioned Largely chronological and coherent Reorientation "rounds off" sequence	Good control of language Adequate vocab choices Varied choice of grammar Mainly appropriate tone
2	Event only sketchy Clearly documents events Little or weak evaluation Inadequate personal comment	Orientation gives some information Some necessary background omitted Account partly coherent Some attempt to provide reorientation	Inconsistent language control Lack of variety in choice of grammar and vocabulary Inconsistent tone and style
1	Event not stated No recognizable events No or confused evaluation No or weak personal comment	Missing or weak orientation No background provided Haphazard and incoherent sequencing No reorientation or includes new matter	Little language control Reader seriously distracted by grammar errors Poor vocabulary and tone

（Hyland，2003：231）

❑ 能意识到描述性的反馈对学生更有帮助。

表8.25　教师描述性反馈样例

记叙文体的评价标准	评论
内容与结构	
Begins with an orientation, establishing who was involved, where and when the events happened	
Sequences the past events in a clear order	
Ends the essay appropriately, e.g. with a feeling, a thought, or a comment	
语言特征	
Uses the past tense accurately	
Uses time expressions appropriatcly	
Uses a range of appropriate words to describe the events	

（改编自Lee，2017：17）

❑ 能熟练地采用书面纠错反馈。

表8.26　书面纠错反馈类别

例子	直接指出错误所在	提供答案	提供元语言信息或错误类别编码/提供讲解
直接书面纠错反馈			
（A）Yesterday I was went to church.	√	√	×
（B）Yesterday I went ^to church.	√	√	×

续表

例子	直接指出错误所在	提供答案	提供元语言信息或错误类别编码/提供讲解
went （C）Yesterday I go to church.	√	√	×
went （D）Yesterday I go to church. 讲解：在描述过去事件时得用一般过去时。	√	√	√
间接书面纠错反馈			
（E）Yesterday I go to church.	√	×	×
（F）Yesterday I go to church. ∨	√	×	√
（G）Yesterday I go to church. ① ① 描述过去事件时得用一般过去时。	√	×	√
（H）Yesterday I go to church.* *代表这一行有一个错误	×	×	×
（I）Yesterday I go for church. 2 2代表此行有两个错误	×	×	×
（J）Yesterday I go to church. ∨ ∨ 代表此行有一个动词用错	×	×	√

（改编自 Lee，2017：69）

❑ 能指导学生开展同伴反馈。

表8.27 同伴反馈样例

1．开放式同伴反馈表
① What technique is used to begin the story? Does the story begin in a nice way? Does it catch your attention? Why/why not?
② Does the story provide clear background information about the characters and setting? Is there any missing information? What else could the writer have included to present the background more clearly?

续表

③ Does the story have a problem? What is it? Is it interesting enough to make you want to read on? Why?

④ How does the story end? Does it end in an interesting way? Why do you think so?

2．同伴反馈量表

我的同学能够……	😃😃😃	😃😃	😃
Begin the story in a very interesting way			
Give clear information about the setting of the story			
Provide interesting details about the main characters			
Create a problem that arouses interest			
Describe the events in a logical sequence			
Provide an interesting ending			
Use the simple past tense to narrate past events			
Use suitable vocabulary to describe the setting and characters			
Use suitable time markers to link up the events			
Write simple dialogues			

3．同伴反馈量表加评论

我的同学能够……	4	3	2	1	评论
内容与结构					
Begin the story in a very interesting way					
Give clear background information about setting and characters					
Include a problem that arouses interest					
Present the events in a logical sequence					
End the story in an impressive way					
语言特征					
Use the past tense accurately					
Use suitable vocabulary to describe setting and characters					
Use a range of time connectives appropriately					
Use simple dialogues appropriately					
整体评论：					
4: Excellent 3: Good 2: Average 1: Needs improvement					

（改编自 Lee，2017：93—94）

8.4.3　写作评价常用题型与命题思路点评

Read the diary and write the missing words. Write one word on each line.

Example	We are ......_having_...... a great time on this holiday. Today
1	we've been .... visit the pyramids. My teacher told
2	me about them in our Geography .... and she
	showed us some pictures of them, but in the pictures they
3	looked much smaller .... they are. We went inside
4	one and I .... lots of photos with my camera.
	We are going to go and see some camels tomorrow. I am very
5	excited .... I have always wanted to ride one. Mum
	doesn't want to go near them. She says camels are usually not
	very friendly.

评论

本题源自剑桥少儿英语 Flyers 2018样题，目标能力定位于 CEFR 的 A2。考查的是学生能否理解简短的文本，并提供必要的语言元素，使得文本意义表达完整。答案为1 to，2 class(es)/lesson(s)/studies，3 than，4 took/got，5 because/as/since/and。本文的体裁为日记，内容符合这个年龄段学生的认知，讲述的是度假经历，并配有图片，使得内容的趣味性得以增强，同时也符合当代儿童的经历。图片中的金字塔可能会帮助学生理解 pyramid 这个词。题型上采用的是填空题，从所填的词来看，遵循的是结构取向，强调语言形式。对于这个语言能力水平的学生，采用控制式的写作，降低了写作的难度，避免让学生在写作中产生挫败感，保持学生对写作的兴趣。行文中出现的多种时态能够帮助学生在答题中更多了解英语中时态的用法。在命题方面，需要学生填空的位置均匀分布在行文中，第一句的例子给学生一个良好的导入。题号全部放在左侧，而不是在空格前面，能够很好地避免对学生阅读的干扰。在课堂评价中，教师可以尝试通过让学生写一些句子等方式，留出更多空间，让学生表达更多的意义。

Look at the three pictures. Write about this story. Write 20 or more words.

....

....

....

....

评论

本题源自剑桥少儿英语 Flyers 2018样题，目标能力定位于 CEFR 的 A2。考查的是学生根据图片产出简短的文本的能力。整体评分法的评分标准如下：

5分 描述了事件的发展，事件环环相扣，并且覆盖了所有三幅图片，读者可以很容易理解事件。

4分 描述了事件的发展，一些事件环环相扣，并且覆盖了所有三幅图片，读者比较容易理解事件。

3分 描述了事件的发展，至少包含一幅图片的内容；或者描述了事件的发展，覆盖了所有三幅图片，但是读者需要读好几遍才能理解事件。

2分 至少写了一个跟图片相关的可以被理解的短语。

1分 写了几个与图片相关的英语单词。

0分 未作答，或者写了一点不能被理解的内容。

满分作文的样本为：An astronaut flew into space and made friends with an alien. The alien invited the astronaut to his house for dinner. The astronaut was hungry and accepted. He had a sandwich and some juice with the alien's family. 此类题目的设计需要考虑学生的认知以及趣味性，还需要考虑学生的语言能力，比如本题中要考虑学生是否已经掌握 alien 和 astronaut 等关键词汇。图片中的故事要体现事件的阶段性，以防学生可以用一句话就概括性地讲述了多幅图片的内容。图片内容要清晰易懂。在评分方面，可以采用上述的整体评分法，也可以采用分项评分法，从内容信息、语言准确性、语篇连贯性、词数等角度，获取更多的诊断性信息用于反馈写作教学。

Question 56

Read the email from your English friend, Alex.

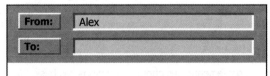

From: Alex

To:

It's great you can come to my house this evening to watch a DVD. What time can you come? Which DVD do you want to watch? What would you like to eat?

Write an email to Alex and answer the questions.
Write **25 – 35** words.
Write the email on your answer sheet.

评论

本题源自剑桥 KET 英语写作题，目标能力定位于 CEFR 的 A2。考查的是实用英语写作的能力。考生会读到便条、电邮、贺卡等不同载体的文本，根据文本中需要的信息撰写书面应答材料。如本题中要求提供到达的时间、想看的 DVD 和想吃的食物三个方面的信息。剑桥官方提供的评分标准如下：

5分	所有三方面信息均清晰地表达出来。只有少数拼写错误或少数语法错误。
4分	所有三方面信息均表达出来。有一些不影响理解的拼写错误或语法错误，有一些拗口的表达。
3分	所有三方面信息均基本表达出来。读者需要努力理解所表达的内容，拼写和语法有时影响理解。三方面的信息在语境方面有误。
2分	只传达了两方面的信息。拼写和语法有一些错误。读者需要耐心地解读错误的表达所传达的意义。错误表达影响交际。
1分	只传达了一方面的信息。考生努力完成任务，但是应答内容不清晰。
0分	没有应答，或者应答内容不可理解。

考生要撰写25个词以上，否则会被扣分。但是也不鼓励写太多字数。考生需要仔细思考写作的目标读者，注意写作风格。

下面这篇文章是满分作文：

Dear Alex, I will come to you at 18.00. I want to watch "Fast and Furious". I would like to eat chips, pizza and fast food, and drink cola.

下文是2分的作文，因为它只写了两方面内容，有拼写错误和语法错误。

I'm really happy to come to your house. You can choose the film. I like cartoons. We can eat a popcorns and kola, and chisp, swindwich, hamburger and mustard. Bye

应该指出，在这类写作试题中，评分时应该特别注意信息传达的成功与否以及效率，不需要考生写很长的作文。在信息传达方面，只要不影响读者理解，少数拼写和语法错误就不应该扣分。但在教学中可以给予反馈，以提醒考生注意。

Questions 1 – 5

Here are some sentences about a boy who likes basketball.
For each question, complete the second sentence so that it means the same as the first.
Use no more than three words.
Write only the missing words on your answer sheet.
You may use this page for any rough work.

Example:

0   Niko really enjoys playing basketball.

        Niko is very keen .... basketball.

Answer: | **0** | *on* |

1   Last year, Niko was shown how to play basketball by his older brother.

        Niko's older brother .... him how to play basketball last year.

2   Niko joined a basketball team three years ago.

        Niko has been in a basketball team .... 3 years.

3   Niko practises at a stadium quite near his house.

        Niko's house is not very .... from the stadium where he practises.

4   Niko walks to the stadium in ten minutes.

        It .... Niko ten minutes to walk to the stadium.

5   Niko's team had an important match last week.

        There .... an important match last week for Niko's team.

评论

本题源自剑桥 PET 英语写作题，目标能力定位于 CEFR 的 B1。考查的是英语同义句转换的能力。遵循的是写作教学中的结构取向。题目指示语中说明了段落的主要内容，即喜欢打篮球的男孩。题目要求考生完成第二句的填空部分，使得它的意思同于第一句，并举例说明。题目要求作答不超过三个词。英文中的释义，也就是 paraphrase 是非常关键的能力，本题通过考查释义，提醒考生相同的意思可以通过不同的语言形式来表达，属于控制性强的写作任务。在作答时，考生应该先整体连贯性地阅读原文。可以发现，这篇文章都是从 Niko 这个男孩的角度去叙述的，原文的连贯性很强。在充分理解原文的基础上，对句子进行释义。在评分中，应该考虑所有可以接受的答案。需要注意的是，教师要提醒学生，释义后的文章连接在一起可能不再是连贯的文本了。英语中语法形式的变化可能带来意义表达上的很大变化。在课堂评价中，这样的写作练习可以帮助学生聚焦形式，掌握已学的句型或惯用表达。命题时也可以转换思路，比如原文是不连贯的文本，通过释义改写，学生产出的句子是连贯性的文本。

Question 6

You have just returned from a week's holiday staying at the home of your British friend, Sam.

Write a card to your friend, Sam. In your card, you should:

- tell Sam about your journey back to your home

- say what you enjoyed most about your stay

- ask Sam to visit you.

Write 35-45 **words** on your answer sheet.

评论

本题源自剑桥 PET 英语写作题，目标能力定位于 CEFR 的 B1。考查的是实用英语书面表达能力。题目要求考生写贺卡。剑桥大学考试委员会给出的评分标准如下：

5分	任务完成很好。读者读起来非常容易理解。所有的信息都得以传达。
4分	任务完成较好。读者读起来比较容易理解。所有的信息都得以传达。
3分	任务完成可以接受。读者需要付出一些努力去理解作文。所有的信息都得以传达，或者遗漏了一方面内容，但是其他两方面得到很清晰的表达。
2分	任务完成不足。读者需要付出很大努力去理解作文。内容有遗漏或者处理得不成功，因此只有部分信息得以传达。
1分	任务完成不好。读者需要非常努力才能理解作文。信息传达非常少。
0分	内容不相关或者不可理解。语言产出非常少，无法评分。

本题的满分作文如下：

Sam, I very like the week's holiday staying at your home very much. I really enjoyed swimming with you in the sea, it was fun. But my journey home was awful, I had to stay in a plane for twenty hours. Hey! Why don't you come to visit my place next summer? I look forward to it! Rene

虽然文中有一些语言错误，但是提示语中的三个方面内容均得到回答。语言错误没有影响理解，因此仍可以得满分。

Write an answer to **one** of the questions (**7** or **8**) in this part.
Write your answer in about **100 words** on your answer sheet.
Mark the question number in the box at the top of your answer sheet.

Question 7

- This is part of a letter you receive from an English friend.

For my homework project I have to write about a special day that people celebrate in your country. Which special day should I write about? What information should I include?

- Now write a letter to your friend.

- Write your **letter** on your answer sheet.

Question 8

- Your English teacher has asked you to write a story.

- Your story must begin with this sentence:

Jo looked at the map and decided to go left.

- Write your **story** on your answer sheet.

评论

本题源自剑桥 PET 英语写作题，目标能力定位于 CEFR 的 B1。考查的是撰写信件或者故事的英语表达能力。考生可以在两个题目中选择其中的一个完成。考生在两种不同的体裁中选择其一，能让他们有机会选择自己比较喜欢的体裁或话题内容来充分发挥他们的写作能力，做到了 bias for best。剑桥大学考试委员会从内容、交际目标的达成情况、组织和语言四个方面对考生的表现进行评判，对评分员进行严格的培训，并在阅卷管理员的监督下完成阅读过程，很大程度上保证了评分信度。在课堂评价中，在评分方面除了设计两个题目共同的评分标准，如上述的四个方面外，还应该根据学生的作答情况设置与任务相匹配的评分标准。在评分过程中，为了提高评分信度，尽量采用双评，出现分歧再采用第三方仲裁的模式。

第九章

数据统计、反馈与分数使用

　　语言教师对数据统计多有焦虑感，甚或惧怕感（Brown，2013），但是事实上，语言教师如果能够运用基础的数据统计，可以大大帮助他们开发和设计出更加科学的题目，并为学生提供更加准确的反馈信息。对经典测试理论（Classical Test Theory，CTT）的理解也可以帮助教师更加科学地看待语言评价所获得的数据。笔者认为，一线语言教师无需了解更加复杂的数据统计，如项目反应理论中的 Rasch 模型，但是需要较为熟练地掌握经典测试理论中的主要方法。Brown（2012）认为，这些主要方法包括题项分析（含题目难度、区分度、干扰项分析）、信度估计、测量标准误等，还包括对学生评价数据的整体描述性统计。读者也可参阅 Green（2013）研修相应的计算方法和解读方法。

　　Hattie 和 Timperley（2007）认为反馈对于学生的学习来说是最强有力的影响因素，这种影响可好可坏，取决于反馈的类型和反馈的方式。此外，反馈的时机、积极反馈和消极反馈对学习也产生重要的影响。

 参考点十五　能正确统计和解读评价获得的数据，用于教学决策，并提供及时恰当的反馈，特别是描述性反馈。

9.1 "数据统计、反馈与分数使用"条目呈现

　　☑ 能理解每个题目和试题整卷的难度。
　　☑ 能计算每个题目和试题整卷的难度。
　　☑ 能理解题目的区分度。
　　☑ 能计算题目的区分度。
　　☑ 能根据难度和区分度信息对试题的质量做出判断，必要时做一些修改。
　　☑ 能运用平均数、中数、众数来描述成绩的集中趋势。

☑ 能运用全距、最高分、最低分、标准差和方差来描述成绩的离散程度，即学生个体表现与集中趋势之间的差别。

☑ 能根据不同的情况计算信度。

☑ 能运用测量标准误（Standard Error of Measurement，SEM）来解读学生的成绩。

☑ 能理解成绩汇报中百分位的意义。

☑ 能理解 z 分数和 T 分数的含义。

☑ 知道反馈的不同类别。

☑ 知道有效的形成性反馈有哪些特点。

☑ 能认识到有效的反馈是个性化的，对一个学生有用的反馈对另外一个学生可能不起作用。

9.2 "数据统计、反馈与分数使用"部分条目解读

❑ 能理解每个题目和试题整卷的难度。
❑ 能计算每个题目和试题整卷的难度。
❑ 能理解题目的区分度。
❑ 能计算题目的区分度。

表9.1　经典测试理论的难度与区分度

　　题目的难度（Item Facility，IF）等于答对的考生人数除以考生总人数。因此难度数值越大，题目的难度越低，反之，难度的数值越小，题目的难度越大。如果一道题的难度为0.95，说明这道题对于本组被试来说非常简单，95%的考生都答对了。

　　题目的区分度（Item Discrimination，ID）的计算需要根据总分将所有的考生从高到低进行排序，然后分别计算排名约前33%的高分组的试题难度（IF_{upper}）和排名约后33%的低分组的试题难度（IF_{lower}），ID 等于 $IF_{upper} - IF_{lower}$。试题整卷的难度也就是所有的题目难度的均值。

　　应该指出，试题和题目的难度和区分度受考生群体的影响很大。这也是经典测试理论的局限性。

□ 能根据难度和区分度信息对试题的质量做出判断，必要时做一些修改。

表9.2 解读不同难度题目的区分度

	难题 （难度在0.3以下）	中等难度题 （难度0.5左右）	容易题 （难度在0.85以上）
区分度	需采取的做法		
0.3及以上	接受	接受	接受
0.2—0.3	接受	修改	接受
0—0.2	可能需要修改	修改	可能需要修改
负值	修改或抛弃	修改或抛弃	修改或抛弃

（改编自 Plakans & Gebril，2015：72）

□ 能运用全距、最高分、最低分、标准差和方差来描述成绩的离散程度，即学生个体表现与集中趋势之间的差别。

表9.3 标准差的计算方法

标准差的计算方法如下：
$$S=\sqrt{\Sigma(X-M)^2/N}$$
其中 X 是每个考生的分数，M 是均值，Σ是总和，N 是考生人数。

□ 能根据不同的情况计算信度。

表9.4 信度统计的方法

方法	信度测量类型	程序
再测信度	测量稳定性	同一题本施测于同一组被试，中间间隔的时间可以是几分钟到几年不等

续表

方法	信度测量类型	程序
平行卷	测量同质性	一个测试的相似题本施测于同一组被试，间隔时间很短
平行卷再测信度	测量稳定性和同质性	一个测试的相似题本施测于同一组被试，间隔时间较长
折半信度	测量内部一致性	施测一次，将试题分成相等的两半分别计分（如奇数题和偶数题分别计分），计算相关系数，并用 Spearman-Brown Prophecy 公式校正，获得整卷信度
Cronbach α	测量内部一致性	施测一次，计分，然后运用公式计算，用 SPSS 计算，方便快捷
评分员信度	测量评分一致性	将需要专业判断的应答给不同的评分员，让两名及以上的评分员进行评分，并计算相关性

（改编自 Miller, Linn & Gronlund, 2009: 110）

内部一致性信度由于其对施测条件的要求相对较低，即无需进行多次测试，因此为实践者所经常使用。教师对此类信度的计算方法有必要了解。笔者在此介绍折半信度、Cronbach α 和运用 Kuder-Richardson 公式（KR-20、KR-21）计算信度的方法。

（1）折半信度

需要分别对试题中的奇数题和偶数题进行打分（也可以具体考查试题内容将试题分为相等的两部分分别打分），计算两组分数的 Pearson 相关系数，校正后的 Spearman-Brown Prophecy 公式为 $r_{xx}=(n)r/(n-1)r+1$，其中 r_{xx} 为全卷信度，r 为对半试卷之间的相关度，n 为试题长度需要被加长的倍数。例如一项测试奇数题和偶数题的相关度为0.6，那么 $r_{xx}=2×0.6/(2-1)×0.6+1=1.2/1.6=0.75$。校正后的整卷信度为0.75。

（2）Cronbach α

最简单的方面就是运用 SPSS 计算。首先将试题中的每个题目的得分录入 SPSS，点击"分析"，选择"度量"，选择"可靠性分析"，将所有试题的得分导入到"项目"中，点击确定即可获得 Cronbach α 系数。

（3）运用 Kuder-Richardson公式（KR-20、KR-21）

KR-21计算方式要比 KR-20计算方式简单，但是 KR-20对信度的估计更加准确。

KR-21公式为：$KR\text{-}21=(k/k-1)×\{1-[M(k-M)/kS^2]\}$。其中 k 为题目数量，M 为平均分，S 为分数的标准差。如果一项测试有30个题目，平均分为17.3，标准差为4.97，那么 $KR\text{-}21=(30/29)×\{1-[17.3(30-17.3)/30×4.97^2]\}=1.0345×[1-(219.71/741.03)]=1.0345×0.7035=0.7278$。

KR-20公式为：$KR\text{-}20=(k/k-1)×(1-\Sigma S_i^2/S_t^2)$，其中 k 为题目数量，S_i^2 为题目方差，S_t^2 为试题分数方差。S_i^2 的计算方法为首先计算每个题目的难度，再计算每个题目的1-难度，两个数值相乘即获得题目方差，Σ 即将每个题目的题目方差相加。S_t^2 的计算方法为试题分数标准差的平方。

□ 能运用测量标准误（Standard Error of Measurement，SEM）来解读学生的成绩。

表9.5 测量标准误

测量标准误的计算方法：
$SEM=S\sqrt{1-r_{xx'}}$
其中 S 为试题分数的标准差，$r_{xx'}$ 为信度。

如果一项测试的标准误为5，一个学生的成绩为80，那么我们可以推断他如果多次参加此项测试，有68%的可能成绩会在加减一个标准误之间，也就是有68%的可能在75到85之间，有95%的可能会在加减两个标准误之间，即有95%的可能会在70到90之间。

□ 能理解成绩汇报中百分位的意义。

表9.6 百分位的意义

百分位（percentile）显示的是一个特定的学生的成绩与群体成绩之间的关系。一个学生的百分位分数是84就代表他的成绩大于等于84%的学生，或者小于等于16%的学生。

□ 能理解 z 分数和 T 分数的含义。

表9.7 z 分数和 T 分数的含义

$z=(X-M)/S$，其中 X 为考生的分数，M 为均值，S 为标准差。
$T=10z+50$

❏ 知道反馈的不同类别。

Shute（2008）根据反馈的复杂度，将反馈的类型分为无反馈、核实和长反馈。具体分类如表9.8。

表9.8 反馈的不同类型

反馈类型	描述
无反馈	学习者被给予问题、被要求回答问题，但是没有任何关于他们答案是否正确的提示。
核实（verification）	也被称作"告知结果"，告知学生他们的答案是否是正确的（如对错、答对百分比）。
正确答案	告知学生每个问题的正确答案，没有更多信息。
再做一次	告知学生哪些题目错了，允许他们多次尝试回答。
错误标记	只标明哪个地方出错了，不给正确答案。
长反馈（elaborated）	解释为什么答案是正确或错误的，让学生能够复习相关内容。
特征提取	提供的反馈直击正在学习的目标概念或技能中的核心特征。
关于话题	提供的反馈指向学生正在学习的目标话题，可能意味着要重新教授此话题内容。
关于应答	提供的反馈指向学习者特定的应答，可以指出为什么答案是错的，为什么正确答案应该如此。不采用严格的错误分析。
提示	提供的反馈为学习者指明方向，例如下一步如何做的策略、可行的样例。避免直接提供正确答案。
错误点	提供的反馈需要基于错误分析和诊断，为学生提供具体的错误点在哪里的信息，并说明原因。
详细的辅导	这是最详细的反馈，它提供了核实反馈、错误标记和如何补救的策略。通常不给正确答案。

❏ 知道有效的形成性反馈有哪些特点。

表9.9 有效的形成性反馈

- 运用恰当的成功标准，聚焦与达到特定的学习目标所取得的进步相关的学习证据。
- 积极地让学生参与到产生反馈和使用反馈中。
- 重点在于能够让反馈正面地影响学生的自我调控、自我效能和目标取向。
- 确保反馈是关于学生表现的描述性反馈，而不是泛泛之谈。
- 确保反馈是及时的。
- 尽量使得反馈更加个性化。
- 为学生提供利用反馈的机会，使得反馈是可以付诸行动的。
- 考虑学生会怎样应对反馈（他们会更加努力还是不努力了）。
- 将反馈局限于学生能够采取行动的范围。
- 强调学生在理解方面的错误。
- 确保反馈是诚实和准确的。
- 多鼓励，但是也不能过于频繁使用"糖衣"。

（Brookhart, 2013; Chappuis, 2012; Ruiz-Primo & Li, 2013; McMillan, 2014）

第十章
反拨效应与备考

自从 Alderson 和 Wall（1993）提出"反拨效应是否存在？"以来，语言测试学界开始将反拨效应作为语言测试的重要议题进行深入的研究。研究者们对反拨效应的样貌、反拨效应的促成和反拨效应的缘由均进行了探究。学界甚至将一项测试所引发的后果作为该测试效度证据的重要部分，足见反拨效应的重要性。其中，教师因素是重中之重，他们是反拨效应的行动者。如何避免高利害的考试对教学带来负面的反拨效应是教师面临的重大课题。拥有评价素养的教师能够在很大程度上规避负面的反拨效应，将培养学生的语言综合运用能力，乃至学科核心素养作为主要教学任务，而不是机械性地运用题海战术组织学生长期备考。

就应考策略来说，Cohen（2011：305—306）认为完成语言评价任务依靠三种主要策略：（1）语言学习者策略。它指的是提高听说读写以及词汇、语法翻译过程中所培养的策略。（2）考试管理策略。它指的是有意义地应对测试题目或任务中所采用的策略。（3）解题妙招策略（test-wiseness）。它指的是运用题型漏洞或其他额外信息来应答题目，规避使用预期的语言和认知过程的策略。单从策略这个角度来说，良好的反拨效应要求教师培养学生的语言学习者策略以及考试管理策略，尽量避开解题妙招策略。当然，在测试设计、测试内容、测试组织工作、测试解释与分析方面，教师也可以通过相应的措施来提升测试积极的反拨作用。

 参考点十六 意识到测评的反拨作用，能运用测评带来积极的测评后效并关注测评中的伦理问题。

 参考点十七 能熟练地为学生提供备考指导。

10.1 "反拨效应与备考"条目呈现

☑ 能运用测评带来积极的反拨作用。

☑ 能为学生提供合适的备考指导,降低考试焦虑。

10.2 "反拨效应与备考"条目解读

❏ 能运用测评带来积极的反拨作用。

表10.1　提升积极的反拨作用的措施

测试设计
1. 广泛取样,让考生无法预测。
2. 以标准参照思想来设计测试。
3. 设计测试来测量语言学习项目与教授的内容。
4. 将测试基于良好的理论原则上。
5. 使用直接测试。
6. 培养学习者自主学习和自我评价的能力。

测试内容
1. 测试的能力应该是期望培养的能力。
2. 更多使用建构应答型题目。
3. 让考试反映课程的所有内容,而不是有限的方面。
4. 测试高阶认知能力来确保它们被教授。
5. 使用多种考试形式,包含笔试、口试、听力和实际操作。
6. 不能将测试内容限制在学术领域,应该与校外的任务相关联。
7. 使用真实的任务和文本。

测试组织工作
1. 确保被试、教师、管理员、课程设计者能够理解测试的目的。
2. 确保语言学习的目标是清晰的。
3. 在有必要时,为教师提供帮助来理解测试。
4. 为教师提供反馈,使得有意义的变化能够产生。
5. 在大型考试中为学校提供详细及时的反馈,反映学生的表现水平和难点。
6. 确保教师和管理员在测试过程的不同阶段参与其中,因为他们是带来变化的行动者。
7. 提供详细的分数报告。

续表

测试解释与分析

1. 确保考试结果对于被试和其他分数使用者来说是可信的、公平的。
2. 在评价大型考试结果和排名时考虑教师努力之外的因素。
3. 对大型考试进行预测效度研究。
4. 提高考试权威机构的专业能力，特别是在测试设计上。
5. 确保每个考试机构都有做研究的能力。
6. 让考试权威人士与课程开发机构和教育管理员紧密合作。
7. 建立区域专业发展网络来开启交流项目，分享共同关心的问题。

（改编自 Brown，2005：245）

❏ 能为学生提供合适的备考指导，降低考试焦虑。

表10.2 阅读选择题中的考试管理策略

- 此类策略主要依赖于语言使用策略，教师应引导学生培养此类策略。
- 通读全文，记住不同的信息在文章中的具体位置。
- 做题时回看文本，查找或确认答案，不要仅仅依靠记忆。
- 在阅读文本前，先读题，带着问题去读文本，增强阅读目的性。
- 再读一遍文本，确保完整理解文本。
- 在看选项前，自己先考虑问题的答案。
- 借助背景知识做明智的猜测。
- 在其他题目中找到新线索，与前面的作答有差别时，应及时考虑修改答案。

（改编自 Cohen，2011：307）

表10.3 在评价中降低学习者焦虑的策略

- 在课程的导入阶段就明确说明评价方案。
- 与学生讨论评价的目的，并以学生可以理解的方式分享评价的标准。
- 在评价中采用清晰明确的评分标准。
- 指导学生评价自己的学习成果和他人的学习成果。
- 常常通过对话方式与学生讨论学习成果，如讨论一篇作文的优缺点以及如何进行简单的文本分析。
- 提供给学生优秀成果的样例，并标明哪些方面值得学习，如提供给学生好的作文样例，标明重要的语言特征，学生可以依此评判自己的作文。
- 鼓励学生运用好档案袋评价，比较与审视他们学习进步的情况。
- 尽量确保在学习者充分学习后再施行学业测验。
- 在设计评价时考虑评价所收集的证据的信度和效度问题。
- 将教学与评价紧密联系起来，使得评价与课程学习和学生均有很强的相关性、目的性和具体性。
- 为学生提供反馈，强调进步情况，并指明哪些地方需要提高。

（改编自 Hyland，2003：233）

附录一

文献推介（Annotated Bibliography）

注1：下文推荐的文献在考虑实用性的同时，也考虑到在国内图书市场是否容易购买，因此文献中有两个出版年份，第一个为原始出版年份，第二个为国内出版社引进出版的年份。

Alderson, J. C., & Bachman, L. F. (Series editors). Cambridge Language Assessment Series.

本系列丛书依据 Bachman & Palmer（1996）的测试有用性框架，详细论述了语言各个技能的评价。具体书目如下：

Alderson, J. C. (2000/2011). *Assessing Reading*. Beijing: Foreign Language Teaching and Research Press.

Buck, G. (2001/2011). *Assessing Listening*. Beijing: Foreign Language Teaching and Research Press.

Chapelle, C. A., & Douglas, D. (2006/2010). *Assessing Language through Computer Technology*. Beijing: Foreign Language Teaching and Research Press.

Luoma, S. (2004/2010). *Assessing Speaking*. Beijing: Foreign Language Teaching and Research Press.

McKay, P. (2006/2012). *Assessing Young Language Learners*. Beijing: Foreign Language Teaching and Research Press.

Purpura, J. E. (2004/2012). *Assessing Grammar*. Beijing: Foreign Language Teaching and Research Press.

Read, J. (2000/2010). *Assessing Vocabulary*. Beijing: Foreign Language Teaching and Research Press.

Weigle, S. C. (2002/2011). *Assessing Writing*. Beijing: Foreign Language Teaching and Research Press.

Alderson, J. C., Clapham, C., & Wall, D. (1995/2000). *Language Test Construction and Evaluation*. Beijing: Foreign Language Teaching and Research Press.

本书为语言测试入门性读物，以语言测试开发和实践的不同阶段为主线展开讨论，包括设计考试说明、撰写试题、试测、考官培训、信度监控、成绩汇报、提供测试效度证据、测试质量汇报、开发和改进测试，以及遵循良好的测试实践标准与原则。本书更加适合设计较大规模考试，适合设计如校级、区级及更大范围考试的人员阅读。

Bachman, L. F., & Palmer, A. S. (1996/2000). *Language Testing in Practice*. Shanghai: Shanghai Foreign Education Press.

本书为读者提供语言测试设计、开发和使用的基本知识和程序。特别是本书提出用"测试有用性"框架（包括信度、构念效度、真实性、交互性、影响力、可操作性）来帮助读者了解评价语言测试的方法。本书共三个部分：测试开发的概念基础、语言测试开发和测试开发项目举例。本书特别适合语言课堂教师阅读。

Bachman, L. F., & Palmer, A. S. (2010/2016). *Language Assessment in Practice: Developing Language Assessments and Justifying Their Use in the Real World*. Beijing: Foreign Language Teaching and Research Press.

本书系统地阐述了指导语言测试开发和使用的框架，即"评价使用论证"（Assessment Use Argument，AUA）。全书由三大部分组成。第一部分呈现语言测试开发与使用的理论基础，第二部分详细描述如何在语言测试开发的起始阶段构建"评价使用论证"框架，第三部分深入剖析如何在现实世界中开发和使用语言测试。本书特别适合语言课堂教师阅读。

Brown, H. D., & Abeywickrama, P. (2010/2013). *Language Assessment: Principles and Classroom Practices* (2nd ed.). Beijing: Qinghua University Press.

本书兼顾大规模标准化测试和课堂语言测试，追溯了语言测试的发展历史，从相关概念到基本原则，再到测试实践，详尽论述了语言测试，并辅以大量实例加以阐释，着力解决课堂语言评价中的实际问题。本书还为读者设计了不同的任务和参考案例，并针对各章所探讨的话题提供了相关的书目。

Brown, J. D. (2005/2013). *Testing in Language Programs: A Comprehensive Guide to English Language Assessment*. Beijing: Qinghua University Press.

本书作者根据语言测试的使用目的，从决策角度和教学角度将语言项目中的测试分为常模参照考试和标准参照考试。基于此，作者讨论了高质量试题开发、评估、成绩汇报、解读等一系列语言测试中的重要问题。本书的另外一个特色是作者手把手教读者如何运用 Excel 完成语言测试中的统计。

Genesee, F., & Upshur, J. A. (1996/2000). *Classroom-Based Evaluation in Second Language Education*. Beijing: Foreign Language Teaching and Research Press.

本书较为系统全面地探讨了评估和评价在教育中的功能和作用，指出课堂评价的目的是强化学生的成功意识，促进学习。本书以大量篇幅完整地介绍了非测试性的评价方法，如课堂观察、档案袋评价、周记、问卷调查、访谈以及学生讨论等。作者从理论上讨论了不同评价方法的本质、目的、优势与局限性，并从课堂教学实践的角度运用范例、图表等方法展示了各类评价手段的操作方法。

Heaton, J. B. (1988/2000). *Writing English Language Tests*. Beijing: Foreign Language Teaching and Research Press.

本书是语言测试领域的经典著作，它通过一个个具体的例子向语言教师系统介绍如何出题。除了出题，本书作为语言测试入门级图书，从语言测试与教学的关系、语言测试发展的历史、语言测试的种类、各种语言知识和语言技能的测试，到如何对一次测试的质量做评价、如何解释考试的分数等做了全方位的介绍。

Hughes, A. (2002/2011). *Testing for Language Teachers* (2nd ed.). Beijing: Foreign Language Teaching and Research Press.

本书是语言测试领域颇受欢迎的经典之作。它主要满足一线语言教师对测试知识与操作方法的基本需求，为语言教师编制测试题而编写。作者用通俗易懂的语言介绍测试操作方法，用深入浅出的例子说明测试概念和原理。本书涉及听、说、读、写、语法、词汇以及综合语言能力的测试，也讨论了测试的原则。

注2：下文推荐的文献为近年来语言评价领域专门为教师编写的著作。由于笔者的阅读量有限，以下文献难免挂一漏万，读者可以通过其他渠道获取更多合适的书目。

Bachman, L. F., & Damböck, B. (2017). *Language Assessment for Classroom Teachers*. Oxford: Oxford University Press.

本书基于 Bachman & Palmer（2010）的评价使用论证，介绍了系统化的课堂语言评价。书中对语言评价的概念和程序、专业术语进行了系统介绍，并辅以大量翔实的例子和活动，帮助读者提升课堂评价使用的能力，增强向所有利益相关者论证评价有用性的能力和信心。

Bailey, K. M., & Curtis, A. (2015). *Learning about Language Assessment: Dilemmas, Decisions, and Directions* (2nd ed.). Boston: National Geographic Learning.

本书两位作者均为经验丰富的语言教学实践者，全书阅读起来如听长者在娓娓道来语言评价的困境、决策和方向。书中采用不同的栏目来高效呈现语言评价，如 Framework 聚焦理论，Teachers' Voice 呈现现实环境中教师遇到的评价问题，Investigations 让读者一起探究语言评价中的问题，Tools of the Trade 则介绍了语言评价中的统计分析。

Brown, J. D. (2013). *New Ways of Classroom Assessment* (Revised Ed.). Alexandria, Virginia: TESOL International Association.

本书介绍了大量另类评价的例子，详细说明了例子可以使用的对象以及操作流程。

Cheng, L., & Fox, J. (2017). *Assessment in the Language Classroom: Teachers Supporting Student Learning*. London: Palgrave.

本书强调通过教学与学习的无缝对接来促进学生的学习。本书共七章，论述了为何评、评什么、如何评、如何开发高质量课堂测试，以及谁评、什么时候评、如何使用评价等一系列课堂评价的重要问题。书中丰富的例子和活动能够帮助一线教师反思自己的评价行为。

Coombe, C., Davidson, P., O'Sullivan, B., & Stoynoff, S. (Eds.). (2012). *The Cambridge Guide to Second Language Assessment*. Cambridge: Cambridge University Press.

本书的写作动机就是源于教师没有足够的评价素养，难以应对教学中对学生的评价工作。全书以一线教师为主要读者对象，分35个章节全面综述了第二语言评价。这些章节有的介绍语言测试相关的理论背景，有的提出关于如何开发测试和提高测试有用性的建议。全书分为五个部分：重要议题、评价目的和方法、二语技能评价、评价中的技术运用以及施测中的问题。各章节均提供了扩展阅读的书目和可以讨论的问题。本书不仅适合教师个体提升评价素养，还适合于评价素养学习共同体。

Coombe, C., Folse, K., & Hubley, N. (2007). *A Practical Guide to Assessing English Language Learners.* Ann Arbor: The University of Michigan Press.

本书介绍了语言评价中的基础问题，并以虚拟的两位老师为例，一位拥有很高的评价素养，而另外一位刚刚接触语言评价，通过两者的互动，为读者生动展示了评价素养修炼的问题。

Lam, R. (2018). *Portfolio Assessment for the Teaching and Learning of Writing.* Singapore: Springer.

本书从理论到实践对写作教学中的档案袋评价进行综合全面的最新论述。作者首先对档案袋评价的历史、定义和理论基础做了充分的讨论，然后对档案袋评价的流程、学生反思与自评、反馈、任务设计和评分方法均做了详细的介绍，并辅以大量翔实的例子帮助一线教师学会在写作教学中采用档案袋评价。

Lee, I. (2017). *Classroom Writing Assessment and Feedback in L2 School Contexts.* New York: Springer.

本书论述了二语课堂中的写作评价。在对二语写作评价的目的、理论和实践做了论述之后，本书聚焦写作中的反馈，提出反馈素养，并讨论了教师反馈、同伴反馈和技术辅助的反馈。本书对写作档案袋也做了详细论述。书中丰富的例子为一线写作教师提供了重要的参考。

注3：以下推荐的是提升语言评价素养的网络资源

http://languagetesting.info/

由著名的语言测试专家 Glenn Fulcher 教授开发和维护，堪称语言测试百科全书式的网站。网站上有21个短视频，由国际顶级的语言测试专家讲述语言测试中的关键问题；有语言测试专题研讨，如课堂评价和备考；有可供下载的语言测试文章；有与《语言测试》期刊配套的播客，直击前沿话题；有语言测试数据统计软件等。网站更新速度快，是语言测试爱好者必看的网站。

https://www.britishcouncil.org/exam/aptis/research/assessment-literacy

英国文化教育协会专门推出 How Language Assessment Works 项目，旨在提升语言评价素养。网站提供了12个动画视频，涉及测试开发、语言技能评价、效度、技术与语言评价等，并配有思考题和试题脚本。此外，网站还提供了由 Christine Coombe 主编的语言评价词表。

http://teal.global2.vic.edu.au/

TEAL 项目于2015年启动。旨在提升澳大利亚小学和初中英语教师的语言评价素养。网站提供了大量的语言评价素养培养的材料与样例。

http://taleproject.eu/

Teachers' Assessment Literacy Enhancement（TALE）项目旨在帮助语言教师们建构高质量的评价材料和恰当的评价程序。它免费提供了8个语言评价课程。网站还免费提供了《语言教师评价手册》。

http://www.lancaster.ac.uk/fass/projects/examreform/index.html

英国兰开斯特大学与匈牙利合作的项目，旨在推进匈牙利英语教学与评价的改革。网站上免费提供了 Into Europe 丛书，该丛书由 J. Charles Alderson 担任主编，在听说读写四个技能方面提供了丰富的语言评价任务，这些任务在匈牙利250所中学测试过，4000多名学生参加了测试。Into Europe 丛书能帮助教师理解测试的原则和实践，帮助他们设计课堂语言评价任务。

https://www.cambridgeenglish.org/

剑桥大学考试委员会网站上提供了海量的语言测试样题，以及每一种考试的教师手册。教师手册中对试题的框架、试题考查的概念、评分等方面做了详细的说明，是语言教师提升语言评价素养的重要材料。

https://www.ets.org/

美国教育考试服务中心网站上有关于旗下几个著名考试的介绍，如 TOEFL iBT，上面还有相关的研究文献，为读者提供了丰富的语言评价素养提升材料。

附录二
本书评价素养条目研发过程中参考的
主要的国际标准

附2.1 《学生教育评价中教师的能力标准》（AFT, NCME & NEA，1990）

由美国教师联合会（American Federation of Teachers，AFT）、国家教育测量理事会（National Council on Measurement in Education，NCME）和全国教育协会（National Education Association，NEA）联合颁布的《学生教育评价中教师的能力标准》（*Standards for Teacher Competence in Educational Assessment of Students*）（1990）在文献中得到大量引用。其中包含七条标准。

1	教师应该能够熟练地选择恰当的评价方法用于教学决策。
2	教师应该能够熟练地编写恰当的评价方法用于教学决策。
3	教师应该能够熟练就外来测试和自己编写的试题进行施考、评判和分数解释。
4	教师应该能够熟练地运用评价结果来对每个学生做判断、规划教学、发展课程和促进学校进步。
5	教师应该能够熟练地编写有效的评分标准用于学生评价。
6	教师应该能够熟练地为学生、家长、其他外行人士及老师传达评价结果。
7	教师应该能够熟练地辨别不合道德、不合法和不合适的评价方法以及对评价信息的滥用。

附2.2 《学生评估标准：如何提高对学生的评估》（JCSEE，2003）

美国教育评估标准联合委员会（Joint Committee on Standards for Educational Evaluation，JCSEE）于2003年推出《学生评估标准：如何提高对学生的评估》。其中的评估（evaluation）被定义为"对一系列与学习者学习目标或表现标准相关的学生表现的价值或优点进行的系统性调查"。

合宜 **PROPRIETY**	**合宜标准** 该标准要求保证对学生的评估应该合法、合伦理并考虑被评估的学生以及其他受评估结果影响的人员的利益。	P1：服务于学生。提升良好的教育原则，这样有利于机构任务的实现，有利于有效的学生学习，从而服务于学生的教育需求。
		P2：合宜的政策和程序。必须开发、实行和传播书面的政策和程序，确保评估是一致的、合理的和公平的。
		P3：评估信息可以获得。应该让学生或其他合法的人员能够获得关于学生评估的结果，同时确保保密性和个人隐私不被泄露。
		P4：尊重学生。在评估过程的所有方面中，学生应该得到尊重，以便促进他们教育发展的尊严和机会。
		P5：保护学生权利。对学生的评估应该遵从相关法律、基本的公平原则和人权原则，以便保护学生的权利和福利。
		P6：平衡的评估。对学生的评估应帮助学生找到学习优点和缺点，以便使优点可以得到发扬，问题得以解决。
		P7：利益冲突。应避免利益冲突，但是当利益冲突出现时，应该公开诚实地应对，以便使之不会损害评估过程和结果。
效用 **UTILITY**	**效用标准** 该标准要求确保学生评估的有用性。有用的学生评估应该提供充分的信息，应该及时，应该产生影响。	U1：建构性的导向。学生评估应该是建构性的，以便产生对学生有益的教育决策。
		U2：清晰界定使用者，并说明如何使用。学生评估的使用者和如何使用必须具体说明，以便评估能恰当地帮助学生学习和发展。
		U3：信息广度。用于评估学生而收集的信息必须有清晰的焦点，并且足够全面，以便待评估的问题能够被充分回答，学生需求能得到充分应对。
		U4：评估者资质。教师及参与评估学生的人员要有必要的知识和技能，以便胜任评估工作，获得可靠的结果。
		U5：明确的价值观。在设计和执行学生评估时，教师及参与评估学生的人员应明确和论证用于评判学生表现的价值观，以便评估的基础是清楚和合情合理的。
		U6：有效的汇报。学生评估报告应该清楚、及时、准确和相关，以便对学生、家长/监护人和其他合法的使用者有用。
		U7：跟踪。学生评估应包含跟踪的程序，以便学生、家长/监护人和其他合法的使用者能理解这些信息，并采取恰当的跟踪行为。

可行 FEASIBILITY	**可行标准** 该标准要求确保学生评估能够按计划进行。可行的评估是实用的、得体的，并有充足的支撑。	F1：实用导向。学生评估程序必须是实用的，以便高效、流畅地产生可用的信息。
		F2：政治上的可行性。在设计和执行学生评估时必须预测学生、家长/监护人和其他合法的使用者的问题，以便使得他们的问题能够得到有效的回答，使他们能够配合。
		F3：评估支持。应该有充足的时间和资源提供给学生评估，使得评估被有效地规划和实施，评估结果能被充分传达，恰当的跟踪活动能被确定。
准确 ACCURACY	**准确标准** 该标准要求确保学生评估产生关于学生学习和表现的良好信息。良好的信息可以带来有效的解读、合理的结论与恰当的跟踪。	A1：效度导向。学生评估的开发和实施应确保对学生表现的解读是有效的，不会带来误解。
		A2：明确对学生的预期。对学生表现的预期要明确界定，以便使评估结果可论证而有意义。
		A3：情境分析。可能影响表现的变量，如学生和情境，应该被指出和考虑，以便使得学生的表现会被有效地解读。
		A4：记录程序。评估学生的程序，不论是计划好的还是即时发生的，都应该得到描述，以便使得程序可以被解释和论证。
		A5：可论证的信息。应该确保收回的信息是充足的，使得良好的决策成为可能，并得以辩护和论证。
		A6：可靠的信息。选择或开发和实施评估程序，以便让它提供关于学生表现的可靠的信息。
		A7：偏颇辨识和管理。学生评估应该没有偏颇，以便让结论是公平的。
		A8：处理信息和质量监控。收集、处理和汇报的关于学生的信息应该系统性地审阅，有误的地方得以修正，安全存放，以便得出准确的判断。
		A9：信息分析。收集到的学生评估信息应该具有系统性，并对其进行准确的分析，以便让评估的目的得以有效地实现。
		A10：合理的结论。关于学生表现的评估性的结论应该明确地得以论证，以便使学生、家长/监护人和其他相关人员信服。
		A11：元评估。运用上述或其他类似标准对学生评估程序进行阶段性的审查，以便避免错误或发现错误迅速纠正，使得良好的学生评估实践得以长存。

附2.3 《幼儿园到高中教师的课堂评价标准》（JCSEE，2015）

美国教育评估标准联合委员会于2015年推出的美国《幼儿园到高中教师的课堂评价标准》通过3大模块（基础、效用、质量）、16个方面对教师课堂评价标准做了权威的规定。

基础	F1 评价目的：课堂评价实践要有清晰的目的，支持教学与学习。
	F2 学习预期效果：学习预期效果应成为将课堂评价实践与恰当的教学和每位学生的学习机会关联起来的基础。
	F3 评价设计：课堂评价的类型和方法应清晰地允许学生表现他们的学习成果。
	F4 学生在评价中的参与度：学生应该充分地参与评价过程，并运用评价结果来促进学习。
	F5 评价准备：在资源和时间上教师和学生均要有充足的准备。学习机会应是课堂评价的一部分。
	F6 学生和家长或监护人需知情：课堂评价的目的和使用应该告知学生，在合适时也应告诉家长或监护人。
效用	U1 学生表现的分析：分析学生学习的方法应与评价目的和实践契合。
	U2 有效的反馈：课堂评价实践应给出及时和有用的反馈来提高学生的学习。
	U3 试后教学：对学生表现的分析应用于指导下一步教学的规划，支撑持续的学生学习。
	U4 分数与总结性评语：分数和评语应反映学生的预期学习结果。
	U5 汇报：评价汇报应基于充足的证据，并以明确、及时和准确的方式总结学生的学习。
质量	Q1 文化和语言多样性：课堂评价实践要反映并尊重学生和他们所生活的环境中文化和语言的多样性。
	Q2 例外情况和特殊教育：课堂评价实践要恰当地区别对待学生特定的教育需求。
	Q3 公平的评价：课堂评价实践和后续的决策不应受到与预期的评价目的不相关的因素的影响。
	Q4 信度和效度：课堂评价实践应提供一致、可靠和恰当的信息，来支持对每个学生的知识和技能所做出的良好解释和决策。
	Q5 反思：课堂评价实践应得到监控和改进，以提高整体质量。

附2.4 《教育公平测试实践规范》(修订版)(JCTP,2004)

美国测试实践联合委员会(Joint Committee on Testing Practices,JCTP)于1988年发布了《教育公平测试实践规范》("The Code of Fair Testing Practices in Education"),2004年发布了修订版。

A. 开发和选择恰当的测试

测试开发者	测试使用者
测试开发者应为测试使用者选择恰当的测试提供信息及相关依据	测试使用者应选择能够使预想的参加测试者达到其预想的目的的测试
A1:提供如下证据:测试测量的是什么,建议使用的范围,预期的被试和测试的优点与局限性,包括测试分数的精度度水准。 A2:描述测试的内容和技能是如何选择的,以及测试是如何开发的。 A3:在适当的程度上与测试使用者沟通关于测试的特点。 A4:在技巧、知识层面提供指导,为正确评估、选择、管理某种测试提供必要的培训。 A5:提供测试在技术质量上,包括测试信度和效度方面,符合测试预期目标的依据。 A6:为有资格的测试使用者提供具有代表性的测试样题或习题、考试指导语、答题卡、测试手册和成绩报告。 A7:在开发测试题目和相关材料时,避免使用使人感到不愉快的内容或语言。 A8:为残障者及需要特别对待的应试者制作适度变通的测试题本或施测程序。 A9:获得并提供参加测试的多样群体在测试中表现的依据,尽可能获取足够的采样规模,并抽取样本对小群体进行结果分析。评估测试中所获得的不同群体的表现,确保差别与欲测技能相关。	A1:确定测试的目的、确定测试的内容和技巧、明确测试对象。以完整的评估和可得到的数据为基础,选择和使用最适当的测试。 A2:根据测试目的,审查和选择恰当的欲考查的内容、所考查的技能和所覆盖的内容。 A3:审阅测试开发者提供的材料,并选择清楚、准确、数据完整的试种。 A4:通过一定的程序选择测试试种,选择过程和参与的人员应该包括具有相应知识的专业人员。 A5:由测试开发者和任何独立审阅人提供评估测试在技术质量上的依据。 A6:在选择测试前,评估具有代表性的测试样题、练习题、测试指导语、测试问题、测试答题卡、测试手册和成绩报告。 A7:评估整个程序和开发者使用的材料,避免使用令人不快的内容或诘言。 A8:选择为残障者及需要特别对待的应试者制作适度变通的测试题本或施测程序。 A9:评估不同小组被试表现的依据,决定不同的表现是否受技能之外的因素影响。

B. 施测与评分

测试开发者	测试使用者
测试开发者应该解释如何正确地施测和评分	测试使用者应监控评分的准确和公正

测试开发者	测试使用者
B1：以标准化的形式详细提供和说明测试的施测程序。 B2：制定针对残障考生及不同语言背景考生的合乎情理的指导程序。 B3：向被试或测试使用者提供考题类型和考试程序的信息，包括可能用到的相关资料和仪器设备。 B4：建立安全体系，实现在测试开发、管理、评分、结果报告等所有环节中的安全。 B5：制定和提供测试材料、测试得分的指导方针，制定和提供监控评分准确性的程序。如果评分由测试开发者负责，那么应对评分员、记分员提供足够的培训。 B6：更正影响正确评分和信息传递的错误。 B7：改进并实现分数保密程序。	B1：依照标准化的形式确定测试施测程序。 B2：制定针对残障考生及不同语言背景考生的合乎情理的指导程序并将其形成文件；其中一些变通要求可能已经是法律和有关规定中要求做到的。 B3：向被试提供熟悉测试题型及熟悉解题过程中需要的仪器设备的机会。 B4：保护测试材料的安全，包括尊重版权，消除被试以欺骗手段获取得分的机会。 B5：如果评分是测试使用者的职责，使用者应对评分员、记分员提供足够的培训，以确保和监控评分过程的准确。 B6：更正影响正确评分和信息传递的错误，并表述正确的结果。 B7：改进并实现分数保密程序。

C. 报告和解释测试结果

测试开发者	测试使用者
测试开发者应准确地报告测试结果，提供数据且帮助测试使用者正确解释测试结果	测试使用者应正确且清楚地报告和解释测试
C1：提供信息和数据支持，推荐解释测试结果的版本，包括测试内容的本质、标准规范、对照群组及其他技术依据；对测试使用者提供关于测试结果及测试结果解释的优势和局限性方面的忠告；提醒测试使用者该测试能达到怎样的精度。 C2：提供关于测试管理和结果解释的指导，当测试或测试的程序被修改或发生变化时，要告知测试使用者在解释测试结果方面潜在的问题。 C3：要详细说明并指定测试结果的使用，警告测试使用者可能潜在滥用的情况。 C4：当测试开发者设定标准时，要提供标准设定的基本原理、程序和设定答题表现标准或及格分数的证据，设定标准时避免使用蔑视性标记、标签。 C5：鼓励测试使用者在以测试结果做决定时，以多重因素作为参考依据，而不是只以一次测试分数为依据。	C1：解释测试结果的意义，将测试内容的本质、标准规范、对照群组、其他技术依据以及测试结果的优势和局限性考虑在内。 C2：从修订的内容可能引起测试及测试结果变化的角度，依据变化的、修订过的测试程序解释测试结果。 C3：避免将测试结果用于测试开发者推荐以外的用途，除非有充足的依据和理由可以解释这种故意的使用和解释行为。 C4：重新审定所设定的答题表现标准或及格分数标准的程序，避免使用蔑视性标记、标签。 C5：避免只以一次测试分数为依据做决定，解读测试结果时要同时考虑个人的其他情况。 C6：除非有明确的证据可以证明所预计的数据使用方法，否则要对群体测试结果的解释进行陈述，为测试结果分组时要避免采用测试开发者没有推荐的分组方法和分

测试开发者	测试使用者
C6：提供相关数据，使测试使用者能够正确地为参加测试的群体解释和报告测试结果，包括比较的小组中包含或不包含哪一类人群，还要解释和说明有可能影响结果的因素。 C7：以被测试者了解的方式及时地提供测试结果。 C8：向测试使用者提供如何监控测试在多大程度上实现预期目的的指导。	组目的。选择谁被选定或谁未被选定在比较组中时，要报告划分决定的过程并应解释和描述可能影响数据结果解释的各种因素。 C7：以被测试者了解的方式及时与之沟通测试结果。 C8：开发和实施监控测试使用的程序，包括监控测试使用与预期测试目的的一致程度。

D. 告知被试

测试开发者和测试使用者应通知应试者测试的内涵，应试者的权利、义务，对测试结果数据的合理使用及解决成绩异议的程序

D1：预先告知应试者有关测试的范围、测试题的类型、指示语和适当的应试策略。确认所有应试人员均可获得上述信息。

D2：当是否参加一个测试是可选择的时候，应向应试者或其家长/监护人提供相应信息，以帮助他们判断是否参加这一测试（包括选择不参加该测试可能出现的后果，如会失去竞争某个奖学金的条件等）。是否有可替代该测试的其他测试。

D3：向应试者或其家长/监护人提供应试权利的信息：可获得试卷的副本和完成的答题纸、可再次参加测试、重新批阅试卷，或有权宣布得分无效。

D4：向应试者或其家长/监护人提供应试者应尽的责任，如知道所参加测试的目的及测试的使用，听从指示，不透露测试项目，不干扰其他参加测试的应试者等。

D5：预先告知应试者或其家长/监护人保持测试得分的时限，并明确告知谁在何种情况下，以何种方式发布或不发布测试分数和测试相关的信息。防止测试成绩在未经许可的情况下被接触和发布。

D6：明确调查和处理测试时可能导致成绩被取消、扣留等后果的程序，如被试不遵守考试规则的情况。

D7：向应试者或其家长/监护人及相关利益人明示可以获得更多关于测试的相关信息，以及报名、投诉和解决问题的工作程序。

附2.5　英国评价改革小组的课堂评价实践标准（ARG，2008）

课堂评价实践标准　　Standards for Classroom Assessment Practice

广义的评价	评价的形成性用途	评价的终结性用途
1. 评价使用了多种方法，使得学习的多种目标和走向目标的进	1. 教师通过提问、观察、讨论和研究与学习目标相关的成果来收集关于	1. 教师基于一系列符合学科和学生年龄的活动，判断学生的学习成果。这些活

广义的评价	评价的形成性用途	评价的终结性用途
步得以测量。 2. 运用的评价方法能测量知识、技能或理解，并不会限制课程的宽广度。 3. 教师给学生机会，通过应对测量学习目标全局的任务来展示他们能做什么。 4. 教师从不间断的评价中收集信息，以便： • 帮助学生学习； • 根据汇报标准来总结学习； • 反思和改进教学。 5. 教师通过一系列专业发展活动来提高他们的评价实践。这些活动包括与同事反思和分享评价经历。	学生学习的证据。 2. 教师让学生参与讨论学习目标的设定，讨论他们的作品应该达到的标准。 3. 教师运用评价来提高学生的学习，方法如： • 调整活动的速度、难度和内容； • 为学生提供反馈，告诉他们如何提高； • 给学生时间来反思和评价他们的作品。 4. 学生通过评价来提高他们的学习，方法如： • 了解和使用他们所追求的作品的评价标准； • 为同伴提供关于他们作品质量以及如何提高的评论，并从同伴那里获取自己作品质量以及如何提高的评论； • 反思如何提高他们作品的质量，并负责提高质量。	动包括测试或者特定的评价任务。 2. 对学习成果的评价基于大量的任务，让学生展示他们在具体的作品中的表现是否是"好的"。 3. 在必要时，教师互相讨论学生的作品，以便对学生的水平或成绩的判断进行关联。 4. 学生知道评判他们在某段时间内的作品所依据的标准。 5. 学生知道他们学习成果的评判所基于的证据和评判的方法。 6. 学生在教师帮助下使用评价结果来提高他们的学习。

附2.6 《加拿大学生教育评价公平实践原则》（JAC，1993）

加拿大联合咨询委员会（Joint Advisory Committee，JAC）于1993年发布的《加拿大学生教育评价公平实践原则》（*Principles for Fair Student Assessment Practices for Education in Canada*）主要针对中小学学段的教师。它包含两个部分：课堂评价标准和外部标准化测验标准。根据本书的写作目的，此处仅呈现课堂评价标准。

I. 编制和选择评价方法：评价方法应该适应评价的目的和情境，与之相容。	1. 在编制或选择评价方法时，应该确保运用该方法对学生所做出的关于知识、技能、态度和行为的推断是有效的，不会产生误解。 2. 评价方法应该与教学的目的和目标清晰地关联起来，并与所采用的教学方法相容。 3. 在编制或选择评价方法时，应考虑用它收集到信息并做出决策所可能产生的后果。 4. 应该采用多种评价方法来收集信息，以确保对学生的表现有完整和一致的反映。 5. 评价方法应该与学生的背景和先有经验相契合。 6. 涉及敏感、性或冒犯性质的内容和语言应该予以避免。 7. 译自其他语言或来自其他情境或地方的评价工具在使用前需要先收集证据，证明它对预期目的用途是有效的。
II. 收集评价信息：应该给学生充分的机会来展示欲测的知识、技能、态度或行为。	1. 应告知学生为什么要收集评价信息，并解释如何使用信息。 2. 评价程序的运用应该符合它的使用目的和形式。 3. 在包含观察、量表或评分标准的评价中，每一次考查的评价特征应该足够小，并被具体描述，以确保所获得的信息是准确的。 4. 为学生提供的指示语应该是清晰、完整的，符合学生的能力、年龄和年级。 5. 在涉及选择应答型题目（如正误判断、单选题等）时，指示语应该鼓励学生回答所有的题目，不能恐吓学生会扣分。 6. 在收集评价信息时，与学生的互动应该是恰当的、一致的。 7. 应该注意和记录干扰评价信息收集的意外情况。 8. 当学生有特殊需求或者学生的目标语言不足以按照预期的方式来应答时，应该书面规定运用其他程序来收集评价信息的决策。
III. 对学生表现进行评判和评分：评判或评定学生表现的程序必须适用于所运用的评价方法，并一致地运用和监控。	1. 在评价方法被使用前，应该准备评分程序，来指导评判表现或成果质量的过程，考量态度或行为的适切性，或检查答案是否正确。 2. 在评价方法被使用前，应该告知学生他们的应答或他们产出的信息将如何被判断或评定。 3. 应该特别注意确保评价结果不受与评价目的不相关的因素的影响。 4. 在评分过程中产生的评语应该基于学生的应答，并以学生能够理解和使用的方式呈现。 5. 评分过程中对评分程序的任何修改都需要基于初次评分过程中发现的明确问题。修订后的评分程序要用于评定所有已经评过的学生表现。 6. 在学年初或教学过程中，应该告诉学生可以有的申诉程序，他们可以用它要求重评结果。

Ⅳ. 总结和解释结果: 总结和解释评价结果的程序应该产生关于学生表现的准确的和丰富的信息，与所汇报的时期的教学目的和目标相关。	1. 应该书面规定总结和解释特定时期学习成果的程序。 2. 总结性的评论、成绩形成和解释的方式应该解释给学生和他们的家长或监护人。 3. 所使用的结果、产生总结性的评论和成绩的过程应该足够详细地被描述，以便总结性的评论或成绩的意义清楚。 4. 在将分散的结果整合成单一的总结时须特别谨慎。在可能的程度上，学业成果、努力、参与和其他行为应该分别进行评分。 5. 总结性的评语和评分应该基于不止一次的评价结果，以确保对宽泛界定的学习成果的充足取样。 6. 用于产出总结性评语和评分的结果应该整合起来，以确保每个结果得到预期的重视或权重。 7. 解读的基础需要非常仔细地描述和论证。 8. 对评价结果的解读应该考虑学生的背景和学习经历。 9. 被整合为总结性评语和评分的评价结果须妥善保存，以确保它们被总结和解读时是准确的。 10. 在解读评价结果时应该考虑所使用的评价方法的局限性、收集信息和评判或评定信息中遇到的问题，以及解读所基于的基础的局限性。
Ⅴ. 汇报评价的发现: 评价汇报要清晰、准确，并对预期对象有实用价值。	1. 必须有成文规定来指导针对学校或辖区的成绩汇报系统。规定要包含的要素有对象、媒介、形式、内容、细节程度、频率、时机和保密性。 2. 书面报告和口头报告需包含评价所参照的教学目的和目标。 3. 成绩报告要完整地包含对学生优点和缺点的描述，使得优点可以得到发扬，问题能够得到处理。 4. 成绩汇报系统应该包含教师和家长或监护人的会谈，当合适的时候，学生应该参加会谈。 5. 在学年开始或在教学过程中应该向学生和家长或监护人描述申诉程序，用于在必要时对成绩报告提出申诉。 6. 在相关法律和公平、人权的基本原则指导下，应该有成文规定确保评价信息能在一定范围内公开。 7. 应该有成文的规定严格规定从一个学校到另一个学校转移评价信息的方法，以确保保密性。

附2.7 《外语教师教育培训标准》(ACTFL & CAEP, 2013)

美国外语教学委员会(American Council on the Teaching of Foreign Languages, ACTFL)

和美国教师培养认证委员会（Council for the Accreditation of Educator Preparation，CAEP）于2013年联合发布的《外语教师教育培训标准》（*Program Standards for the Preparation of Foreign Language Teachers*）提出教师教育的六条标准，其中第五条标准为语言和文化评价对学生学习的影响。内容为：外语教师培训中的职前教师应运用多种评价模式设计持续性的评价，来提供学前到十二年级的学生在所教授的语言解释性、人际性和展示性活动中所具备的能力的证据，也提供用所教授的语言表达文化和文学作品、实践和视角的证据。职前教师对评价结果进行反思，调整教学，并向利益相关者传达结果。具体包含三个方面的指标。职前教师应该能够：a）运用多种评价模式为多种背景的学习者设计和使用真实的表现性评价。b）反思和分析对学生评价的结果，以此调整教学，并运用数据为后续教学提供信息，提高教学。c）为所有利益相关者解释和汇报学生表现，特别强调学生应自我管理他们的学习。

附2.8 《教育与心理测试标准》（AERA, APA & NCME，2014）的基础和测试操作标准

基础	效度标准	每一项预期测试分数解释的特定用途都需要清晰说明，每一项支撑预期分数解释的恰当的效度证据都需要提供。
	信度/精确度标准	要提供每一项预期分数使用的信度/精确度的恰当的证据。
	公平性标准	测试过程中的所有步骤，包含测试设计、效度验证、开发、施测和评分程序，都应该尽量降低构念不相关因素，为预期人群中所有的考生提供关于测试特定用途的有效的分数解释。
测试操作	测试设计和开发标准	测试与测试项目的设计与开发应该支持预期用途的测试分数解释的效度。测试开发者和出版者要记录设计与开发的过程，为预期人群中的考生个体提供特定用途的测试的公平性、信度和效度证据。
	分数、标度、常模、分数可比性和分数线	测试分数应该在支持测试特定用途的分数解释前提下产生，测试开发者和使用者应记录测试特定用途的公平性、信度和效度证据。
	测试施测、评分、汇报和解释标准	为了支持分数结果的有用解释，评价工具应该包含明确的施测、评分、汇报和解释程序。负责施测、评分、汇报和解释的人员要有足够的培训和支持，帮助他们遵循明确的程序。对明确的程序的遵循要得到监督，任何实质性错误都应该被记录并尽可能纠正。

续表

测试操作	支持测试的文献编集标准	关于测试的信息应被详细记录，以便测试使用者能够在评判将测试用于某种特定的用途、如何施测、如何解释测试分数时做出明智的决策。
	考生的权利和责任标准	考生有权利获得足够的信息来帮助他们良好地准备测试，以便测试结果能够准确地反映他们在欲测构念中的表现，从而实现公平和准确的分数解释。他们也有权利保护他们个人的成绩结果不受未授权的人士的获取、使用和公开。除此之外，考生有责任在测试过程中准确地代表自己并尊重测试材料中的版权。
	测试使用者权利和责任标准	从测试挑选到测试分数使用，以及测试使用的常见的积极和消极后果，在这整个过程中，测试使用者有责任了解支持测试预期分数解释的效度证据。测试使用者有法律和伦理方面的责任来保护测试内容的安全和考生的隐私，为考生和其他能够获得测试成绩的测试使用者提供适切的和及时的信息。

附2.9　McMillan（2000）的教师课堂评价的基本原则

- 评价本质上是一种专业判断的过程。
- 评价基于独立又相关的测量证据和评估原则之上。
- 评价中的决策受到多种关系的影响（如测试的不同目的）。
- 评价会影响学生的学习动机和学习成果。
- 评价会有误差。
- 良好的评价促进教学。
- 良好的评价效度要高，因此要充分理解效度问题。
- 良好的评价是公平和合乎伦理的。
- 良好的评价运用多种方法收集数据。
- 良好的评价是高效而可行的。
- 良好的评价恰当地运用了科技手段。

附2.10　Popham（2009）的教师评价素养培养大纲

1	教育评价的基本功能，也就是收集证据，以此对学生的技能、知识和情感做推断。
2	教育评价的信度，特别是针对被试群体提供的一致性证据（折半信度、再测信度、内部一致性），以及如何衡量对被试个体评价的一致性。
3	三种突显的效度证据，用于建构论元来支持对被试基于测试而做出的解读的准确性，即内容效度、效标关联效度和构念效度。
4	如何辨识和排除评价偏颇，以排除因种族、性别和社会经济地位等个体特征而带来的冒犯或不公平的惩罚。
5	开发和改进选择应答型题目和建构应答型题目。
6	基于良好的评分标准，为学生回答建构应答型题目的表现评分。
7	开发表现性评价、档案袋评价、展示、同伴互评、自评，并评分。
8	基于研究和经验，认识形成性评价可能带来的学习效果，开发和运用形成性评价。
9	收集和解读学生态度、兴趣和价值观的证据。
10	解读学生在大规模标准化学业评价和学能评价中的表现。
11	对身体有障碍的学生进行学习评价。
12	知道如何为学生提供高利害考试的备考。
13	知道如何决定问责考试在评价教学质量中的适切度。

附2.11　Stiggins（2010）的高质量课堂评价中的教师行为指标

要素1：清晰的目的	a. 教师了解课堂评价的使用者，以及使用者所需的信息。 b. 教师了解评价和学生动机，能够运用评价经历来提高动机。 c. 教师能够形成性地运用课堂评价程序和结果来支持学习。 d. 教师在某个时间点用终结性评价来证实学生学习成果。 e. 教师有计划地平衡促学评价和对学习的评价。
要素2：清晰的目标	a. 教师有针对课程标准的、清晰的课堂学习目标。 b. 教师了解不同学习目标之间的差异。 c. 学习目标是学生必须知道的和能做的最重要的东西。 d. 教师在一段时间内有计划地评价学习目标。
要素3：良好的设计	a. 教师了解不同的评价方法。 b. 教师能够选择适合预期学习目标的评价方法。 c. 教师设计适合目的和环境的评价。 d. 教师能够对学习内容进行恰当地抽样。 e. 教师设置良好的练习和评分标准。 f. 教师避免产生歪曲结果的偏见。

要素4: 有效的传达	a. 教师记录和总结评价信息以便准确地反映学生的学习。 b. 教师选择最佳的分数汇报方法以适应不同的对象。 c. 教师准确地解释和运用测试结果。 d. 教师有效地将评价结果传达给学生。 e. 教师有效地为家长及其他利益相关者传达评价结果。
要素5: 学生参与	a. 教师将学习目标清晰地告诉学生。 b. 教师在评价研发和使用过程中恰当地让学生参与。 c. 教师让学生参与评价、跟踪自己的学习，并参与设定学习目标。 d. 教师让学生参与传达他们的学习成果。

附2.12　Chappuis 及同事（2012：11）的课堂评价能力

要素1: 清晰的目的	a. 明确课堂评价信息的主要使用者，了解他们的信息需求。 b. 理解形成性评价和终结性评价的用法，知道分别在什么时候使用。
要素2: 明确的目标	a. 知道如何辨识五种学习目标。 b. 知道如何将内容标准的宽泛论述转换成课堂水平的学习目标。 c. 以明确的学习目标开始教学计划。 d. 将学习目标解读成学生能够接受的语言。
要素3: 良好的设计	a. 设计评价来满足预期的形成性和终结性目的。 b. 选择评价方法来匹配预期的学习目标。 c. 理解和恰当运用学习取样原则。 d. 编写或者选择评价题目、任务、评分原则和标准，使之达到高质量。 e. 理解和避免产生歪曲结果的偏见来源。
要素4: 有效的传达	a. 使用评价信息来规划教学。 b. 在学生学习过程中提供有效的反馈。 c. 准确地记录形成性评价和终结性评价信息。 d. 恰当地整合和总结信息，以准确反映学生学习的当前水平。
要素5: 学生参与	a. 将学生看作是评价信息的重要使用者。 b. 与学生分享学习目标和质量标准。 c. 设计评价，使得学生能够自我评价，并基于结果设定目标。 d. 让学生参与跟踪、反思和分享他们在学习上的进步。

附2.13 Brookhart（2011）的教师教育评价知识与技能

1	教师应该充分理解他们所教授的内容。
2	教师应该能够清晰地讲出学习目标，学习目标要跟课程标准中暗含的内容和思维深度相匹配。学习目标必须是学生能够达到、可以测量的。
3	教师应该能够向学生传达学习目标最终实现后学生表现该是如何。
4	教师应该理解评价方法的目的和使用，并能够熟练地运用它们。
5	教师应该能够分析课堂问题、测试题和表现性评价任务来确保学生运用特定的知识和思维技能来完成任务。
6	教师应该能够为学生的作业提供有效、有用的反馈。
7	教师应该能够设计评分标准来量化学生课堂评价的表现，形成对学生、课堂、学校和学区做决定的有用信息。这些决定应该能够让学生学习、成长和进步。
8	教师应该能够对外来评价进行施测并解读成绩，对学生、班级、学校和学区做出决定。
9	基于评价结果，教师应该能够清晰地说出他们对他们服务的对象（学生、家长、班级、学校和社区）的评价结果的解读和他们获得教育决定后的理据。
10	教师应该能够帮助学生运用评价信息来做出良好的教育决策。
11	教师应该能够在他们进行的评价中理解和执行法律和伦理方面的责任。

附2.14 Gareis & Grant（2015）的教师评价素养内涵

- 清晰地表达和分解预期学习成果。
- 理解和领会课堂评价的目的和可能采用的多种形式。
- 确保课堂评价的工具和方法与预期学习成果的内容和认知要求相匹配。
- 确保在评价中覆盖的预期学习成果有代表性且平衡。
- 恰当地设计和使用选择应答型和建构应答型题目和活动。
- 确保课堂评价中学生的表现不会受到系统性误差或随机误差的影响。
- 运用形成性评价技术和反馈来推进学生的学习。
- 运用学生在评价中的表现来向他人传达学生的学习情况，做出教学和课程决策。

附2.15　Lee（2017：150）的写作教师课堂评价素养内涵

- 理解课堂写作评价的不同目的，并理解如何运用这些评价来使学生学习最大化；
- 有效地运用反馈来改进学生学习；
- 让学生参与到自评/同伴互评、目标设定、自我监控和自我反思中；
- 运用不同的课堂写作评价工具来使得学生学习最大化，如教师反馈表格、错误比率分析、错误日志、同伴反馈和档案袋评价；
- 设计有效的课堂写作评价任务来评价学生的写作，如有技术支持的写作任务；
- 有效地使用评价来提高学生的学习动机，帮助他们学习；
- 运用课堂评价来提高教学。

参考文献

Akbari, R. (2018). "Validity." In J. I. Liontas (Ed.), *The TESOL Encyclopedia of English Language Teaching* (5299—5304). New York: John Wiley & Sons, Inc.

Alderson, J. C. (1991). "Bands and Scores. "*Review of English Language Teaching* 1(1), 71—86.

Alderson, J. C. (2000). *Assessing Reading.* Cambridge: Cambridge University Press.

Alderson, J. C. (2005). *Diagnosing Foreign Language Proficiency: The Interface between Learning and Assessment.* New York: Continuum.

Alderson, J. C., Clapham, C., & Wall, D. (1995). *Language Test Construction and Evaluation.* Cambridge: Cambridge University Press.

Alderson, J. C. , & Huhta, A. (2011). "Can Research into the Diagnostic Testing of Reading in a Second or Foreign Language Contribute to SLA Research?" *EUROSLA Yearbook*, 11, 30—52.

Alderson, J. C. , & Wall, D. (1993). "Does Washback Exist?" *Applied Linguistics*, 14, 115—129.

Allott, N. (2010). *Key Terms in Pragmatics.* New York: Continuum.

American Council on the Teaching of Foreign Languages & Council for the Accreditation of Educator Preparation. (2013). *ACTFL/CAEP Program Standards for the Preparation of Foreign Language Teachers.* https://www.actfl.org/sites/default/files/CAEP/ ACTFLCAEPStandards2013_v2015.pdf. Accessed August 8, 2018.

American Educational Research Association, American Psychological Association & National Council on Measurement in Education. (2014). *Standards for Educational and Psychologocal Testing.* Washington: American Educational Research Association.

American Federation of Teachers, National Council on Measurement in Education & National Education Association. (1990). *Standards for Teacher Competence in Educational Assessment of Students.* Washington: Buros Institute.

Anderson, L.W. , & Krathwohl, D. R. (Eds.). (2001). *A Taxonomy for Learning, Teaching, and Assessing: A Revision of Bloom's Taxonomy of Educational Objectives.* Boston: Pearson.

Arter, J. (2001). "Learning Teams for Classroom Assessment Lteracy." *NASSP Bulletin*, 85(621), 53—65.

Assessment Reform Group. (1999). *Assessment for Learning. Beyond the Black Box.* Cambridge: University of Cambridge School of Education.

Assessment Reform Group. (2008). *Changing Assessment Practices: Process, Principles and Standards.* http://www.aaia.org.uk/content/uploads/2010/06/ARIA-Changing-Assessment-Practice -Pamphlet-Final.pdf. Accessed August 8, 2018.

Bachman, L. F. (1990). *Fundamental Considerations in Language Testing.* Oxford: Oxford University Press.

Bachman, L. F. (2004). *Statistical Analyses for Language Assessment.* Cambridge: Cambridge University Press.

Bachman, L. F. , & Damböck, B. (2017). *Language Assessment for Classroom Teachers.* Oxford: Oxford University Press.

Bachman, L. F., & Palmer, A. S. (1996). *Language Testing in Practice.* Oxford: Oxford University Press.

Bachman, L. F., & Palmer, A. S. (2010). *Language Assessment in Practice: Developing Language Assessments and Justifying Their Use in the Real World.* Oxford: Oxford University Press.

Baddeley, A., Eysenck, M. W., & Anderson, M. C. (2009). *Memory.* New York: Psychology Press.

Bailey, K. M., & Brown, J. D. (1995). "Language Testing Courses: What Are They?" In A. Cumming & R. Berwick (Eds.), *Validation in Language Testing* (236—256). London: Multilingual Matters.

Bailey, K. M., & Curtis, A. (2015). *Learning about Language Assessment: Dilemmas, Decisions, and Directions* (2nd ed.). Boston: National Geographic Learning.

Bennett, R. E. (2011). "Formative Assessment: A Critical Review." *Assessment in Education: Principles, Policy & Practice,* 18, 5—25.

Biggs, J. B., & Collis, K. F. (1982). *Evaluating the Quality of Learning: The SOLO Taxonomy.* New York: Academic Press.

Black, P., & Atkin, M. (2014). "The Central Role of Assessment in Pedagogy." In N. G. Lederman, & S. K. Abell (Eds.), *Handbook of Research on Science Education* (Vol. 2) (Ch. 38, 775—790). Abingdon: Routledge.

Black, P., Harrison, C., Lee, C., Marshall, B., & Wiliam, D. (2003). *Assessment for Learning: Putting It into Practice.* Buckingham: Open University Press.

Black, P., & Wiliam, D. (1998). "Assessment and Classroom Learning. " *Assessment in Education: Principles, Policy & Practice,* 5(1), 7—74.

Black, P., & Wiliam, D. (2009). "Developing the Theory of Formative Assessment. " *Educational Assessment, Evaluation and Accountability,* 21, 5—31.

Black, P., & Wiliam, D. (2018). "Classroom Assessment and Pedagogy." *Assessment in Education: Principles, Policy & Practice,* DOI: 10.1080/0969594X.2018.1441807.

Bloom, B. (Ed.). (1956). *Taxonomy of Educational Objectives, Handbook 1: Cognitive Domain*. White Plains, NY: Addison-Wesley Longman.

Bloom, B. S., Hastings, J. T., & Madaus, G. E. (1971). *Handbook on Formative and Summative Evaluation of Student Learning*. New York: McGraw-Hill.

Brindley, G. (2001). "Language Assessment and Professional Development." In C. Elder, A. Brown, K. Hill, N. Iwashita, T. Lumley, T. McNamara, & K. O'Loughlin (Eds.), *Experimenting with Uncertainty: Essays in Honour of Alan Davies* (126—136). Cambridge: Cambridge University Press.

Brookhart, S. M. (2011). "Educational Assessment Knowledge and Skills for Teachers." *Educational Measurement: Issues and Practice,* 30(1), 3—12.

Brookhart, S. M. (2013). "Classroom Assessment in the Context of Motivation Theory and Research." In J. H. McMillan (Ed.), *Sage Handbook of Research on Classroom Assessment* (35—54). Thousand Oaks: Sage.

Brown, H. D., & Abeywickrama, P. (2010). *Language Assessment: Principles and Classroom Practices* (2nd ed.). New York: Pearson.

Brown, J. D. (1995). *The Elements of Language Curriculum: A Systematic Approach to Program Development*. Boston: Heinle & Heinle Publishers.

Brown, J. D. (2005). *Testing in Language Programs: A Comprehensive Guide to English Language Assessment*. New York: McGraw-Hill.

Brown, J. D. (2012). "Classical Test Theory." In G. Fulcher & F. Davidson (Eds.), *The Routledge Handbook of Language Testing* (323—335). London and New York: Routledge.

Brown, J. D. (2013). "Teaching Statistics in Language Testing Courses." *Language Assessment Quarterly*, 10(3), 351—369.

Brown, J. D. (2014). "Differences in How Norm-referenced and Criterion-referenced Tests Are Developed and Dalidated?" *SHIKEN* 18(1), 29—33.

Brown, J. D. (2017). "Assessment in ELT: Theoretical Options and Sound Pedagogical Choices." In W. Renandya, & H. P. Widodo (Eds.), *English Language Teaching Today* (67—82). Berlin: Springer.

Brown, J. D., & Bailey, K. M. (2008). "Language Testing Courses: What Are They in 2007?" *Language Testing*, 25(3), 349—383.

Brown, J. D., & Hudson, T. (2002). *Criterion-Referenced Language Testing*. Cambridge: Cambridge University Press.

Buck, G. (2001). *Assessing Listening*. Cambridge: Cambridge University Press.

Buck, G., Tatsuoka, K., Kostin, I., & Phelps, M. (1997). "The Sub-skills of Listening: Rule-space Analysis of a Multiple-choice Test of Second Language Listening Comprehension." In A. Huhta, V. Kohonen, L. Kurki-Suonio, & S. Luoma (Eds.), *Current Developments and Alternatives in Language Assessment*. Tampere: University of Jyväskylä.

Buck, G., & Tatsuoka, K. (1998). "Application of the Rule-space Procedure to Language Testing: Examining Attributes of a Free Response Listening Test." *Language Testing*, 15(2), 119—157.

Campbell, C., & Collins, V. L. (2007). "Identifying Essential Topics in General and Special Education Introductory Assessment Textbooks." *Educational Measurement: Issues and Practice*, 26(1), 9—18.

Canale, M. (1983). "From Communicative Competence to Communicative Language Pedagogy." In J. Richards, & R. Schmidt (Eds.), *Language and Communication* (2—27). London: Longman.

Canale, M. (1984). "Considerations in the Testing of Reading and Listening Proficiency." *Foreign Language Annals*, 17, 349—357.

Canale, M., & Swain, M. (1980). "Theoretical Bases of Communicative Approaches to Second Language Teaching and Testing." *Applied Linguistics* 1(1): 1—48.

Carless, D. (2007). "Learning-oriented Assessment: Conceptual Bases and Practical Implications." *Innovations in Education and Teaching International*, 44(1), 57—66.

Carless, D. (2011). *From Testing to Productive Student Learning: Implementing Formative Assessment in Confucian-Heritage Settings*. London: Routledge.

Carr, N. T. (2011). *Designing and Analyzing Language Tests*. Oxford: Oxford University Press.

Celce-Murcia, M. (2007). "Rethinking the Role of Communicative Competence in Language Teaching." In E. Alcon Soler, & M. P. Safont Jordà (Eds.), *Intercultural Language Use and Language Learning* (41—57). Amsterdam: Springer.

Celce-Murcia, M., Dörnyei, Z., & Thurrell, S. (1995). "Communicative Competence: A Pedagogically Motivated Model with Content Specifications." *Issues in Applied Linguistics* 6(2): 5—35.

Centre for Canadian Language Benchmarks. (2012). *Canadian Language Benchmarks: English as a Second Language for Adults*. https://www.canada.ca/content/dam/ircc/migration/iru/english/pdf/pub/language-benchmarks.pdf.

Chapelle, C. A. (1994). "Are C-tests Valid Measures for L2 Vocabulary Research?" *Second Language Research* 10(2), 157—187.

Chapelle, C. A., & Voss, E. (2014). "Evaluation of Language Tests Through Validation Research." In A. J. Kunnan (Ed.), *The Companion to Language Assessment* (Vol 3, 1081—1097). Oxford: Wiley-Blackwell.

Chappuis, J. (2012). "How Am I Doing?" *Educational Leadership*, 70(1), 36—41.

Chappuis, J. (2015). *Seven Strategies of Assessment for Learning* (2nd ed.). New York: Pearson.

Chappuis, J., & Stiggins, R. J. (2017). *An Introduction to Student-Involved Assessment for Learning*. New York: Pearson.

Chappuis, J., Stiggins, R., Chappuis, S., & Arter, J. (2012). *Classroom Assessment for Student Learning: Doing It Right-Using It Well* (2nd ed.). London: Pearson.

Chomsky, N. (1957). *Syntactic Structures*. The Hague: Mouton.

Chomsky, N. (1965). *Aspects of the Theory of Syntax*. Cambridge: MIT Press.

Cheng, L., & Fox, J. (2017). *Assessment in the Language Classroom: Teachers Supporting Student Learning*. London: Palgrave.

Cizek, G. J. (2010). "An Introduction to Formative Assessment: History, Characteristics, and Challenges." In H. Andrade, & G. Cizek (Eds.), *Handbook of Formative Assessment* (3—17). New York: Routledge.

Cohen, A. D. (2011). *Strategies in Learning and Using a Second Language* (2nd ed.). London: Longman.

Collins, C. (2011). *English Grammar* (3rd ed.). New York: HarperCollins Publishers.

Coombe, C., Folse, K., & Hubley, N. (2007). *A Practical Guide to Assessing English Language Learners*. Ann Arbor: The University of Michigan Press.

Coombe, C., Troudi, S., & Al-Hamly, M. (2012). "Foreign and Second Language Teacher Assessment Literacy: Issues, Challenges, and Recommendations." In C. Coombe, P. Davidson, B. O'Sullivan, & S. Stoynoff (Eds.), *The Cambridge Guide to Second Language Assessment* (20—29). Cambridge: Cambridge University Press.

Council of Europe. (2001). *Common European Framework of Reference for Languages: Learning, Teaching, Assessment*. Cambridge: Cambridge University Press.

Cowan, J. (1998). *On Becoming an Innovative University Teacher: Reflection in Action*. Buckingham: Society for Research into Higher Education & Open University Press.

Crooks, T. J. (1988). "The Impact of Classroom Evaluation Practices on Students." *Review of Educational Research, 58*(4), 438—481.

Davies, A. (Ed.). (1968). *Language Testing Symposium: A Psycholinguistic Perspective*. London: Oxford University Press.

Davies, A. (2008). "Textbook Trends in Teaching Language Testing." *Language Testing, 25*(3), 327—348.

Davison, C., & Leung, C. (2009). "Current Issues in English Language Teacher-based Assessment." *TESOL Quarterly, 43*(3), 393—415.

Douglas, D. (2000). *Assessing Languages for Specific Purposes*. Cambridge: Cambridge University Press.

Earl, L. M. (2013). *Assessment as Learning Using Classroom Assessment to Maximize Student Learning*. Thousand Oaks: Corwin Press.

Field, J. (2009). *Listening in the Language Classroom*. Cambridge: Cambridge University Press.

Finegan, E. (2012). *Language: Its Structure and Use* (6th ed.). Wadsworth: Cengage Learning.

Fulcher, G. (2003). *Testing Second Language Speaking*. London: Routledge.

Fulcher, G. (2010). *Practical Language Testing*. London: Routledge.

Fulcher, G. (2012). "Assessment Literacy for the Language Classroom." *Language Assessment Quarterly*, 9(2), 113—132.

Fulcher, G., & Davidson, F. (2007). *Language Testing and Assessment: An Advanced Resource Book*. London: Routledge.

Gallagher, J. D. (1998). *Classroom Assessment for Teachers*. New Jersey: Prentice-Hall.

Gareis, C. R., & Grant, L. W. (2015). *Teacher-Made Assessments: How to Connect Curriculum, Instruction, and Student Learning* (2nd ed.). London: Routledge.

Genesee, F., & Upshur, J. A. (1996). *Classroom-Based Evaluation in Second Language Education*. Cambridge: Cambridge University Press.

Geranpayeh, A., & Taylor, L. (2013). *Examining Listening: Research and Practice in Assessing Second Language Listening*. Cambridge: Cambridge University Press.

Gipps, C. (1994). *Beyond Testing: Towards a Theory of Educational Assessment*. London: Falmer Press.

Gipps, C. (1999). "Socio-Cultural Aspects of Assessment." In P. D. Pearson, & A. Iran-Nejad (Eds.), *Review of Research in Education* (Vol. 24, 355—392). Washington: American Educational Research Association.

Grabe, W. (2009). *Reading in a Second Language: Moving from Theory to Practice*. Cambridge: Cambridge University Press.

Green, R. (2013). *Statistical Analysis for Language Testers*. London: Palgrave Macmillan.

Green, R. (2017). *Designing Listening Tests: A Practical Approach*. London: Palgrave Macmillan.

Haladyna, T. M., & Rodriguez, M. C. (2013). *Developing and Validating Test Items*. New York: Routledge.

Halliday, M. A. K., & Hasan R. (1976/2001). *Cohesion in English*. Beijing: Foreign Language Teaching and Research Press.

Halliday, M. A. K., & Matthiessen, C. M. I. M. (2014). *Halliday's Introduction to Functional Grammar* (4th ed.). London: Routledge.

Hamp-Lyons, L. (1989). *The Newbury House TOEFL Preparation Kit: Preparing for the Test of Written English*. New York: Newbury House.

Hamp-Lyons, L. (2016). "Purposes of Assessment." In D. Tsagari, & J. Banerjee (Eds.), *Handbook of Second Language Assessment* (13—27). Berlin: De Gruyter.

Hamp-Lyons, L., & Condon, W. (2000). *Assessing the Portfolio: Principles for Practice, Theory and Research*. New York: Hampton Press.

Harding. L., & Kremmel, B. (2016). "Teacher Assessment Literacy and Professional Development." In D. Tsagari & J. Banerjee (Eds.), *Handbook of Second Language Assessment* (413—428). Berlin: De Gruyter.

Harlen, W., & James, M. (1997). "Assessment and Learning: Differences and Relationships between Formative and Summative Assessment." *Assessment in Education: Principles, Policy & Practice*, 4(3), 365—379.

Hattie, J. (2009). *Visible Learning for Teachers: Maximizing Impact on Learning.* New York: Routledge.

Hattie, J., & Timperley, H. (2007). "The Power of Feedback." *Rewiew of Educational Research*, 77(1), 81—112.

Heaton, J. B. (1988). *Writing English Language Tests.* London: Longman.

Hughes, R. (2011). *Teaching and Researching Speaking* (2nd ed.). London: Pearson.

Hyland, K. (2003). *Second Language Writing.* Cambridge: Cambridge University Press.

Hymes, D. (1967). "Models of the Interaction of Language and Social Setting." *Journal of Social Issues* 23(2), 8—38.

Hymes, D. (1972). "On Communicative Competence." In J. B. Pride, & J. Holmes (Eds.), *Sociolinguistics: Selected Readings* (269—293). Harmondsworth: Penguin.

Inbar-Lourie, O. (2008a). "Language Assessment Culture." In E. Shohamy, & N. Hornberger (Eds.), *Encyclopedia of Language and Education*: Vol. 7, *Language Testing and Assessment* (285—300). New York: Springer.

Inbar-Lourie, O. (2008b). "Constructing a Language Assessment Knowledge Base: A Focus on Language Assessment Courses." *Language Testing*, 25(3), 385—402.

Inbar-Lourie, O. (2013). "Language Assessment Literacy." In C. A. Chapelle (Ed.), *The Encyclopedia of Applied Linguistics* (2923—2931). Oxford: Wiley-Blackwell.

Isaacs, T., & Trofimovich, P. (2017). *Second Language Pronunciation Assessment: Interdisciplinary Perspectives.* Bristol: Multilingual Matters.

Jang, E. E. (2014). *Focus on Assessment.* Oxford: Oxford University Press.

Jin, Y. (2010). "The Place of Language Testing and Assessment in the Professional Preparation of Foreign Language Teachers in China." *Language Testing*, 27(4), 555—584.

Joint Advisory Committee. (1993). *Principles for Fair Student Assessment Practices for Education in Canada.* https://www.bctf.ca/uploadedFiles/Education/Assessment/Fair StudentAssessment. pdf. Accessed August 8, 2018.

Joint Committee for Standards on Educational Evaluation. (2015). *Classroom Assessment Standards for PreK-12 Teachers.* Amazon Kindle.

Joint Committee on Standards for Educational Evaluation. (2003). *The Student Evaluation Standards: How to Improve Evaluations of Students.* Thousand Oaks: Corwin.

Joint Committee on Testing Practices. (2005). "The Code of Fair Testing Practices in Education (Revised)." *Educational Measurement: Issues and Practice* 24 (1), 23—26.

Kang, O., & Ginther, A. (2018). *Assessment in Second Language Pronunciation*. London and New York: Routledge.

Khalifa, H., & Weir, C. J. (2009). *Examining Reading: Research and Practice in Assessing Second Language Reading*. Cambridge: Cambridge University Press.

Kubiszyn, T., & Borich, G. D. (2013). *Educational Testing and Measurement: Classroom Application and Practice* (10th ed.). Hoboken, NJ: Wiley.

Lado, R. (1961). *Language Testing: The Construction and Use of Foreign Language Tests*. London: Longman.

Lantolf, J., & Poehner, M. (2004). "Dynamic Assessment: Bringing the Past into the Future." *Journal of Applied Linguistics* 1, 49—74.

Larsen-Freeman, D., & Celce-Murcia, M. (2016). *The Grammar Book: Form, Meaning and Use for English Language Teachers*. Boston: National Geographic Leaning.

Lee, I. (2017). *Classroom Writing Assessment and Feedback in L2 School Contexts*. New York: Springer.

Lee, Y. (2015). "Future of Diagnostic Language Assessment." *Language Testing* 32(3), 295—298.

Leech, G. (1983). *Principles of Pragmatics*. New York: Longman.

Leech, G., & Svartvik, J. (2002). *A Communicative Grammar of English* (3rd ed.). London: Routledge.

Luo, S. (2014). "Task-Based Language Teaching and Assessment in Chinese Primary and Secondary Schools." In D. Coniam (Ed.), *English Language Education and Assessment: Recent Developments in Hong Kong and the Chinese Mainland* (205—220). Berlin: Springer.

Luo, S., & Huang, J. (2015). "English Language Assessment: Shifting from an Examination-Oriented to a Competency-Based Approach." In D. Liu, & Z. Wu (Eds.), *English Language Education in China: Past and Present* (219—256). Beijing: People's Education Press.

Luoma, S. (2004). *Assessing Speaking*. Cambridge: Cambridge University Press.

Malone, M. E. (2013). "The Essentials of Assessment Literacy: Contrasts between Testers and Users." *Language Testing*, 30(3), 329—344.

Marzano, R. J., & Kendall, J. S. (2007). *The New Taxonomy of Educational Objectives* (2nd ed.). Thousand Oaks: Corwin.

McMillan, J. H. (2000). "Fundamental Assessment Principles for Teachers and School Administrators." *Practical Assessment, Research & Evaluation*, 7(8). Retrieved from https://pareonline.net/getvn.asp?v=7&n=8. Accessed February 21, 2018.

McMillan, J. H. (2013). "Preface." In J. H. McMillan (Ed.), *SAGE Handbook of Research on Classroom Assessment* (xxiii—xxv). London: Sage.

McMillan, J. H. (2014). *Classroom Assessment: Principles and Practice for Effective Standards-Based Instruction* (6th ed.). London: Pearson.

McNamara, T., & Roever, C. (2006). *Language Testing: The Social Dimension.* Oxford: Wiley-Blackwell.

Menken, K., Hudson, T., & Leung, C. (2014). "Symposium: Languge Assessment in Standards-Based Education Reform." *TESOL Quarterly,* 48, 586—614.

Mertler, C. A. (2005). "Secondary Teachers' Assessment Literacy: Does Classroom Experience Make a Difference?" *American Secondary Education*, 33(2), 49—64.

Miller, M. D., Linn, R. L., & Gronlund, N. E. (2009). *Measurement and Assessment in Teaching* (10th ed.). London: Peason.

Mousavi, S. A. (2009). *An Encyclopedic Dictionary of Language Testing* (4th Ed.). Tehran, Iran: Rahnama Press.

Nation, I. S. P. (1983). "Testing and Teaching Vocabulary." *Guidelines*, 5(1), 12—25.

Nation, I. S. P. (2012). "The BNC/COCA Headword Lists." Available at https://www.victoria.ac.nz/lals/about/staff/paul-nation. Accessed 1 August, 2018.

Nation, I. S. P. (2013). *Learning Vocabulary in Another Language* (2nd ed.). Cambridge: Cambridge University Press.

Nation, I. S. P., & Anthony. L. (2016). "The Picture Vocabulary Size Test." Poster session presented at Vocab@Tokyo, Tokyo, Japan.

Nation, I. S. P., & Beglar, D. (2007). "A Vocabulary Size Test." *The Language Teacher*, 31(7), 9—13.

Nitko, A. J., & Brookhart, S. M. (2014). *Educational Assessment of Students* (6th ed.). London: Pearson.

Oller, J. (1979). *Language Tests at School.* London: Longman.

O'Loughlin, K. (2013). "Developing the Assessment Literacy of University Proficiency Test Users." *Language Testing*, 30(3), 363 —380.

Paulson, L. F., Paulson, P. R., & Meyer, C. A. (1991). "What Makes a Portfolio a Portfolio?" *Educational Leadership*, 48(5), 60—63.

Pellegrino, J. W., Chudowsky, N., & Glaser, R. (Eds.) (2001). *Knowing What Students Know: The Science and Design of Educational Assessment.* Washington: National Academy Press.

Pill, J., & Harding, L. (2013). "Defining the Language Assessment Literacy Gap: Evidence from a Parliamentary Inquiry." *Language Testing*, 30(3), 381—402.

Plakans, L., & Gebril, A. (2015). *Assessment Myths: Applying Second Language Research to Classroom Teaching.* Ann Arbor: Univeristy of Michigan Press.

Popham, W. J. (2009). "Assessment Literacy for Teachers: Faddish or Fundamental?" *Theory into Practice*, 48(1), 4—11.

Popham, W. J. (2011). "Assessment Literacy Overlooked: A Teacher Educator's Confession." *The Teacher Educator*, 46(4), 265—273.

Popham, W. J. (2017). *Classroom Assessment: What Teachers Need to Know* (8th ed.). London: Pearson.

Purpura, J. E. (2004). *Assessing Grammar*. Cambridge: Cambridge University Press.

Purpura, J. E. (2013). "Assessment of Grammar." In C. Chapelle (Ed.), *The Encyclopedia of Applied Linguistics*. Vol. I. (195—204). Hoboken: Wiley-Blackwell.

Purpura, J. E. (2014a). "Assessing Grammar." In A. J. Kunnan (Ed.), *Companion to Language Assessment* (100—124). Oxford: Wiley.

Purpura, J. E. (2014b). "Cognition and Language Assessment." In A. J. Kunnan (Ed.), *Companion to Language Assessment* (1452—1476). Oxford: Wiley.

Purpura, J. E. (2017). "Assessing Meaning." In Caroline Clapham, & P. Corson (Eds.), *Encyclopedia of Language and Education, Vol. 7. Language Testing and Assessment* (33—61). New York: Springer International Publishing.

Purpura, J. E., & Turner, C. E. (2013). "Learning-Oriented Assessment in Classrooms: A Place Where SLA, Interaction, and Language Assessment Interface." ILTA/AAAL Joint Symposium on "LOA in classrooms".

Purpura, J. E., & Turner, C. E. (Fall, 2014). A learning-oriented assessment approach to understanding the complexities of classroom-based language assessment. Teachers College, Columbia University Roundtable in Second Language Studies: Roundtable on Learning-Oriented Assessment in Language Classrooms and Large Scale Assessment Contexts, Teachers College, Columbia University. http://www.tc.columbia.edu/tccrisls/.

Rawlins, P., Brandon, J., Chapman, J., Leach, L., Neutze, G., Scott, A., & Zepkem N. (2005). "Standards-Based Assessment in the Senior Secondary School: A Review of the Literature." *New Zealand Journal of Teachers' Work* 2, 107—115.

Read, J. (2000/2010). *Assessing Vocabulary*. Beijing: Foreign Language Teaching and Research Press.

Richards, J. C. (1983). "Listening Comprehension: Approach, Design, Procedure." *TESOL Quarterly*, 17(2), 219—240.

Roach, P. (2008). *English Phonetics and Phonology: A Practical Course*. Beijing: Foreign Language and Research Press.

Roever, C. (2013). "Assessment of Pragmatics." In C. Chapelle (Ed.), *The Encyclopedia of Applied Linguistics*. Vol. I. (218—226). Hoboken: Wiley-Blackwell.

Rost, M. (2011). *Teaching and Researching Listening* (2nd ed.). London: Pearson.

Ruiz-Primo, M. A., & Li, M. (2013). "Examining Formative Feedback in the Classroom Context: New Research Perspectives." In J. H. McMillan (Ed.), *Sage Handbook of Research on Classroom Assessment* (215—232). Thousand Oaks: Sage.

Russell, M. K., & Airasian, P. W. (2012). *Classroom Assessment: Concepts and Applica-*

tions (7th ed.). New York: McGraw-Hill.

Sadler, D. R. (1989). "Formative Assessment and the Design of Instructional Systems." *Instructional Science*, 18, 119—144.

Sadler, D. R. (1998). "Formative Assessment: Revisiting the Territory." *Assessment in Education*, 5(1), 77—84.

Sasao, Y. (2013). *Diagnostic Tests of English Vocabulary Learning Proficiency: Guessing from Context and Knowledge of Word Parts*. Unpublished PhD Dissertation. New Zealand: Victoria University of Wellington.

Sasao, Y., & Webb, S. (2017). "The Word Part Levels Test." *Language Teaching Research*, 21(1), 12—30.

Scarino, A. (2013). "Language Assessment Literacy as Self-Awareness: Understanding the Role of Interpretation in Assessment and Teacher Learning." *Language Testing*, 30(3), 309—327.

Shaw, S. D., & Weir, C. J. (2007). *Examining Writing: Research and Practice in Assessing Second Languages Writing*. Cambridge: Cambridge University Press.

Shepard, L. A. (2000). "The Role of Assessment in a Learning Culture." *Educational Researcher*, 29(7), 4—14.

Shepard, L. A. (2006). "Classroom Assessment." In R. L. Brennan (Ed.), *Educational Measurement* (4th Ed., 623—646). California: American Council on Education Praeger Publishers.

Shepard, L. A. (2008). "Formative Assessment: Caveat Emptor." In C. Dwyer (Ed.), *The Future of Assessment: Shaping Teaching and Learning* (279—303). New York: Lawrence Erlbaum.

Shute, V. J. (2008). "Focus on Formative Feedback." *Review of Educational Research*, 78(1), 153—189.

Stiggins, R. J. (1991). "Assessment Literacy." *The Phi Delta Kappan*, 72(7), 534—539.

Stiggins, R. J. (2010). "Essential Formative Assessment Competencies for Teachers and School Leaders." In H. L. Andrade, & G. J. Cizek (Eds.), *Handbook of Formative Assessment* (233—250). New York: Routledge.

Stiggins, R. J., Arter, J. A., Chappuis, J., & Chappuis, S. (2006). *Classroom Assessment for Students Learning: Doing It Right-Using It Well*. New York: Pearson.

Taylor, L. (2009). "Developing Assessment Literacy." *Annual Review of Applied Linguistics*, 29, 21—36.

Taylor, L. (Ed.). (2011). *Examining Speaking: Research and Practice in Assessing Second Language Speaking*. Cambridge: Cambridge University Press.

Taylor, L. (2013). "Communicating the Theory, Practice and Principles of Language Testing to Test Stakeholders: Some Reflections." *Language Testing*, 30(3), 403—412.

Thorndike, E. L. (1913). *Introduction to the Theory of Mental and Social Measurements.* New York: Teachers College, Columbia University.

Trask, R. L. (2000). *A Dictionary of Phonetics and Phonology.* Beijing: Language & Cultural Press.

Tsagari, D., & Vogt, K. (2017). "Assessment Literacy of Foreign Language Teachers Around Europe: Research, Challenges and Future Prospects." *Papers in Language Testing and Assessment,* 6(1), 18—40.

Turner, C. E., & Purpura, J. E. (2016). "Learning-Oriented Assessment in Second and Foreign Language Classrooms." In D. Tsagari, & J. Banerjee (Eds.), *Handbook of Second Language Assessment* (255—273). Berlin: De Gruyter Mouton.

Underhill, N. (1987). *Testing Spoken Language: A Handbook of Oral Testing Techniques.* Cambridge: Cambridge University Press.

Upshur, J., & Turner, C. E. (1995). "Constructing Rating Scales for Second Language Tests." *ELT Journal,* 49, 3—12.

Urquhart, A. H., & Weir, C. J. (1998). *Reading in a Second Language: Process, Product and Practice.* London: Longman.

Vogt, K., & Tsagari, D. (2014). "Assessment Literacy of Foreign Language Teachers: Findings of a European Study." *Language Assessment Quarterly,* 11(4), 374—402.

Vygotsky, L. S. (1978). "Interaction between Learning and Development." (M. Lopez-Morillas, Trans.) In L. S. Vygotskii, M. Cole, V. John-Steiner, S. Scribner, & E. Souberman (Eds.), *Mind in Society: The Development of Higher Psychological Processes* (79—91). Cambridge: Harvard University Press.

Waugh, C. K., & Gronlund, N. E. (2013). *Assessment of Student Achievement* (10th ed.). London: Pearson.

Webb, S., & Nation, I. S. P. (2017). *How Vocabulary is Learned.* Oxford: Oxford University Press.

Weigle, S. C. (2002). *Assessing Writing.* Cambridge: Cambridge University Press.

Weir, C. (2005). *Language Testing and Validation: An Evidence-based Approach.* Basingstoke: Palgrave Macmillan.

White, E. M. (1992). *Assigning, Responding, Evaluating: A Writiug Teacher's Guide* (2nd ed.). New York: St. Martin's Press.

Wiske, M. S. (1999). "What Is Teaching for Understanding?" In J. Leach & R. E. Moon (Eds.), *Learners and Pedagogy* (230—246). London: Chapman.

Xu, Y., & Brown, G. T. L. (2016). "Teacher Assessment Literacy in Practice: A Reconceptualization." *Teaching and Teacher Education,* 58, 149—162.

安德森等著，蒋小平、张琴美、罗晶晶译.（2009）.《布卢姆教育目标分类学：分类学视野下的学与教及其测评（修订版）（完整版）》. 北京：外语教学与研究出版社.

陈桦.（2008）. 学习者英语朗读中重音复现的节奏归类研究.《外语与外语教学》2008年第3期，35—37.

程晓堂、赵思奇.（2016）. 英语学科核心素养的实质内涵.《课程·教材·教法》2016年第5期，79—86.

高凌飚.（2012）. 译序：从布鲁姆到马扎诺——教学目标分类理论的演进. 马扎诺、肯德尔著. 高凌飚、吴有昌、苏峻主译.《教育目标的新分类学（第2版）》. 北京：教育科学出版社.

高森.（2016）.《基于评价使用论证的英语口语测试效度验证》. 北京：经济科学出版社.

韩宝成.（2009）. 动态评价理论、模式及其在外语教育中的应用.《外语教学与研究》2009年第6期，452—458.

林敦来.（2016）.《中国中学英语教师评价素养研究》. 北京：中国人民大学出版社.

林敦来.（2018）. 英语教师课堂测评素养及提升方法.《英语学习》2018年第2期，5—9.

刘建达.（2015a）. 我国英语能力等级量表研制的基本思路.《中国考试》2015年第1期，7—11.

刘建达.（2015b）. 基于标准的外语评价探索.《外语教学与研究》2015年第3期，417—425.

刘俊、傅荣主译. 欧洲理事会文化合作教育委员会编.（2008）.《欧洲语言共同参考框架：学习、教学、评估》. 北京：外语教学与研究出版社.

刘润清.（2013）.《西方语言学流派（修订版）》. 北京：外语教学与研究出版社.

柳夕浪.（2014）. 教学评价的有效突破——首届基础教育国家级教学成果奖评析之五.《人民教育》2014.23，32—35.

姜望琪.（2003）.《当代语用学》. 北京：北京大学出版社.

王蔷.（2015）. 从综合语言运用能力到英语学科核心素养——高中英语课程改革的新挑战.《英语教师》2015年第16期，6—7.

辛涛、姜宇、刘霞.（2013）. 我国义务教育阶段学生核心素养模型的构建.《北京师范大学学报（社会科学版）》2013年第1期，5—11.

杨向东.（2015）."真实性评价"之辨.《全球教育展望》2015年第5期，36—49.

余文森.（2016）. 从三维目标走向核心素养.《华东师范大学学报（教育科学版）》2016年第1期，11—13.

中华人民共和国教育部.（2012）.《义务教育英语课程标准（2011年版）》. 北京：北京师范大学出版社.

中华人民共和国教育部.（2018）.《普通高中英语课程标准（2017年版）》. 北京：人民教育出版社.

中华人民共和国教育部、国家语言文字工作委员会.（2018）.《中国英语能力等级量表》. 北京：高等教育出版社.